À Roxane et Damien, écologistes en herbe
À Robert Wolf, sans qui ce livre n'aurait jamais vu le jour

Nos remerciements s'adressent d'abord à tous les scientifiques dont les travaux ont contribué à renouveler notre vision de la planète et de la vie, et en particulier à Vladimir Vernadsky, Stephen Jay Gould, James Lovelock et Lynn Margulis.

Merci à Peter Westbroek dont le beau livre *Vive la Terre* a été une source constante d'inspiration, et qui a eu la gentillesse de nous encourager dans notre projet.

Merci à ces autres inspirateurs qu'ont été pour nous Paul Hawken pour son livre L'*Écologie de marché*, ainsi que le prix Nobel d'économie Amyarta Sen pour son ouvrage *Un nouveau modèle économique : développement, justice, liberté* .

Nous tenons aussi à remercier Bernard Garaude, qui a soutenu ce projet,
Henri del Pup, pour ses précieux conseils de géographe,
Marie-Jo Pince pour son travail d'édition,
Georges Rivière pour son travail de maquette
et toute l'équipe des dessinateurs sans lesquels ce livre n'aurait pas existé.

Ouvrage publié avec le concours du Conseil Régional de Midi-Pyrénées

Loi 49.956 du 16.07.1949
ISBN : 2.7459.1125.2

Conception graphique et réalisation : Georges Rivière, studio Stéphan Arcos Toulouse
Photogravure Graphocoop 47 Agen

Dépôt légal : 4e trimestre 2005
Imprimé en Espagne

À la découverte de l'écologie

Hélène et Robert Pince

Copain de la Terre

Illustrations

Laurence Bar, Corinne Deletraz, Anne Eydoux
Gérard Macario, Frédéric Pillot, Georges Rivière
Pascal Robin, Christian Verdun

MILAN jeunesse

L'environnement de la Terre
se transforme sous nos yeux
à une vitesse accélérée. Ce qui provoque
un grand débat entre les pessimistes
qui annoncent une catastrophe imminente,
et les optimistes qui font confiance à la science
et au progrès pour rétablir l'équilibre de la planète.
Copain de la Terre te propose d'utiliser
les dernières connaissances scientifiques disponibles
pour faire toi-même le tri entre les peurs
déraisonnables et les inquiétudes justifiées
d'aujourd'hui. Ce livre t'explique ensuite comment
te comporter en « jardinier planétaire » pour préserver
dès maintenant l'environnement et la vie.
Enfin, il évoque la venue d'un monde durable,
que tu pourras contribuer à construire
en devenant adulte
et « citoyen de la Terre ».

Aung San Suu Kyi, prix Nobel de la paix en 1991 et militante de la démocratie en Birmanie.

La liberté des femmes

Dans de très nombreux pays, les femmes ont une situation inférieure à celle des hommes, ce qui pénalise l'ensemble de la société. Lorsque les femmes arrivent à trouver un emploi à l'extérieur du foyer, assurant ainsi un revenu qui leur est propre, mais aussi lorsqu'elles reçoivent une éducation correcte et jouissent du droit de propriété, elles obtiennent une indépendance qui leur permet de participer activement aux décisions au sein de leur famille et dans la société. Ce qui a des effets positifs sur la mortalité infantile, le taux de fertilité, la protection de l'environnement et, plus généralement, le processus du développement.

Nelson Mandela, héros de la lutte contre l'apartheid, en Afrique du Sud.

Développement, démocratie et liberté

Un développement véritable, garant du respect de l'environnement, ne peut se réaliser tant que des pays vivent sous des régimes de dictature ou que les femmes y souffrent d'une situation inférieure. Seules, une opposition solide, une presse indépendante et des femmes libres garantissent que les décisions nécessaires à l'amélioration de la société sont réellement mises en œuvre. L'écologie bien comprise ne se limite donc pas à la protection de la nature : elle implique l'accession de tous, et en particulier des femmes, à la démocratie et à la liberté…

Wangari Maathai, prix Nobel de la paix 2004, pour son action en faveur du développement durable et de la démocratie, danse de joie à son retour à Nairobi.

Lexique

ADN
Acide désoxyribonucléique, constituant essentiel des chromosomes et support de l'hérédité.

Agriculture biologique
Agriculture réalisée sans utiliser de pesticides ni d'engrais de synthèse.

Apartheid
Doctrine consistant à faire vivre séparément les différentes races en Afrique du Sud.

Astéroïde
Petit corps céleste.

Bactérie
Microorganisme formé d'une seule cellule sans noyau, et qui n'appartient ni au régne animal, ni au régne végétal .

Banque éthique
Banque cherchant à concilier le profit et la solidarité.

Bidonville
Agglomération de baraques sans hygiène où vit une population misérable, souvent en périphérie des grandes villes.

Cellulose
Substance principale des parois des cellules et des fibres de tous les tissus végétaux.

Démocratie
Régime politique dans lequel les citoyens, par l'intermédiaire de représentants élus, exercent le pouvoir

Dictature
Régime politique autoritaire établi par un individu ou un parti, qui jouit alors d'un pouvoir absolu.

Dorsale océanique
Ligne faîtière d'une chaîne sous-marine située sur une zone de remontée du magma.

Écosystème
Ensemble formé par le milieu et les organismes (animaux, végétaux et bactéries) qui y vivent.

Ecotourisme
Tourisme respectueux de l'environnement et de la culture des populations du pays visité.

Endémique
Qui a trait à une région tout à fait particulière, et est caractéristique de celle-ci;

Énergies fossiles
Combustibles formés dans les roches par transformation de matériaux fossiles : charbon, pétrole, gaz, etc.

Énergies renouvelables
Énergies provenant de sources naturellesqui ne s'épuisent pas : soleil, vent, marées

Équinoxe
Moment de l'année où la durée de jour est la même que celle de la nuit.

Extinction
Disparition d'une ou plusieurs espèces. L'histoire de la Terre a connu 5 grandes extinctions.

FMI
Fonds monétaire international, organisme chargé de conseiller les états en situation financière difficile et de leur accorder des prêts.

Gène
Élément présent sur les chromosomes, qui est porteur des caractères héréditaires

GES
Gaz à effet de serre, comme le méthane, le dioxyde de carbone ou la vapeur d'eau.

Hormone
Substance chimique généralement émise par une glande et transportée par le sang pour agir sur d'autres tissus ou organes.

Humus
Composant du sol provenant de la décomposition des matières animales et végétales.

Hydrocarbure
Composé formé de carbone et d'hydrogène; les pétroles sont des mélanges d'hydrocarbures

Infrarouges
Rayonnements invisibles émis par les objets chauds.

Invertébrés
Animaux qui ne possèdent pas de colonne vertébrale.

Mégalopole
Agglomération urbaine d'une taille très importante.

Méridien
Cercle imaginaire situé à la surface de la Terre et qui passe par les pôles.

Météorite
Fragment de corps céleste qui tombe sur la Terre.

Mousson
Vent tropical régulier qui souffle 6 mois de la mer vers la terre et 6 mois de la terre vers la mer. La mousson souffle dans l'océan Indien, en Australie et sur la côte orientale de l'Asie.

OGM
Organismes génétiquement modifiés, qu'il s'agisse de bactéries, d'animaux ou de végétaux.

OMC
Organisation mondiale du commerce, chargée de promouvoir le commerce international et d'en établir les règle.

ONG
Organisations non gouvernementales, qui ont pour objectif la défense de l'intérêt public ou l'action humanitaire, comme la Croix-Rouge, Médecins sans frontières ou Greenpeace.

ONU
Organisation des Nations-Unies, dont le siège est à New York. Le Conseil de sécurité de l'ONU a pour mission de maintenir la paix mondiale.

Ozone (couche d')
Couche de gaz protectrice située à 20 km d'altitude et qui protège la vie terrestre des rayons UV du Soleil.

Paludisme
Maladie parasitaire propre aux régions chaudes et humides, véhiculée par les moustiques, et qui provoque des accès de fièvre parfois mortels.

PCB
Les PCB ou polychlorobiphényles ont été fabriqués entre les années 1930 et 1980 ,et utilisés dans les transformateurs électriques et les appareils hydrauliques ; leur production a été interdite en 1985.

Pesticide
Produit chimique employé contre les parasites animaux et végétaux des cultures.

Photosynthèse
Les plantes vertes et certaines bactéries, grâce à l'action de la lumière, utilisent l'eau, les sels minéraux et le dioxyde de carbone pour se nourrir et se développer, tout en rejetant de l'oxygène.

Plantes transgéniques
Plantes dont les gènes ont été modifiés.

Plateau continental
Partie relativement plate et surélevée des fonds marins située en bordure des côtes.

Séisme
Ensemble des secousses et des déformations brutales de l'écorce terrestre qui constituent un tremblement de terre.

Sérac
Bloc de glace qui se forme lorsqu'un glacier change brutalement de pente.

Sida
Syndrome d'immunodéficience acquise : très grave maladie transmise par voie sexuelle ou sanguine caractérisée par une chute brutale des défenses immunitaires.

Solstice
Moment de l'année où la durée de jour et celle de la nuit sont les plus différentes.

Subsaharienne (Afrique)
Ensemble des pays situés au sud du Sahara et comprenant la Mauritanie, le Mali, le Niger, etc.

Symbiose
Association entre deux êtres vivants également favorable à chacun des deux associés.

Télescope (ou lunette astronomique)
Instrument d'optique destiné à l'observation des objets éloignés.

Tsunami
Vague géante engendrée par un séisme ou une éruption volcanique

Ultraviolets
Le spectre de la lumière solaire visible va du rouge au violet. L'ultraviolet est le rayonnement invisible à l'œil nu et situé au-delà du violet.

UNICEF
Fonds des Nations-Unies pour l'enfance, dont le rôle est d'améliorer la situation des enfants partout dans le monde.

Upwelling
Remontée des eaux profondes de l'océan vers la surface, le long de certaines côtes.

Vertébrés
Organismes possédant une colonne vertébrale

Les grandes périodes de l'histoire de la Terre

Période	Début	Événements
Cambrien	– 550 Ma	Apparition d'animaux marins nombreux aux formes très variées
Ordovicien	– 505 Ma	Premiers poissons sans mâchoires (agnathes). Extinction massive à la fin de cette période.
Silurien	– 438 Ma	Premiers poissons osseux. Les plantes et les animaux envahissent la terre.
Dévonien	– 408 Ma	Premiers insectes et amphibiens. Extinction massive à la fin de cette période.
Carbonifère	– 360 Ma	Forêts étendues et premiers reptiles.
Permien	– 286 Ma	Les continents se rapprochent pour former la Pangée. Les reptiles se diversifient et les amphibiens sont moins nombreux. Extinction massive à la fin de cette période.
Trias	– 245 Ma	Premiers dinosaures et premiers mammifères. Extinction massive à la fin de cette période.
Jurassique	– 208 Ma	Dinosaures divers et premiers oiseaux.
Crétacé	– 144 Ma	Rayonnement des dinosaures. Diversification des plantes à fleurs et des mammifères. Extinction massive à la fin de cette période.
Tertiaire	– 65 Ma	Rayonnement des oiseaux, des mammifères, des plantes à fleurs et des insectes pollinisateurs.
Quaternaire	– 2 Ma	Glaciations successives. Apparition de l'espèce humaine et disparition des grands mammifères.

Index

Crédit photographique et illustrations

Photographies

Dominique Chauvet
P. 32 (h), 218 (h+mg), 219 (h), 220 (mg), 221 (mg+md), 220-221 (b), 227 (h), 235 (h).

Colibri
C. Ratier : p. 19 (b) ; B. P. Ricard : p. 25 (h) ; S. Breal : p. 25 (b) ; A. M. Loubsens : p. 38 (h), 48 (h) ; L. de. Lys : p. 49 (h) ; A. M. Loubsens : p. 50 (b) ; S. Breal : p. 50-51 ; R. J. L. Ziegler : p. 51 (h) ; J. L. Ermel : p. 52 (b) ; A. M. Loubsens : p. 55 (mg) ; S. Bonneau : p. 58 (h) ; A. Gioanni : p. 61 (h) ; C. Ratier : p. 62-63 (h) ; R. J. L. Ziegler : p. 84 (mg) ; L. Chaix : p. 85 (h) ; C. Guihard : p. 85 (b) ; D. Bonneau : p. 87 (b) ; F et. J. L. Ziegler : p. 143 (b) ; J. Barbery : p. 153 (h) ; G. Bonnafons : p. 153 (mg) ; A. M. Loubsens : p. 157 (h) ; p. 206 (h+b), p. 234.

Corbis
P. 28-29 (h), 53 (h), 54 (b), 55 (h), 56, 64 (h), 68, 71 (h), 72 (h+b), 73 (h), 74 (h), 75 (m), 76 (b), 79 (h), 81 (h+b), 82 (b), 83 (b), 84 (h), 86, 87 (m), 92 (mg), 93 (h), 88 (b), 89 (h), 94, 96 (h), 97 (mg), 98 (h), 98-99 (b), 102 (b), 104 (h+b), 105 (h+b), 106-107 (b), 108 (md), 109 (h), 110 (h), 111 (b), 113 (bg), 114 (b), 114-115 (h), 115 (b), 118 (h), 119 (h+b), 120 (h+b), 121 (h+b), 124, 131 (b), 134 (h), 146 (b), 147 (h), 148 (h), 149 (m+b), 150 (h), 1 51 (md+b), 152 (h), 155 (h), 158, 171 (mg), 182 (h+b), 183 (h), 184 (h), 186 (h+m), 187 (m+b), 188 (b), 189 (mg+b), 193 (h), 194, 197 (b), 198 (h), 199 (h+b), 200 (h+m), 201 (h+b), 203 (b), 209 (b), 210-211 (h), 211 (b), 213 (h), 214-215, 220 (h), 222 (b), 223 (h+b), 224 (b), 225 (h), 226 (b), 228 (h), 229 (mg+b), 230-231, 232 (h+b), 233 (h), 236 (h+b), 237 (md), 239 (b), 240, 241 (h+m).

Eurelios
P. 33 (b), 34, 128 (h+b), 152 (b), 160 (h), 181 (md).

Galaxy
P. 10, 27 (bd), 90 (b), 91 (b), 142 (b), 202 (h).

Indigo
P. 17 (h), 47 (h), 30 (h), 59 (h), 60 (h), 63 (md), 65 (h), 66 (h), 67 (mg), 77 (h), 97 (md), 100 (b), 101 (h), 102 (h), 106 (g), 107 (h), 109 (b), 110 (b), 112 (h), 117 (b), 179 (b), 180-181 (h), 184 (b), 185 (h+bg), 192 (h).

Leemage
P. 153 (b), 172 (h), 173 (bg), 174, 175 (b).

Photo 12
P. 20 (b), 26-27, 43 (h), 149 (h), 151 (mg), 170 (b), 175 (mg), 177 (md), 216.

Hélène Pince
P. 220 (md), 221 (h).

Robert Pince
P. 20 (h).

Reuter
P. 103 (h), 116 (h), 122-123, 241 (b).

Illustrations

Laurence Bar
P. 13 (h), 16-17 (b), 99 (h+mg+md), 111 (h), 112 (m+bg), 112 (bd), 113 (h+bd), 142 (h), 183 (b), 188-189 (h), 190-191, 226 (h), 227 (b).

Jean-Philippe Chabot
P. 161 (h).

Benoît Charles
P. 161 (b).

Bernard Delanghe
P. 136 (b), 138 (h).

Corinne Deletraz
P. 38 (b), 126-127, 130 (h+md), 131 (h), 134 (b), 135 (b).

Anne Eydoux
P. 14 (hd), 18 (bd), 19 (h), 21 (h+b), 22 (h+b), 23 (h+m+b), 31 (b), 144, 160 (b), 163 (mg), 170 (h), 171 (hg), 172 (b), 176 (bg), 177 (bg).

Noël Gouilloux
P. 24 (h+b), 53 (mg+md), 154-155, 204 (h), 205 (h).

Florence Guiraud
P. 46 (b), 48-49 (b).

Gilbert Houbre
P. 139 (m+b), 145 (b).

Vincent Jagerschmidt
P. 14 (hd), 30 (m), 78 (h), 78 (md).

Nathalie Lacoste
P. 147 (b), 205 (b), 208 (md+b), 229 (h).

Régis Mac
P. 173 (h).

Gérard Macario
P. 168 (mg+b), 169 (h+m+b).

Jean-Claude Pertuzé
P. 160 (mg).

Frédéric Pillot
P. 12, 13 (b), 17 (m), 18 (g), 27 (bg), 29 (m), 51 (b), 55 (b), 61 (m), 83 (mg), 127 (h), 150 (b), 156 (h), 167 (b), 171 (b), 173 (bd), 185 (bd), 191 (b), 207 (b), 219 (b), 225 (b), 228 (b), 235 (b).

Georges Rivière
P. 13 (m), 14 (g), 15 (h+b), 27 (h), 28 (mg+md+b), 32 (m), 33 (h), 39 (h), 42 (h), 46 (h), 52 (h), 53 (b), 70 (h), 73 (b), 75 (h), 76-77 (h), 80 (h+b), 82 (h), 84 (b), 87 (b), 91 (h), 92 (h+b), 97 (h), 98 (m), 100 (h), 111 (m), 116 (b), 118 (b), 129 (mg+md+b), 143 (h), 145 (h), 146 (h), 156 (md+b), 157 (b), 167 (m), 168-169 (h), 171 (hd), 173 (h), 176-177 (h), 176 (bd), 178 (bd), 198 (b), 202 (b), 203 (h), 207 (h), 208-209 (h), 209 (md), 218 (b).

Pascal Robin
P. 18-19 (m), 25 (md), 31 (h), 36 (h+b), 37 (h), 39 (m+b), 40-41, 42-43 (b), 44-45, 132 (h+m+b), 133 (h+m+b), 136 (h+mg), 137 (h+m+b), 138 (b), 140-141, 193 (b).

Jean-Louis Tripp
P. 47 (b).

Christian Verdun
P. 58-59 (b), 60-61 (b), 62-63 (b), 64-65 (b), 66-67 (b), 70-71 (b), 77 (b), 79 (b), 88 (h), 101 (b), 103 (b), 108 (h), 117 (h), 162-163 (b), 164-165, 166-167 (h), 166 (b), 175 (md), 179 (h), 180-181 (b), 196-197 (h), 212-213, 222 (h), 233 (b), 237 (h), 238-239 (h).

Couverture

Photographies : Corbis, Colibri
Illustrations : Frédéric Pillot, Nathalie Locoste, Laurence Bar

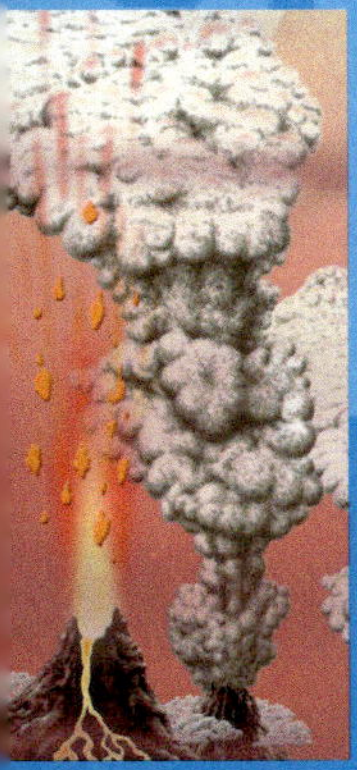

124 Le passé de la Terre

158 Un mariage chaotique

194 Des fleurs avant le printemps

216 Le jardinier planétaire

230 Vers un monde durable

LA PLANÈTE BLEUE

La Terre est une planète tout à fait particulière dans le système solaire, puisque la vie qu'elle abrite l'a profondément transformée. Elle baigne dans un énorme flot d'énergie provenant du Soleil, qui anime et rythme la vie de ses habitants.

Blanche et bleue

Vue de l'espace, la Terre est très différente des autres planètes solides du système solaire comme Mars ou Vénus : l'eau et l'oxygène lui donnent son aspect caractéristique de sphère bleue marquée de blanc, fruit de l'action de la vie.

Vénus est un enfer : la température moyenne dépasse 400 °C et la pression atmosphérique est 90 fois celle de la Terre !

Des voisines différentes

L'atmosphère de Mars et de Vénus est surtout constituée de dioxyde de carbone (plus de 95 %). Elle ne comporte que très peu d'oxygène et une faible quantité d'azote (2,7 % sur Mars, 3,5 % sur Vénus). Très différente, l'atmosphère terrestre contient 78 % d'azote, 21 % d'oxygène, peu de dioxyde de carbone (0,035 %), très peu de méthane (0,000 17 %) et de nombreuses autres molécules à l'état de traces.

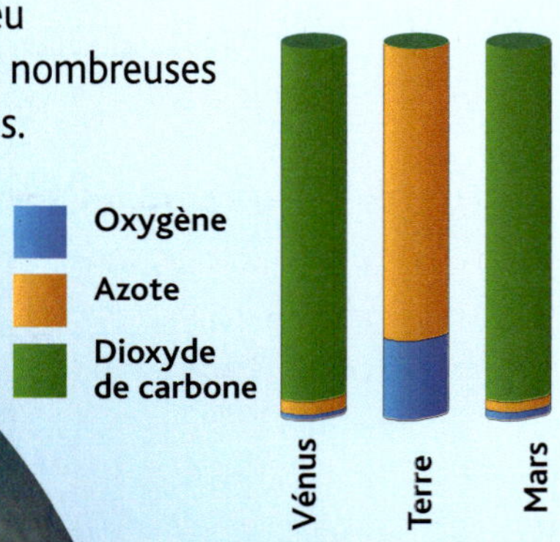

Comparaison des atmosphères des planètes Vénus, Mars et Terre.

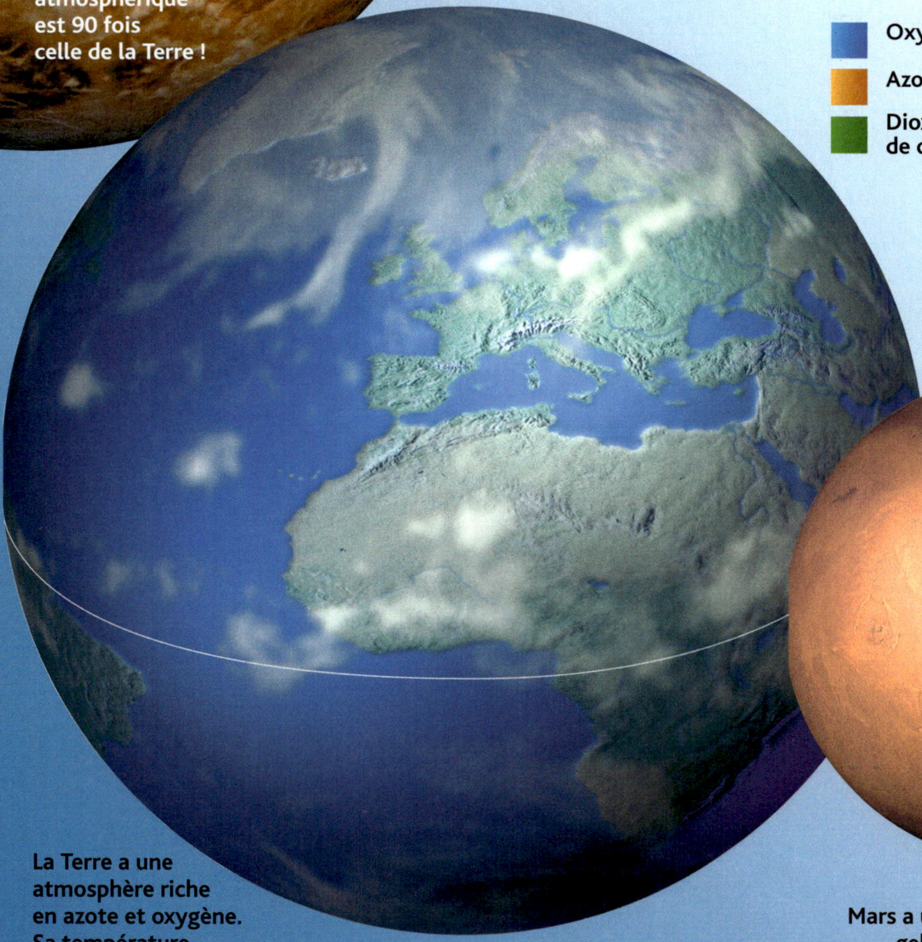

La Terre a une atmosphère riche en azote et oxygène. Sa température moyenne est de 15 °C.

Mars a une atmosphère fine, de l'eau gelée et même des saisons. La température moyenne est de – 20 °C.

La vie en action

Les organismes vivants sont responsables de la composition particulière de l'atmosphère terrestre : en pratiquant la photosynthèse, certaines bactéries et les plantes ont permis la libération de l'oxygène et son accroissement depuis 3,6 milliards d'années. L'emprisonnement du dioxyde de carbone (CO_2) primitif sous forme de matière organique est lui aussi dû au vivant : certains micro-organismes (comme la microalgue *Emiliania*) l'utilisent pour fabriquer leurs coquilles. L'azote est maintenu grâce à l'activité de bactéries qui le rejettent dans l'air. La composition particulière de notre atmosphère est bien le fruit de la vie.

Photosynthèse

Grâce à l'action de la lumière, les plantes vertes et certaines bactéries utilisent l'eau, les sels minéraux et le dioxyde de carbone pour se nourrir et grandir, tout en rejetant de l'oxygène.

Écailles ovales (coccolithes) fabriquées par la microalgue *Emiliania huxleyi*.

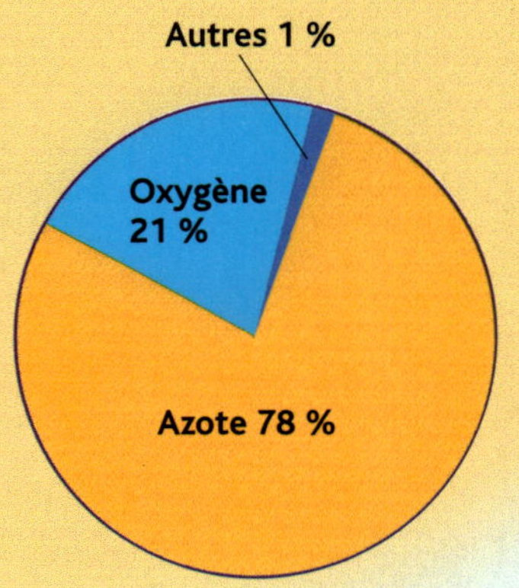

Composition actuelle de l'atmosphère terrestre.

Et si la vie s'arrêtait...

En l'absence de vie, la composition de l'atmosphère changerait radicalement. L'oxygène ne serait plus produit par la photosynthèse et disparaîtrait totalement. La concentration du dioxyde de carbone augmenterait car ce dernier ne serait plus piégé par des organismes comme *Emiliania*. L'azote ne serait plus restitué à l'atmosphère par les bactéries et réagirait avec l'océan. L'atmosphère de la Terre deviendrait alors proche de celle de Mars ou Vénus.

La photosynthèse

- Grand bocal en verre (aquarium)
- Bicarbonate de soude
- Petit bocal
- Plante pour aquarium

1 Remplis l'aquarium d'eau.

2 Ajoute une cuillerée à café de bicarbonate de soude par litre d'eau.

3 Prends le petit bocal, immerge-le complètement dans l'aquarium.

4 Fais glisser la plante dans le petit bocal maintenu sous l'eau.

5 Renverse le petit bocal ouverture en bas et pose-le au fond de l'aquarium.

6 Place le tout au soleil.

3

4

5

Au bout de quelques heures, l'oxygène se dégage de la plante. C'est la chlorophylle de celle-ci, qui, grâce à l'énergie solaire, fait réagir le dioxyde de carbone avec l'eau, pour produire du glucose et de l'oxygène. L'oxygène s'accumule sous le bocal comme il l'a fait dans l'atmosphère il y a des centaines de millions d'années.

Inondée de soleil

La Terre est baignée par un énorme flux d'énergie provenant du Soleil, ce qui permet à la vie de s'épanouir. Cette énergie varie suivant l'endroit où l'on se trouve et le moment de l'année.

Coupe du Soleil.

Le Soleil, notre étoile

Semblable à ces millions d'étoiles qui parsèment le ciel nocturne, le Soleil est une boule de gaz brûlante d'un diamètre imposant : 100 fois celui de la Terre. Au centre, règne une chaleur d'enfer : 15 millions de degrés ! Le cœur est une sorte de bombe thermonucléaire géante qui explose en permanence et nous fournit une énergie extraordinaire, sous forme de lumière et de chaleur.

Sautes d'humeur

Le Soleil ne brille pas toujours de la même façon : tous les 11 ans, quand les taches solaires s'étendent en surface, l'activité solaire, plus importante, entraîne un léger réchauffement climatique. Cette activité, et donc notre climat, change fortement tous les 300 ans environ. C'est ainsi qu'entre 1645 et 1715, a eu lieu un petit âge glaciaire : la mer Baltique était encore couverte de glace en avril ! Les astronomes ont remarqué alors que les taches solaires avaient pratiquement disparu.

Les voyages de la Terre

Comme une toupie, la Terre tourne sur elle-même en 24 heures, autour d'un axe passant par ses pôles, provoquant l'alternance des jours et des nuits. Elle décrit aussi une trajectoire elliptique autour du Soleil en une année, le plan de cette trajectoire étant nommé « plan de l'écliptique ». L'axe des pôles n'est pas parfaitement perpendiculaire au plan de l'écliptique mais légèrement incliné.

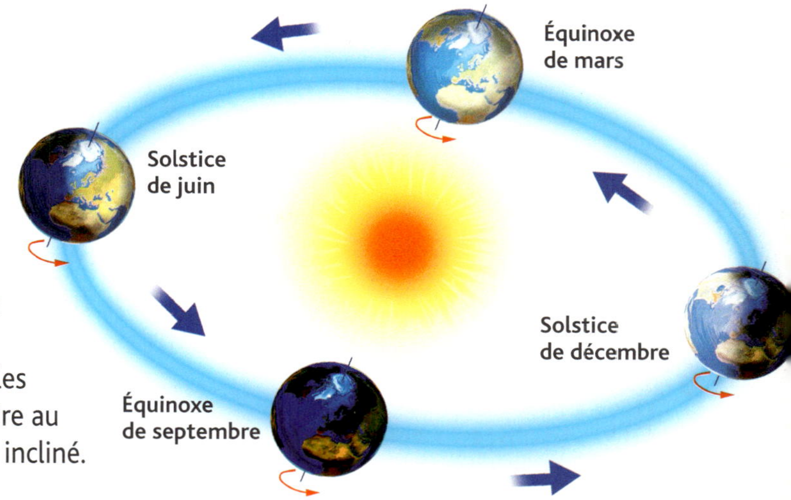

Les divers mouvements de la Terre expliquent l'alternance des jours et des nuits, ainsi que le cycle des saisons.

Sous le Soleil exactement…

L'énergie reçue par la surface dépend de l'angle avec lequel les rayons solaires frappent la Terre : c'est pourquoi les régions tropicales, qui reçoivent des rayons perpendiculaires, sont plus chaudes que les régions polaires, aux rayons ortement obliques. L'inclinaison de l'axe de la Terre est responsable des saisons les deux hémisphères : du 21 mars au 23 septembre, dans l'hémisphère Nord, plus xposé aux rayons solaires, les jours sont plus longs que les nuits (c'est le printemps t l'été). Dans l'hémisphère Sud, la même période correspond à l'automne t à l'hiver. Du 24 septembre au 20 mars, c'est le contraire : automne t hiver se trouvent au nord, printemps et été au sud.

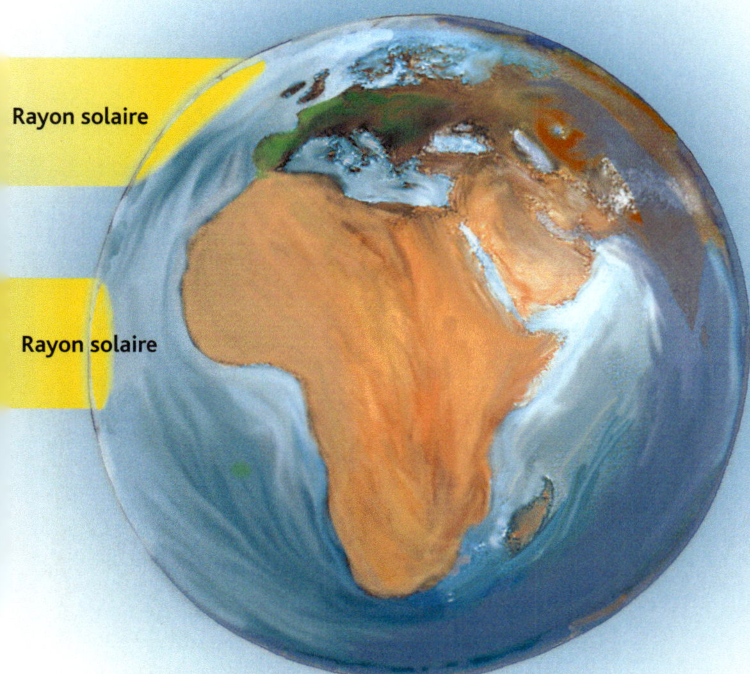

Les rayons solaires qui frappent l'équateur sont perpendiculaires à la surface de la Terre, il fait très chaud. Aux pôles, les rayons sont très inclinés et il fait froid.

Équinoxes et solstices

L'équinoxe correspond au moment où la durée du jour est la même que celle de la nuit, le solstice à celui où les durées du jour et de la nuit sont les plus différentes.

Une Terre énigmatique

Le Soleil émet de l'énergie comme une bombe thermonucléaire, grâce à la fusion des noyaux d'hydrogène. Le résidu de cette activité est l'hélium, un gaz qui s'accumule et empêche la chaleur de s'échapper du cœur de l'étoile. Depuis sa naissance, il y a 4,6 milliards d'années, le Soleil est ainsi de plus en plus chaud et il a augmenté l'énergie qu'il envoie vers la Terre de 30 % environ. Pourtant la température de notre planète est restée remarquablement stable. Cette énigme a longtemps troublé les scientifiques.

Une serre chaude

La Terre est enveloppée par une atmosphère qui agit comme une couverture et piège la chaleur réémise par la surface. Cet effet de serre est un des principaux facteurs du climat de notre planète.

Infrarouges

Rayonnement invisible émis par les objets chauds.

Chaude au Soleil d'hiver

Tu as sans doute déjà été surpris qu'au cours d'une journée d'hiver froide mais ensoleillée, l'intérieur d'une voiture garée au soleil soit bien chaud, alors que son chauffage n'est pas en marche. Ce même phénomène est responsable de la température régnant à l'intérieur d'une serre vitrée : le soleil pénètre au travers des vitres, est absorbé par les plantes qui émettent ensuite des infrarouges. Ces rayons sont ensuite bloqués par le verre, et la température monte.

Les gaz à « effet de serre »

L'atmosphère n'est évidemment pas comparable à la vitre de la serre. Cependant, près de la surface terrestre, là où l'air est dense, certains composants de l'atmosphère absorbent les infrarouges émis vers l'espace et en réfléchissent une partie vers le bas. Les responsables de cet effet « couverture » sont essentiellement le dioxyde de carbone (CO_2), le méthane (CH_4) et la vapeur d'eau (H_2O).

Les activités humaines (utilisation de combustibles fossiles, élevages, etc.) et les émissions naturelles comme celles des volcans contribuent à l'augmentation de l'effet de serre.

Les carottes glaciaires permettent de définir quelles ont été les évolutions climatiques depuis des dizaines de milliers d'années.

Témoins du passé

La neige qui tombe emprisonne de l'air dans ses flocons. Lorsque d'autres chutes de neige viennent recouvrir la première, la pression transforme la neige en glace. Aux pôles, où la glace ne fond pas, il est possible d'analyser les glaces profondes, et ainsi de connaître la composition de l'air emprisonné lors de périodes extrêmement reculées (jusqu'à – 400 000 ans). Les scientifiques ont établi que la concentration des gaz à effet de serre avait varié fortement au cours du temps, et par exemple que la concentration en CO_2 avait augmenté de 40 % au cours de la dernière déglaciation débutée il y a 18 000 ans.

Comprendre l'effet de serre

Placer au soleil les deux boîtes tapissées de papier noir. L'une des deux est recouverte de la vitre.

- 2 boîtes en polystyrène expansé
- Papier noir
- Thermomètre
- Vitre

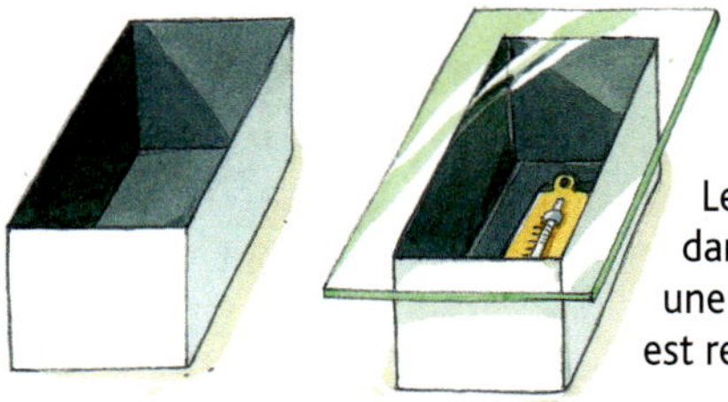

Le thermomètre disposé successivement dans chacune des boîtes montre clairement une température plus élevée dans celle qui est recouverte de la vitre.

Une Terre glacée ?

La Terre possède actuellement une température moyenne de surface de 15 °C. Si notre planète ne disposait pas d'une atmosphère riche en gaz à effet de serre, sa température de surface serait de – 18 °C.

L'énergie de la vie

L'énergie solaire permet d'animer l'eau, l'air mais également les êtres vivants. Ils tirent leur énergie du Soleil et se la transmettent sous la forme d'un flux énergétique.

Plantes chlorophylliennes

Une grande partie de l'énergie solaire qui atteint la Terre est réfléchie sous forme de chaleur vers l'atmosphère. Ce qui reste sert surtout à faire évaporer l'eau des plantes : cette « transpiration » active le mouvement de l'eau à l'intérieur de la plante, ce qui facilite le transport de la nourriture depuis le sol jusqu'aux feuilles, où a lieu la photosynthèse. La photosynthèse n'utilise que 0,5 à 3 % de l'énergie solaire. La respiration de la plante consomme 80 % de cette énergie ; les 20 % restants servent à produire de nouveaux tissus végétaux. Une grande quantité d'énergie solaire est donc perdue.

L'énergie solaire est responsable du cycle de l'eau. Elle active aussi le mouvement de l'eau à l'intérieur des plantes et permet la photosynthèse.

Des végétaux aux carnivores

Appelés producteurs primaires car ils se développent à partir d'énergie solaire et de minéraux, les végétaux sont indépendants des autres êtres vivants. Ils sont consommés par des herbivores qui utilisent 10 % de l'énergie fournie par ces végétaux. Les carnivores consomment à leur tour les herbivores et, comme eux, n'utilisent pas plus de 10 % de l'énergie solaire fixée par les herbivores pour constituer leurs propres tissus. Les herbivores et les carnivores sont appelés consommateurs : ils dépendent des végétaux pour survivre.

La quantité d'énergie solaire diminue des producteurs aux consommateurs. Il faut (par an) 660 t de végétaux pour nourrir 66 000 campagnols, qui seront consommés par 365 faucons crécerelles qui nourriront 1 seul faucon pèlerin !

Les décomposeurs

Les décomposeurs (insectes, vers, bactéries…) ont un rôle important : ils « défont » les composés organiques (feuilles mortes, cadavres…) pour les rendre assimilables par les plantes. Ils en profitent pour récupérer à leur profit l'énergie restante présente dans les cadavres ou les excréments. Sans eux, tous ces éléments nutritifs seraient perdus pour les plantes.

Le bousier est un décomposeur : il roule les excréments en boule puis les pousse à reculons vers son terrier pour les dévorer à l'abri.

Bêtes féroces et rares

La plupart des carnivores sont d'autant plus gros (leur mâchoire doit pouvoir engloutir les proies), féroces et rares qu'ils sont situés plus haut dans la pyramide alimentaire. C'est ainsi que les requins blancs ou les orques en mer, les lions ou les tigres sur terre sont à la fois impressionnants et peu nombreux. La baleine est une exception à la règle : elle est à la fois énorme et pourtant située très bas dans la pyramide alimentaire. Elle filtre grâce à ses fanons l'eau de mer, engloutissant ainsi des quantités stupéfiantes de toutes petites crevettes, le krill.

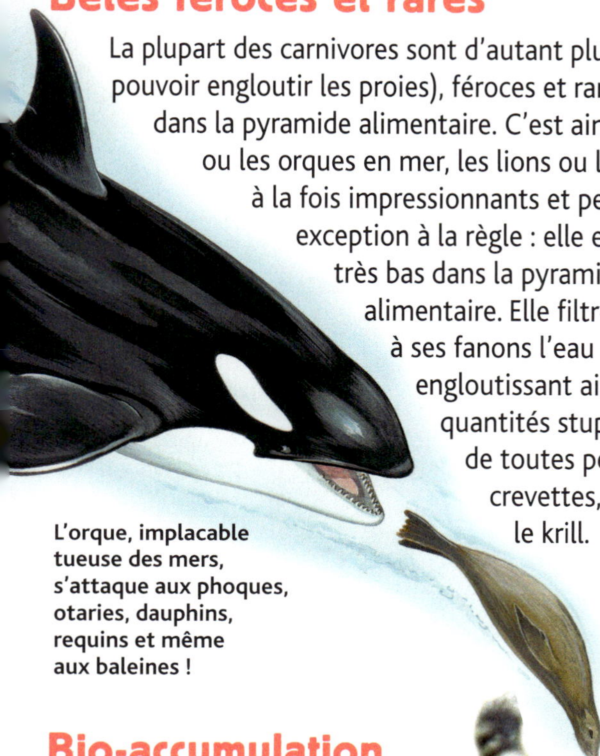

L'orque, implacable tueuse des mers, s'attaque aux phoques, otaries, dauphins, requins et même aux baleines !

Productivité des milieux de la Terre

La quantité totale d'énergie que les herbivores peuvent tirer des plantes est appelée « production primaire nette ». Exprimée en tonnes par km^2, cette production varie beaucoup suivant la latitude : elle est en moyenne de 165 dans les milieux polaires, 654 dans les forêts boréales, 798 dans les milieux tempérés, 1 424 dans les milieux subtropicaux et 1 834 dans les milieux tropicaux.

Bio-accumulation

Certaines substances toxiques sont absorbées par les organismes et se concentrent au fur et à mesure qu'elles circulent vers les « étages » supérieurs des pyramides alimentaires. Le PCB (utilisé dans la composition des peintures, des isolants électriques, etc.) est un bon exemple : on a retrouvé des résidus de PCB dans les tissus des manchots arctiques et dans le lait des femmes de la plupart des pays du monde.

Guépard poursuivant une gazelle.

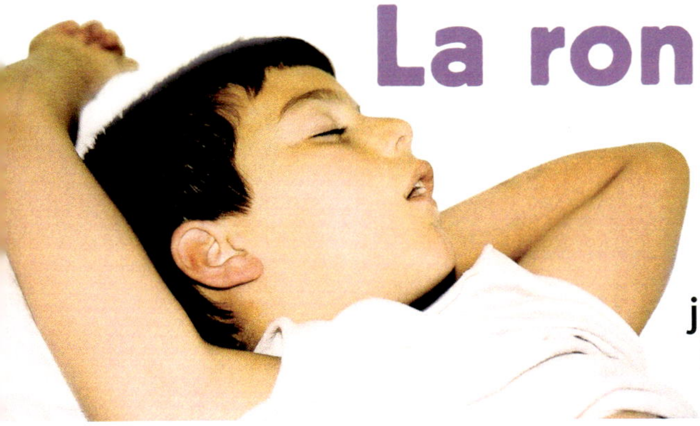

La ronde des jours

La rotation de la Terre, et donc l'alternance des jours et des nuits, rythme l'existence des êtres vivants de la planète, depuis les hommes jusqu'aux bactéries, en passant par les animaux et les plantes.

La durée moyenne du sommeil (8 heures) doit impérativement recouvrir la période de faible vigilance, entre 23 heures et 5 heures du matin.

Des hauts et des bas

L'attention, la mémoire, mais aussi la force musculaire et les fréquences cardiaque et respiratoire des humains passent par des hauts et des bas au cours de la journée. Pour la plupart d'entre nous, commence entre 5 et 8 heures du matin une période active associée à une température corporelle élevée. Suit une phase de repli et de fatigue, entre 11 et 14 heures. La nouvelle phase de haute vigilance, entre 17 et 20 heures, est suivie d'une phase de fatigue et de très faible vigilance entre 23 heures et 2 heures du matin. La phase la moins active se situe entre 2 et 5 heures du matin.

Administration des médicaments

L'efficacité des médicaments et leurs effets secondaires dépendent beaucoup de l'heure de leur prise : c'est ainsi qu'une aspirine absorbée le soir est plus efficace et moins agressive pour la muqueuse de l'estomac que si elle est prise à 8 heures du matin.

Comment ça marche ?

Sous l'influence du Soleil, la glande pinéale, située à la base du cerveau, produit une hormone (la mélatonine) qui « remet à l'heure » nos horloges internes et les synchronise sur l'alternance jour-nuit.

Attention, danger !

Les accidents de voiture ou d'avion se produisent souvent vers 2 ou 3 heures du matin, au moment où les réflexes sont les plus lents et les moins adaptés. Lorsque la centrale nucléaire américaine de Three Mile Island s'est emballée à 4 heures du matin, les ingénieurs et techniciens de garde ont été incapables de prendre en temps voulu les décisions qui s'imposaient, augmentant ainsi la gravité de l'accident. Le naufrage du *Titanic* s'est produit à 23 h 30 (heure locale) mais à 2 h 30 du matin (heure physiologique) pour l'équipage qui venait de passer 3 fuseaux horaires en 4 jours...

L'horloge à oiseaux

Au printemps, les oiseaux chantent pour défendre leur territoire. Les différentes espèces commencent à chanter dans un ordre précis et à des heures régulières. On arrive ainsi à déterminer approximativement l'heure, mais cette heure varie avec l'heure de lever du Soleil et en fonction de l'endroit où l'on se trouve.

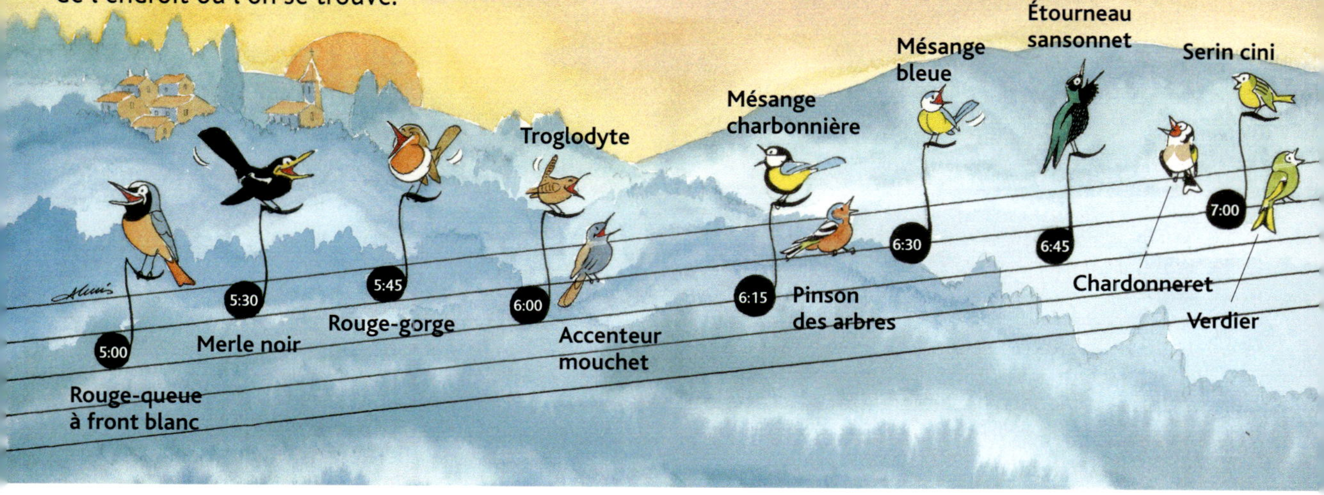

L'horloge à fleurs de Linné

Linné, un botaniste suédois, a établi en 1751 une « horloge florale » en remarquant que telle ou telle fleur s'ouvrait et se fermait à certaines heures de la journée. Cette heure dépend cependant du lieu où l'on se trouve.

Le monde de la nuit

Dès que le soleil se couche, les animaux nocturnes entrent en scène. Proies et prédateurs ont développé des comportements et des armes adaptés à l'absence de lumière, leur permettant ainsi de poursuivre une lutte millénaire.

Des guetteurs silencieux

Les yeux des animaux nocturnes sont adaptés à la vision de nuit ; souvent très grands, dotés d'une immense pupille, ils utilisent la moindre lueur, que ce soit celle des étoiles ou de la lune. Les prédateurs nocturnes disposent aussi d'une ouïe parfaite qui leur permet de repérer leurs proies ; de plus, ils savent se déplacer silencieusement : c'est ainsi que le chat étouffe le bruit de ses pas grâce aux coussinets disposés sous ses pattes.

Rapaces nocturnes

Chouettes et hiboux sont dotés de becs crochus, de serres puissantes et d'une excellente vue. Leur vol est silencieux grâce à leur plumage moelleux qui assourdit le bruit des ailes. Ils font partie des oiseaux qui ont l'ouïe la plus développée : leurs trous auditifs sont cachés derrière les disques faciaux, presque au niveau des yeux.

Chauves-souris

Les chauves-souris

Ces petits mammifères sont appelés chiroptères, c'est-à-dire mains ailées (du grec *kheir* = main et *pteron* = aile). Longtemps confondues avec les oiseaux, elles sont pourtant très différentes : la surface portante de leurs ailes est une membrane tendue entre le corps, la queue et les quatre membres. Les espèces européennes, insectivores, prennent le relais nocturne des hirondelles et autres fauvettes. Une chauve-souris peut capturer en une nuit la moitié de son poids en insectes.

L'écholocation

Les chauves-souris, comme les dauphins, se dirigent et chassent au moyen de sons si aigus que les oreilles humaines ne peuvent les entendre. Ces animaux émettent des ultrasons puis écoutent l'écho qui leur revient après avoir rebondi sur les obstacles : une expérience a montré que les chauves-souris pouvaient capturer de petits insectes dans une pièce totalement noire tendue d'obstacles formés de fils de fer !

Blattes de nuit

Très « vieux » insectes – puisque les formes fossiles sont comparables aux formes actuelles –, les blattes comportent plusieurs milliers d'espèces ; la majorité d'entre elles habitent les zones équatoriales et tropicales. Les blattes ont leur période de pleine activité la nuit. Trapues et aplaties, elles se déplacent à toute vitesse en agitant de longues antennes avec lesquelles elles détectent les traces chimiques de nourriture avec une efficacité extraordinaire.

Détection des infrarouges

Les serpents à sonnette ont deux trous, près de l'œil, qui contiennent des organes de détection des radiations infrarouges. Les proies sont ainsi repérées dans l'obscurité la plus totale grâce à la chaleur de leur corps.

Campagnol

Mulot

Mante feuille morte

Le cycle des saisons

Les variations saisonnières de l'énergie lumineuse reçue par la Terre, combinées aux variations de température, influencent le vivant : pour survivre à la mauvaise saison, certaines espèces hibernent, d'autres migrent. Toutes adaptent leur reproduction aux périodes les plus favorables de l'année.

Loir en hibernation.

Hibernation et hivernation

Durant l'hiver, les ressources alimentaires se font rares et la température chute fortement. Certains mammifères hibernent pour passer cette période difficile de l'année. Ils entrent dans un sommeil profond, abaissent leur température corporelle (la marmotte passe de 37 °C à 4 °C), diminuent leur rythme cardiaque et leur respiration, ce qui permet de faire une énorme économie d'énergie. D'autres mammifères, les ours par exemple, hivernent. Ils entrent également dans un sommeil profond, mais peuvent se réveiller plus facilement : leur température corporelle ne baisse que de 4 à 7 °C et ils sortent de leur tanière de temps à autre au cours de l'hiver.

Dépression saisonnière

Pour de nombreuses personnes, l'entrée de l'hiver est difficile : moral en baisse, difficulté à se lever le matin, troubles de la concentration... Cette mini-dépression, qui touche les adultes jeunes et les femmes plus que les hommes, est due à la baisse de luminosité. Le manque de lumière peut perturber le cycle de sécrétion de la mélatonine, l'hormone qui règle l'horloge interne de l'organisme. Dans les cas graves, on traite cette affection par photothérapie, en exposant régulièrement le patient à la lumière artificielle.

Le temps de la reproduction

La plupart des espèces font naître leurs petits en fin d'hiver ou au printemps, ce qui fournit aux jeunes les meilleures chances de développement avant l'hiver suivant. Pour cela, les espèces qui ont une durée de gestation de quelques semaines s'accouplent au printemps. Si cette durée est de 6 mois (ovins, caprins, cervidés), la période d'activité sexuelle se déroule à l'automne. L'ours est une des exceptions à cette règle : il s'accouple en Europe entre avril et juin, mais deux à trois jours après la fécondation, l'œuf cesse complètement de se développer. La reprise de son développement n'a lieu qu'en novembre, peu avant l'hivernation, et la naissance se déroule dans la tanière, en janvier ou février.

Ourse dans sa tanière, avec ses deux oursons.

Oies des neiges en migration.

Migrations

Le déplacement saisonnier des animaux d'un lieu à l'autre pour subvenir toute l'année à leurs besoins de nourriture est très courant chez les oiseaux, mais aussi chez les mammifères et les insectes. C'est ainsi que les oiseaux insectivores, comme les hirondelles, quittent les hautes latitudes à la mauvaise saison, pour rejoindre des lieux plus cléments ; les gnous, grandes antilopes d'Afrique orientale, migrent pour suivre les pluies à la recherche de jeunes pousses ; au printemps, la belle-dame, un papillon fauve et noir, vient d'Afrique pour se reproduire en Europe. À l'automne, sa progéniture descend à son tour vers l'Afrique.

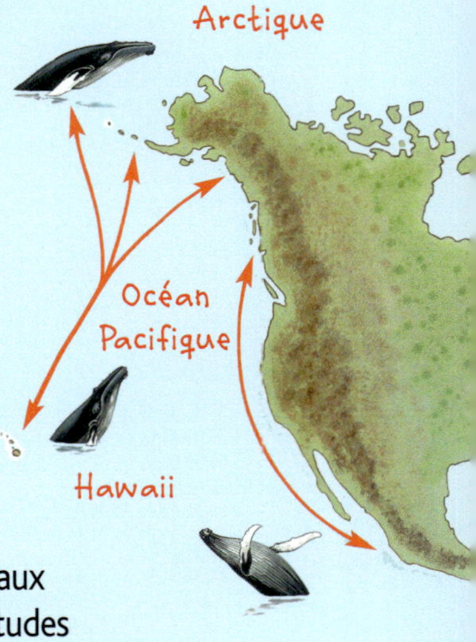

L'été, les baleines à bosse se nourrissent dans les eaux polaires ; l'hiver, elles vont se reproduire dans les eaux chaudes d'Hawaïï et de Basse-Californie.

Orientation et navigation

La plupart des espèces qui migrent font preuve de surprenantes qualités de navigation pour retrouver leur chemin sans se tromper sur des distances qui se comptent en milliers de kilomètres. Les scientifiques ont acquis la certitude que de nombreux procédés sont utilisés, parfois simultanément : les repères visuels (comme le tracé des côtes), l'observation de la course du Soleil, qui, jointe à l'horloge interne, permet de s'orienter, mais aussi l'utilisation de l'étoile polaire la nuit et enfin la perception du magnétisme terrestre.

Survivre grâce au repos

Dans les périodes défavorables, de nombreux organismes survivent en se mettant au repos : les lichens et les mousses se déshydratent, certaines plantes perdent leurs feuilles, et de nombreux invertébrés subsistent à l'état d'œuf ou de nymphe.

Les caprices d'Éole

Tous les points de la Terre ne reçoivent pas également l'énergie solaire. Les différences de température créent des vents qui transportent la chaleur vers les pôles et le froid vers les tropiques.

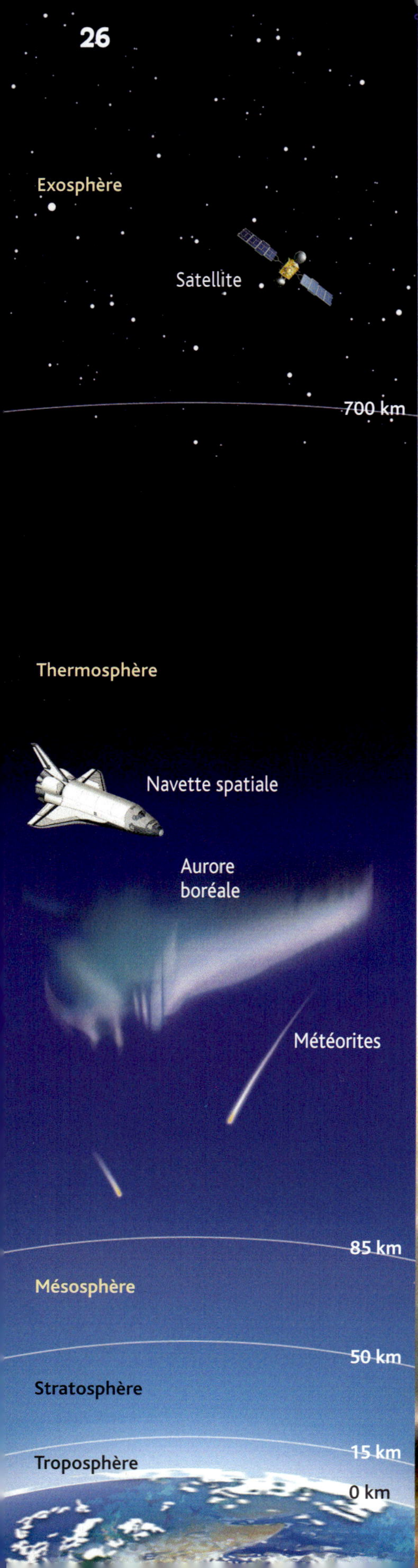

Les couches de l'atmosphère

La troposphère va de la surface jusqu'à 15 km d'altitude. La température décroît de 15 °C au sol à – 70 °C au sommet. La stratosphère s'étend de 15 km à 50 km d'altitude. La température évolue de – 70 °C à la base à 0 °C au sommet. Au-dessus, de 50 à 85 km, se trouve la mésosphère (0 °C à la base, – 100 °C au sommet). À partir de 85 km, se trouve au contact de l'espace la thermosphère, couche très chaude soumise aux radiations du Soleil.

La couche d'ozone

La stratosphère contient la couche d'ozone qui atteint sa concentration maximale à 30 km de la surface de la Terre. L'ozone, due à la dégradation de l'oxygène en altitude sous l'action du Soleil, protège la Terre de l'action nocive des ultraviolets du Soleil.

Ultraviolets

Le spectre de la lumière solaire visible va du rouge au violet. L'ultraviolet est le rayonnement invisible à l'œil nu situé au-delà du violet.

Les colonnes d'air tourbillonnantes nommées tornades se forment au milieu de nuages orageux. Les vents circulaires peuvent alors atteindre 500 km/h et provoquer d'énormes dégâts.

Naissance des vents

C'est l'énergie du Soleil qui réchauffe la Terre, met l'air en mouvement et crée le vent. L'air chaud, plus léger, a tendance à monter, diminuant ainsi la pression au sol, tandis que l'air froid, plus lourd, a tendance à descendre et donc à augmenter la pression au sol. Au fur et à mesure qu'il s'élève, l'air chaud crée une aspiration et est remplacé par de l'air froid, ce qui explique pourquoi l'air circule toujours des hautes pressions vers les basses pressions.

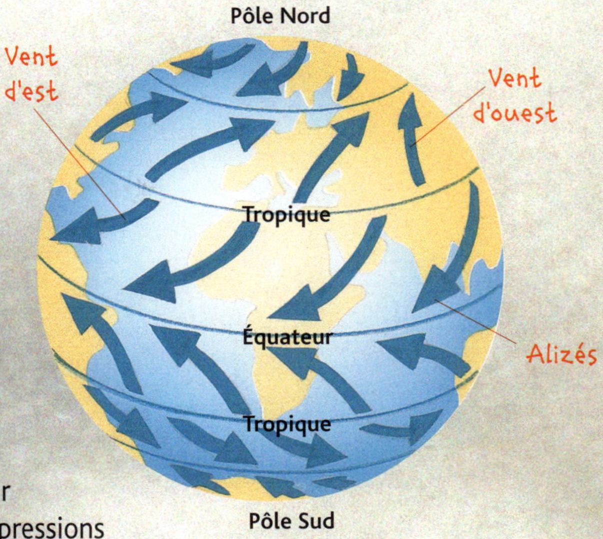

La circulation générale des vents à la surface de la Terre.

Rotation de la Terre

C'est ainsi que l'air des régions équatoriales, très chaud, s'élève en maintenant une basse pression permanente au-dessus de l'équateur. Mais les vents attirés par cette dépression ne sont pas orientés suivant un méridien, comme on aurait pu s'y attendre : la rotation de la Terre les dévie en créant dans la zone tropicale le régime permanent des alizés.

Méridiens

Cercles imaginaires qui passent par les deux pôles de la Terre.

Comprendre les alizés

• Une lampe de bureau, du talc

1 Allume la lampe et laisse l'ampoule chauffer.

2 Quand elle est chaude, verse une pincée de talc juste au-dessus de l'ampoule.

3 Le talc entraîné par le courant d'air chaud qui s'élève au-dessus de l'ampoule, retombe plus loin lorsque l'air s'est refroidi.

C'est exactement ce qui se passe à l'équateur, la région la plus chaude de la Terre. L'air chaud s'y élève pour être remplacé par de l'air plus froid en provenance des tropiques.

CYCLONES, OURAGANS ET TYPHONS

Sous les tropiques et dans certaines conditions atmosphériques, se créent des cyclones appelés aussi ouragans ou typhons. Ce sont des vents très violents (200 à 300 km/h) en forme de spirale enroulée autour d'un centre, zone de calme appelée « œil du cyclone ». On a calculé que l'énergie qui s'exerce dans un cyclone tropical équivaut, à chaque seconde, à celle d'une explosion atomique, ce qui explique l'importance des dégâts.

Les eaux de la Terre

L'eau est partout sur la planète Terre : dans les océans, le sous-sol, les glaciers, les fleuves, les nuages et les êtres vivants.

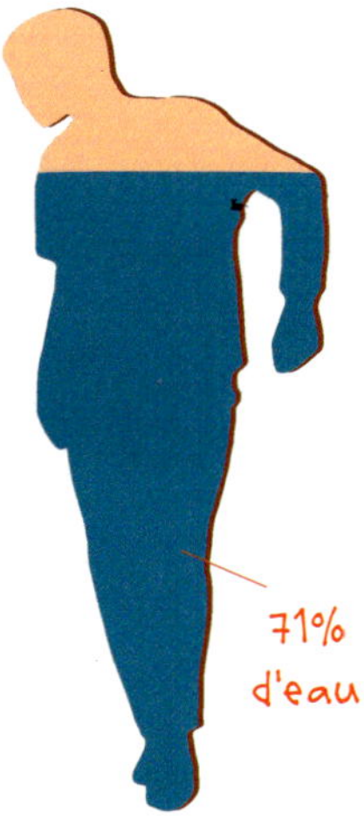

Répartition des eaux

L'eau existe sous trois formes : solide (dans les glaciers ou aux pôles), liquide (dans les rivières, lacs et océans), gazeuse (dans les nuages). L'eau salée représente 97,2 % de l'eau sur Terre. Le reste, c'est de l'eau douce ; 2,15 % de cette eau, stockée dans les glaciers polaires, est difficile d'accès ; finalement il ne reste que 0,65 % d'eau utilisable dans le sous-sol, les fleuves ou les lacs. L'homme et les animaux sont constitués d'environ 71 % d'eau, les végétaux verts de 85 %, le bois de 50 %.

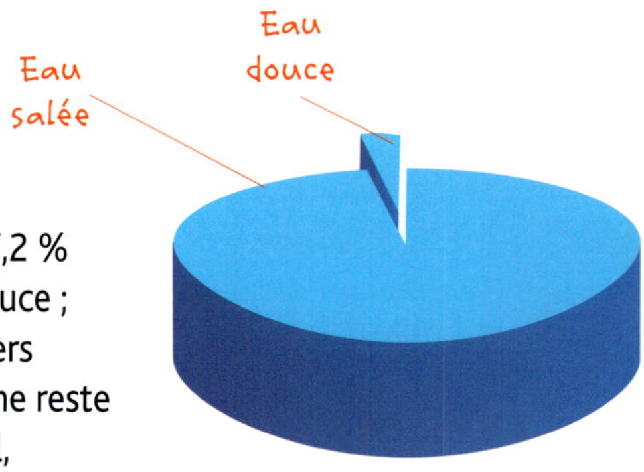

Répartition des eaux sur la planète.

L'EAU, UNE MOLÉCULE ÉTRANGE

L'eau est une molécule légère, qui « devrait » être gazeuse à température ordinaire. Heureusement, il n'en est rien. Cette propriété « hors norme » s'explique par le fait que les molécules d'eau s'associent pour former une sorte de solide « tissu » : c'est ainsi que l'eau ne s'évapore qu'à des températures élevées. De plus, lorsqu'elle se solidifie, l'eau, contrairement à la plupart des autres corps, augmente de volume, et c'est une chance pour le vivant : la glace, moins dense, flotte, ce qui permet le maintien de la vie dans les lacs et les océans gelés.

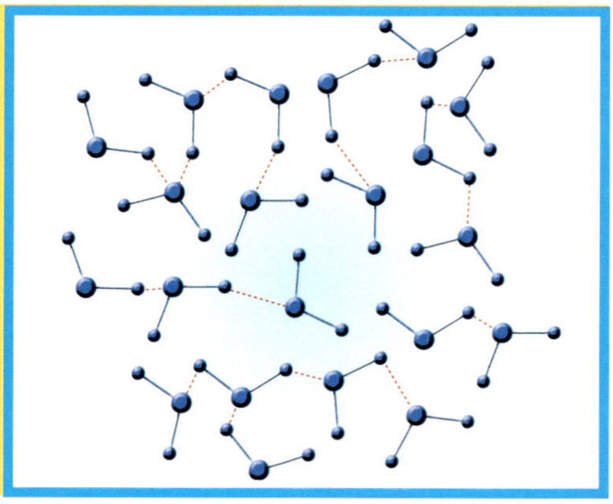

Paysage d'Antarctique montrant de l'eau dans tous ses états : liquide (océan), solide (glacier), et gazeux (nuages).

Le Soleil et l'eau

L'eau est une voyageuse. Elle ne cesse de circuler sous l'action de la chaudière solaire : le rayonnement thermique fait passer l'eau des océans à l'état de vapeur. Une partie retombe en pluies, l'autre, entraînée par le vent vers les continents, s'ajoute aux eaux d'évaporation pour se condenser en pluies. Une partie pénètre dans la Terre, l'autre ruisselle et rejoint les océans.

Le cycle de l'eau, animé par la chaudière du Soleil.

Les grands courants océaniques

L'énergie solaire, de loin la plus importante source énergétique de la planète, réchauffe les océans, surtout sous les tropiques, et active la circulation des grands courants océaniques. Les courants de surface transportent la chaleur tropicale vers les régions polaires. Là, les eaux se refroidissent et plongent vers le fond avant de parcourir en profondeur des milliers de kilomètres pour remonter en surface quand elles sont suffisamment réchauffées. Ce « tapis roulant » apporte en surface des éléments nutritifs qui y sont rares, comme le phosphore ou l'azote.

L'énigme de la salinité des océans

Au cours des temps géologiques, il semble que la salinité des océans se soit maintenue à un niveau remarquablement constant et compatible avec la présence de la vie. Les scientifiques ont été conduits à se demander si on n'était pas en présence d'une régulation volontaire. Mais mise en œuvre par qui ou par quoi ?

Roches en mouvement

Sous son apparente stabilité, la Terre cache une activité interne étonnante. Les lents mouvements provenant de l'intérieur de la planète déplacent les continents, sculptent les montagnes et influencent la répartition de la vie et des végétaux.

Une planète agitée

Autour du noyau, le magma, constitué de roches en fusion, est animé de mouvements de convection : les roches les plus chaudes, plus légères, s'élèvent vers la surface. Au-dessus du magma, la croûte terrestre, froide, est divisée en plusieurs plaques. Le magma remonte et sort au niveau des dorsales océaniques. Cet apport de matière pousse les plaques voisines et a tendance à les écarter. Elles peuvent alors se percuter ou bien passer l'une sous l'autre : c'est la subduction. Ces mouvements de plaques sont à l'origine de tremblements de terre et de l'activité volcanique.

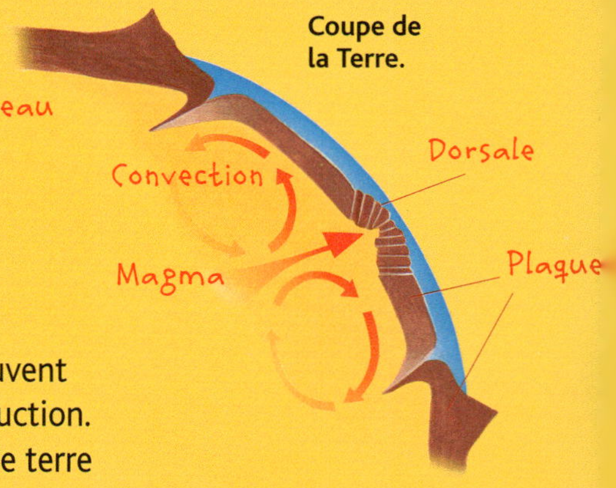

Coupe de la Terre.

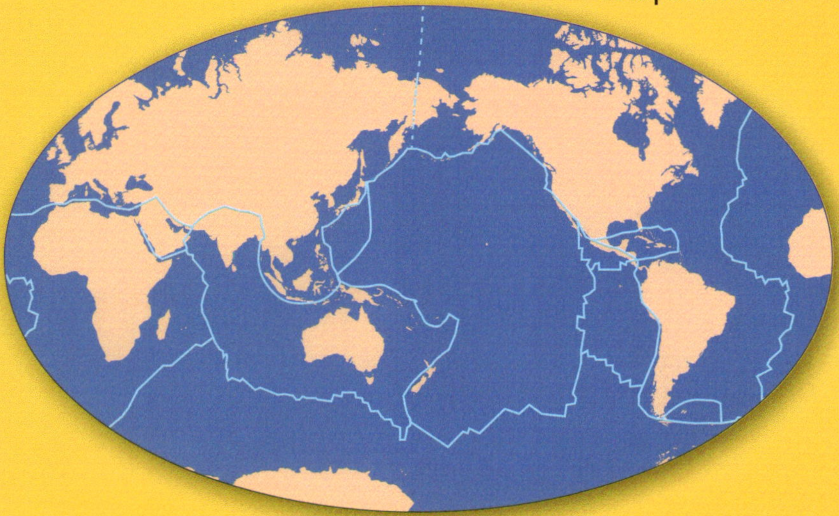

Les plaques de la planète Terre.

Élévation de l'Afrique

On sait depuis peu que les mouvements de convection du magma sont également à l'origine de l'élévation ou de l'affaissement des continents. Par exemple, le superpanache de magma, énorme champignon de roches plus chaudes situé sous la pointe sud de l'Afrique, et qui remonte lentement dans le manteau, soulève ce continent : il a entraîné l'élévation de l'Afrique de plusieurs centaines de mètres en 20 millions d'années.

Histoire de plaques

La théorie de la dérive des continents a été formulée par un Allemand, Wegener, en 1915. Dans les années soixante, les géologues admettent la théorie de la tectonique des plaques : la surface de la Terre est formée de plaques qui glissent et se déplacent sur le manteau supérieur. Au début de l'ère primaire, il n'y avait qu'un seul continent : la Pangée. Puis, progressivement, les plaques se sont détachées, ont dérivé et ont formé une deuxième Pangée pour se séparer à nouveau. C'est au cours de ces rencontres houleuses que les chaînes montagneuses (l'Himalaya, les Alpes) sont nées.

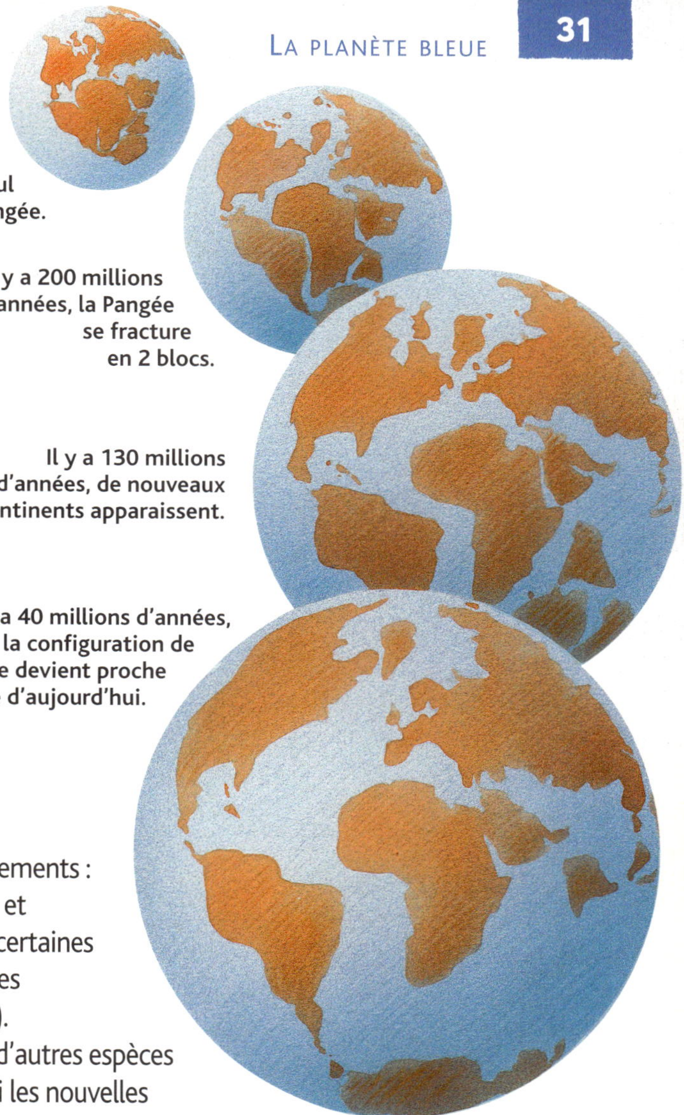

Le passé de la Terre.

Les plaques et la vie

La vie dans son ensemble a été affectée par ces mouvements : les chaînes montagneuses, les différences climatiques et la séparation des plaques ont entraîné l'isolement de certaines espèces. C'est le cas de Madagascar, île riche en espèces endémiques (espèces qui n'existent nulle part ailleurs). Au contraire, au cours du rapprochement de plaques, d'autres espèces ont pu passer d'un continent à l'autre et le coloniser si les nouvelles conditions leur convenaient. C'est ainsi que lorsque l'isthme de Panama a réuni l'Amérique du Nord et du Sud (isolées depuis 50 millions d'années), une grande partie des animaux du Sud ont été supplantés par les mammifères du Nord.

Les ratites

On pensait autrefois que les grands oiseaux coureurs (autruches, nandous, kiwis, casoars) qui vivent sur des continents différents appartenaient à des groupes distincts. Nous savons aujourd'hui, grâce à des comparaisons d'ADN (qui constitue l'empreinte unique d'une espèce), que ces oiseaux font partie d'un même groupe, les ratites. En effet, leur ancêtre commun vivait sur la totalité d'un bloc, le Gondwana. Lorsque ce dernier s'est fragmenté, l'ancêtre a évolué et s'est différencié en plusieurs espèces.

La roue de la vie

Il y a peu de temps que nous comprenons véritablement comment fonctionne la vie sur Terre. Ce sont les expériences menées par la NASA (Administration de l'espace américaine) pour préparer les futurs voyages interplanétaires qui nous ont permis d'arriver à ce résultat.

L'écosphère est un milieu fermé dans lequel la vie se maintient.

Respirer grâce aux plantes

À la fin du XVIIIe siècle, le pasteur Joseph Priestley, chimiste et philosophe anglais, réalise une curieuse expérience :

- Une plante verte, placée sous une cloche en verre contenant du dioxyde de carbone, continue à pousser à condition qu'elle reçoive de l'énergie lumineuse.
- Une souris, placée seule dans les mêmes conditions, meurt rapidement.
- En revanche, si la plante est placée sous la même cloche que la souris, les deux survivent, à condition que la cloche soit placée au soleil. Ce dernier résultat est évidemment dû au fait que la plante fournit par photosynthèse l'oxygène nécessaire à la respiration de la souris.

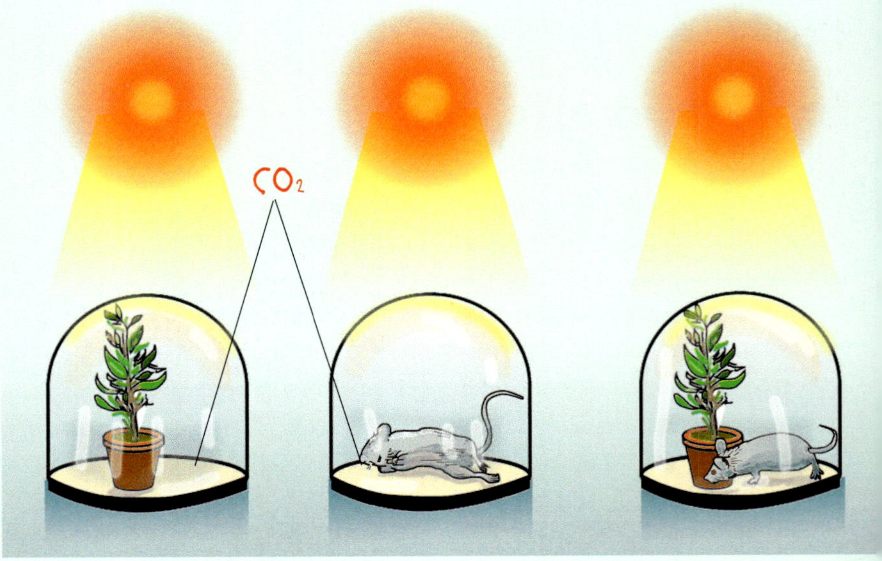

La plante seule pousse. La souris seule meurt. Souris et plante survivent.

Joseph Priestley

Fils d'un pasteur calviniste, le jeune homme écrit en 1767 un ouvrage sur l'électricité, puis identifie 10 gaz nouveaux, dont le monoxyde et le dioxyde de carbone, l'oxyde nitreux et l'acide chlorhydrique. En 1771, il met en évidence la régénération de l'air par les plantes, et montre l'importance de la lumière dans la photosynthèse. Enfin, il découvre en 1774 un gaz nouveau que Lavoisier nommera « oxygène ».

Respirer ou manger ?

Cependant, l'expérience de Priestley ne peut se poursuivre longtemps : la souris est contrainte de manger, si elle ne veut pas mourir de faim. Et comme elle n'a à sa disposition que les feuilles de la plante, elle se condamne ainsi à interrompre la production d'oxygène. Et même si la plante était assez importante pour supporter que quelques-unes de ses feuilles soient rongées sans cesser pour autant de produire de l'oxygène, la souris serait vite submergée par l'accumulation de ses déjections.

L'écosphère

Lorsque la NASA décide de lancer des voyages interplanétaires, il paraît nécessaire aux scientifiques d'économiser l'énergie, l'eau et la production de déchets dans les futurs vaisseaux spatiaux. Et donc, de mieux comprendre le fonctionnement de la Terre, pour en réaliser un « modèle réduit » dans le vaisseau spatial. C'est ainsi que la NASA a mis au point l'écosphère, sphère entièrement close où des êtres vivants vivent en utilisant l'énergie solaire comme seul apport extérieur. Remplie d'eau de mer aux trois quarts, elle contient une dizaine de crevettes, un peu de gravier et des algues.

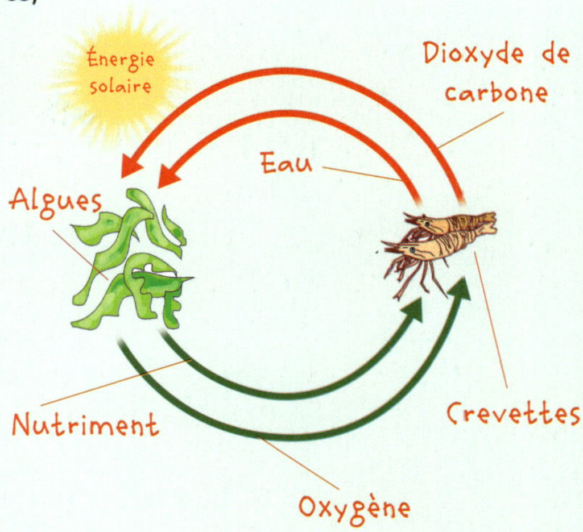

Un fonctionnement en cycle

Comme dans l'expérience de Priestley, les algues produisent l'oxygène que respirent les crevettes. Celles-ci rejettent du dioxyde de carbone et de l'eau, que les algues utilisent pour la photosynthèse. Mais ici la matière organique des algues est consommée par les crevettes, qui s'en nourrissent pour survivre et produisent des déchets. Des décomposeurs bien choisis recyclent ces déchets qui servent ensuite de nourriture aux algues. Dans l'écosphère, il existe donc deux boucles imbriquées qui représentent le cycle de la vie.

Une Terre en miniature

Un système vivant, quel qu'il soit, ne peut se maintenir longtemps s'il épuise le milieu dans lequel il vit ou s'il accumule les déchets sous lesquels il croule. Pour qu'un tel système affronte le temps, il faut qu'il fonctionne en cycle, et c'est évidemment le cas, aussi bien dans l'écosphère que sur Terre : certaines écosphères fonctionnent depuis plus de 10 ans et la Terre abrite la vie depuis près de 4 milliards d'années. Notre planète, bien qu'incomparablement plus vaste et plus complexe, fonctionne sur les mêmes principes que l'écosphère : isolée dans l'espace, elle utilise essentiellement l'énergie du Soleil.

Comme l'écosphère, la Terre est pratiquement isolée dans l'espace, et reçoit l'énergie du Soleil.

LE VAISSEAU DE LA VIE

Pour pouvoir survivre, les plantes, les animaux et les premiers hommes ont dû s'adapter et modifier les différents milieux de la Terre. Le vivant est ainsi parvenu à coloniser la mer et les continents, les pôles et les tropiques, s'installant même dans les déserts !

Le grand bleu

Les eaux du grand large occupent à elles seules 71 % de la surface de la planète Terre. D'une belle couleur bleue pour la plupart, elles constituent un immense désert liquide peu favorable à la vie.

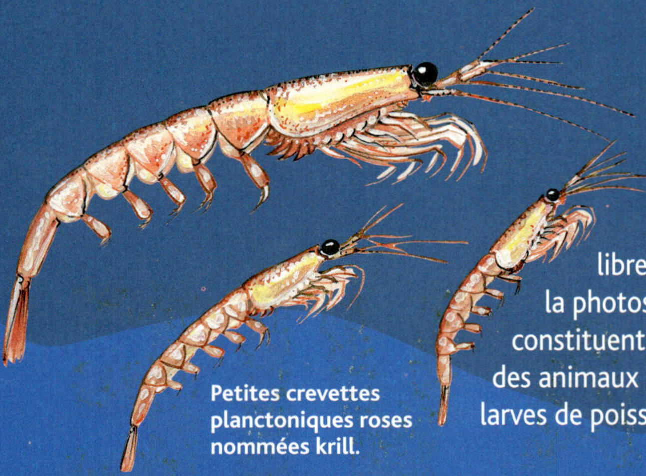

Petites crevettes planctoniques roses nommées krill.

Plantes vagabondes

Les couches supérieures de l'océan, inondées de soleil, sont peuplées de millions de plantes microscopiques qui flottent librement au gré des courants et pratiquent la photosynthèse. Ces plantes appelées phytoplancton constituent des « prairies de la mer » consommées par des animaux microscopiques, le zooplancton (crevettes, larves de poissons ou petits crustacés).

Le plancton

Le plancton (du grec ***planktos*** : vagabond) est formé d'organismes qui, pour la plupart, se laissent dériver au gré des courants. Le plancton végétal ou phytoplancton est composé de végétaux microscopiques qui vivent dans les couches superficielles éclairées de l'océan. Le plancton animal ou zooplancton vit dans des eaux plus profondes et remonte la nuit vers la surface pour se nourrir de phytoplancton, essayant ainsi d'échapper aux prédateurs.

Un plancton inégalement réparti

Le plancton n'est pas réparti uniformément dans l'océan mondial. Son abondance dépend de la quantité d'éléments nutritifs présents dans l'eau de mer. Ce n'est qu'à proximité des pôles et près de l'équateur dans le Pacifique que des remontées d'eaux froides profondes apportent de la nourriture en abondance et permettent la prolifération du plancton. Partout ailleurs, on ne trouve du plancton qu'en faible quantité.

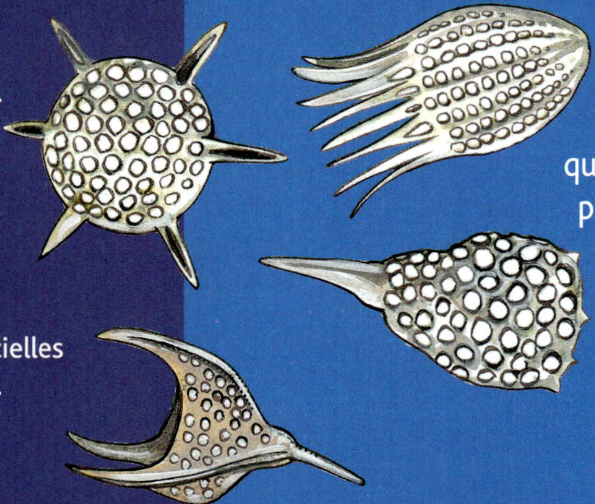

Les radiolaires font partie du zooplancton. Ils existent depuis 1,5 milliard d'années.

Les gros animaux

La faible quantité de plancton des zones bleues de l'océan mondial ne peut nourrir qu'un petit nombre de gros poissons : 10 tonnes de phytoplancton permettent de nourrir 1 tonne de zooplancton, lequel sert de nourriture à 100 kg de petits carnivores, comme les anchois, sardines, maquereaux, qui alimentent 10 kg de gros carnassiers (thons, requins ou cachalots). La baleine, pour sa part, recourt à une chaîne alimentaire très courte : elle se nourrit au large du continent antarctique de quantités énormes de krill, minuscule crevette qui fait partie du plancton.

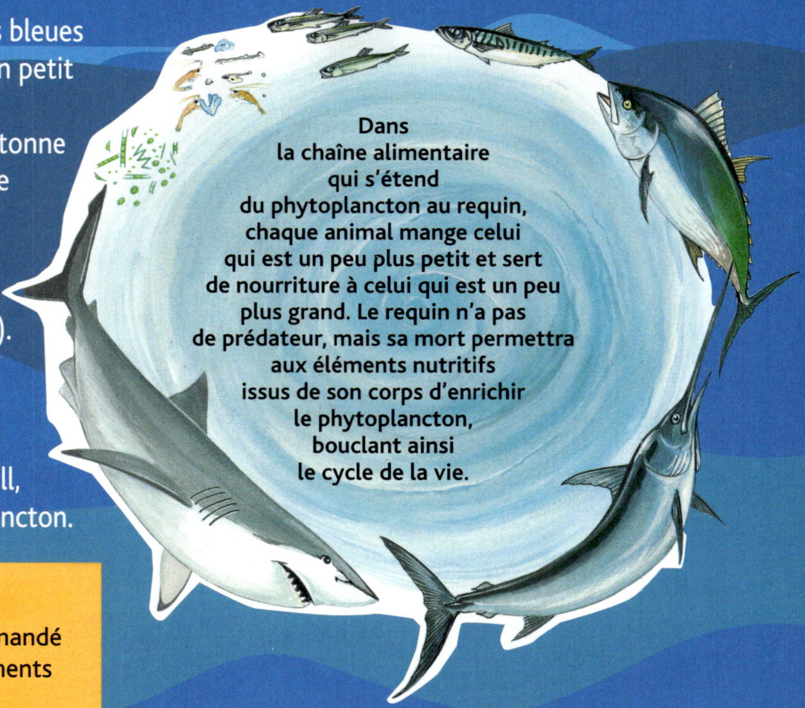

Dans la chaîne alimentaire qui s'étend du phytoplancton au requin, chaque animal mange celui qui est un peu plus petit et sert de nourriture à celui qui est un peu plus grand. Le requin n'a pas de prédateur, mais sa mort permettra aux éléments nutritifs issus de son corps d'enrichir le phytoplancton, bouclant ainsi le cycle de la vie.

Surprises océanographiques

Les océanographes se sont longtemps demandé pourquoi l'océan, bien que pauvre en éléments nutritifs de surface, n'était pas couvert de grandes plantes, seules capables de filtrer et d'accumuler ces éléments nutritifs dilués. Or, dans la mer des Sargasses, mer très calme, prospère une algue de grande taille, le ***Sargassum***. Nous savons aujourd'hui que les grandes plantes sont absentes des autres océans à cause du mouvement incessant de l'eau qui perturbe leur fonctionnement.

Océanographe

Scientifique qui étudie les mers et les océans, et notamment les courants, les marées, les vagues, les fonds, etc.

Pourquoi l'océan est-il bleu ?

L'océan, ce désert de végétation, n'a pas assez de plantes à sa surface pour que ses eaux soient vertes. La lumière blanche du soleil pénètre ses eaux limpides et est absorbée peu à peu : mais le bleu, moins absorbé que les autres couleurs, est plus diffusé par les particules contenues dans l'eau. Absorption et diffusion concourent donc à donner à l'océan sa belle couleur bleue.

Oasis du grand large

Au sommet de volcans immergés, le vivant a constitué au cours de millions d'années des anneaux de calcaire, les atolls. Ces récifs coralliens fourmillent de vie.

Un écosystème très ancien

Les récifs de corail et les êtres vivants qui les peuplent forment l'écosystème le plus ancien de la Terre : il date de 300 à 500 millions d'années. On les trouve près de la surface, dans les eaux claires de tous les océans tropicaux du globe. Les coraux, comme les méduses ou les anémones de mer, sont des cnidaires (du grec ***cnidê*** **=** « ortie »). Ils vivent en association avec des algues et fabriquent un squelette calcaire foisonnant. C'est l'écosystème le plus riche de l'ensemble des océans.

Écosystème

Un écosystème est l'ensemble constitué par les organismes vivant dans un même habitat et leur milieu de vie : par exemple, une forêt et tous ses habitants (des arbres aux champignons, des cerfs aux punaises des bois).

De l'île volcanique à l'atoll

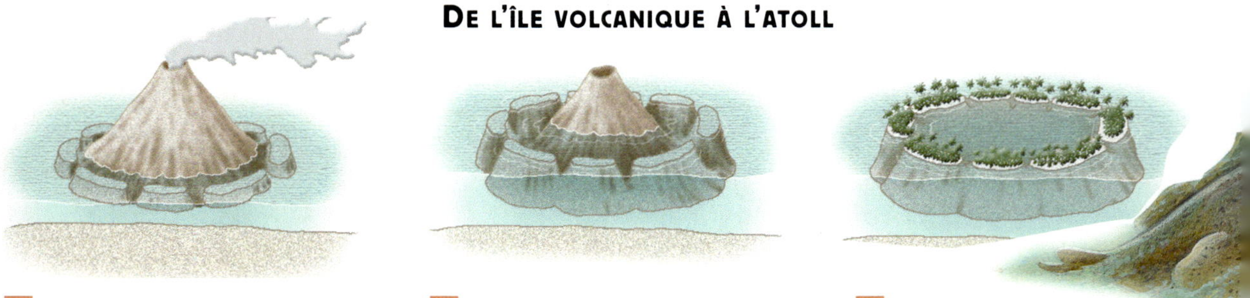

1 Au début, un récif se crée dans les eaux claires et peu profondes qui entourent un volcan situé dans l'océan tropical.

2 Puis le volcan s'enfonce sous son propre poids, mais le récif continue de pousser pour se maintenir près de la surface, et profiter au maximum de la lumière du soleil.

3 Lorsque le sommet du volcan s'est enfoncé sous la surface, le récif forme un anneau entourant un lagon circulaire. La plate-forme de calcaire atteint couramment 1 000 mètres de hauteur !

Le règne de la coopération

Les récifs coralliens sont le résultat du travail d'une multitude d'animaux au corps mou et aux tentacules urticants, les polypes. Chaque polype s'entoure d'une enveloppe de calcaire et tous sécrètent un gigantesque squelette commun, le banc de corail. Les polypes abritent dans leurs tissus des algues microscopiques (les zooxanthelles), avec lesquelles ils vivent en association, ou symbiose : les algues, grâce à l'énergie du soleil, produisent de l'oxygène et des sucres qui sont utilisés par les coraux comme source d'énergie. En échange, les coraux les protègent et leur apportent d'importantes quantités d'éléments nutritifs (dioxyde de carbone, sels minéraux, etc.).

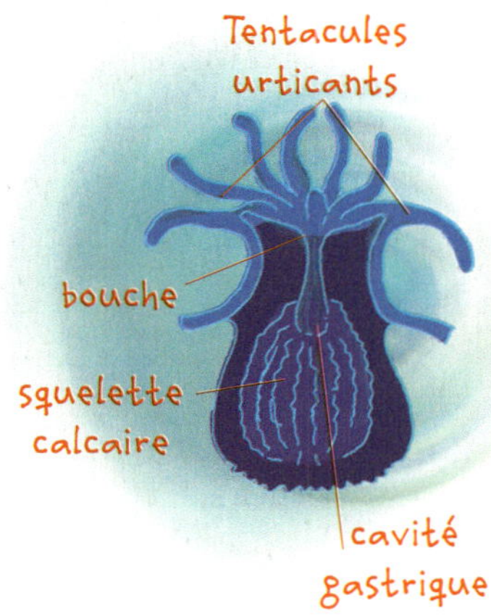

Coupe d'un polype corallien.

La nourriture des coraux

Le jour, le polype est rétracté et ses tentacules n'apparaissent pas. Les zooxanthelles contenues dans les cellules du polype profitent de la lumière abondante pour pratiquer la photosynthèse et produire de l'oxygène et des sucres. La nuit, les tentacules du polype sont sortis. Le zooplancton passant à proximité est paralysé par les cellules urticantes portées par les tentacules puis absorbé par l'animal.

Une nourriture recyclée

Les eaux océaniques où se rencontrent les atolls sont pauvres en éléments nutritifs, comme les phosphates ou les nitrates. Aussi les plates-formes de corail doivent-elles prélever la moindre particule de substance nutritive qui balaie le sommet de l'atoll ou le traverse. Le corail utilise aussi les éléments nutritifs qui proviennent du volcan situé au-dessous. Une fois captés par les coraux, ces éléments rares sont activement recyclés.

Les récifs coralliens abritent des dizaines de milliers d'espèces de poissons, mollusques, crustacés, éponges, vers...

Les abysses

Les scientifiques ont longtemps considéré les abysses, grands fonds océaniques situés à plus de 2 000 mètres de profondeur, comme des milieux hostiles à la vie. La découverte en 1977 d'une vie grouillante à 2 600 mètres de fond, autour de sources d'eaux chaudes, a bouleversé l'océanographie moderne.

Les geysers des grands fonds

Dans les abysses règne l'obscurité complète et une pression énorme. La vie y est à la fois lente et dispersée, avec des espèces souvent de petite taille. Mais dans l'étroite vallée centrale qui coupe le sommet des dorsales océaniques, le magma venu des profondeurs s'étale, se solidifie et se craquelle. L'eau de mer envahit alors ce réseau de fissures, se réchauffe et réagit avec la lave pour former un fluide hydrothermal noir, riche en métaux et sulfures, qui s'élève comme un geyser (source d'eau chaude jaillissante). Des cheminées se forment autour de ces geysers, par accumulation de dépôts.

Des oasis de vie

Autour des cheminées, qu'elles soient des fumeurs noirs (à haute température) ou des diffuseurs blancs (à température moyenne), une population variée s'installe. En dehors des bactéries (qui sont les producteurs primaires), les océanographes ont décrit plus de 450 espèces d'invertébrés et de vertébrés vivant sur ou auprès de ces sources. On y trouve des vers de 2 mètres, ver de Pompéi et ***Riftia***, des moules énormes, des poissons, des crustacés, de grandes anémones de mer, des éponges, etc.

Le mystère des sources

L'absence de lumière rend la photosynthèse totalement impossible à ces profondeurs. Les bactéries qui y vivent obtiennent l'énergie dont elles ont besoin pour vivre et se développer en réalisant des réactions chimiques avec l'hydrogène sulfuré craché par les geysers. Ces bactéries, sans qui aucune autre forme de vie ne serait possible, vivent soit en liberté, soit en association avec les animaux vivant à proximité de la source d'eau chaude.

Se nourrir en association

Beaucoup d'animaux utilisent les services des bactéries en un échange à « bénéfice mutuel » appelé symbiose. C'est ainsi que le ver ***Riftia*** ne possède pas de tube digestif, mais abrite dans un organe spécial une grande quantité de bactéries : le ver absorbe les sulfures dissous dans l'eau et les fournit aux bactéries qui peuvent se développer. En échange, il utilise la matière organique que les bactéries fabriquent et se charge de l'élimination des déchets.

Déménager

Une source hydrothermale naît, vit et meurt en fonction de l'activité interne de la Terre. Les scientifiques estiment que les oasis abyssales vivent environ 50 ans. Les espèces mobiles sont donc contraintes de se déplacer pour éviter l'extinction, tandis que les espèces fixées ne peuvent que disparaître dans un environnement redevenu hostile.

Les zones colorées en vert sur cette carte correspondent aux régions de l'océan qui grouillent de vie.

Vies océanes

La vie des océans se concentre essentiellement près des côtes et au-dessus du plateau continental, particulièrement dans les régions de remontées d'eaux froides. Les eaux vertes y sont grouillantes de vie.

Le littoral

Les eaux peu profondes y sont brassées par les courants de marée et les vagues, ce qui met en circulation une grande quantité de substances nutritives. Des déchets végétaux sont apportés par les fleuves. Dans ces eaux particulièrement riches se trouvent la quasi-totalité des mollusques et une grande partie des algues présentes dans les océans. Les oiseaux de mer viennent s'y nourrir, pondre ou se reposer.

L'*upwelling*

Lorsque les êtres vivants de l'océan meurent, leurs cadavres et les matières qui résultent de leur décomposition tombent au fond. Les eaux profondes sont ainsi beaucoup plus riches que les eaux de surface en substances nutritives (comme le phosphore ou l'azote) favorables au développement de la vie. Lorsque l'action des vents ou des courants provoque une remontée de ces eaux profondes (***upwelling***), les nutriments parviennent dans la couche superficielle de l'océan, inondée de soleil. Ces zones sont alors extrêmement riches en poissons.

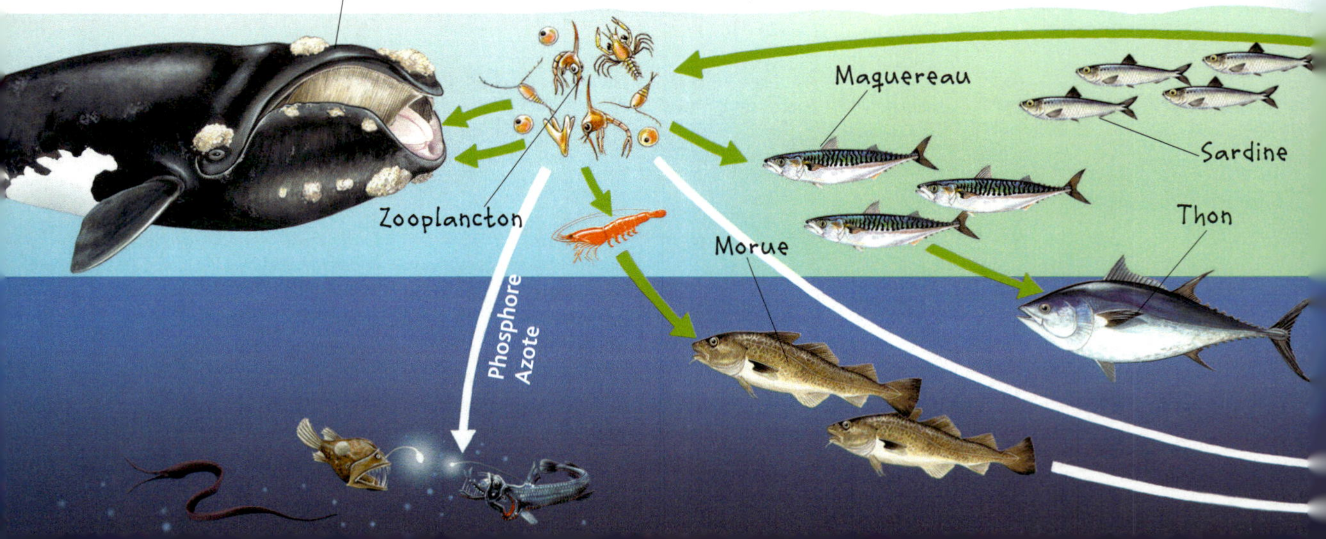

Les prairies de l'océan

La zone située près des côtes et au-dessus du plateau continental est elle aussi très riche en espèces vivantes. Elle contient la plupart des algues fixées au fond, et abrite la majorité des espèces de poissons marins. Le phytoplancton prolifère à la surface, ce qui colore les eaux en vert. Il est consommé par le zooplancton, qui lui-même sert de nourriture à des poissons carnivores (harengs ou sardines). Ces derniers, à leur tour, sont mangés par les thons ou les requins.

TERRE NEUVAS

Les marins bretons ont longtemps pratiqué la pêche au large de Terre-Neuve, dans une zone particulièrement riche en poissons. Leur campagne durait six mois et permettait de rapporter des tonnes de morue, base de l'alimentation des gens pauvres.

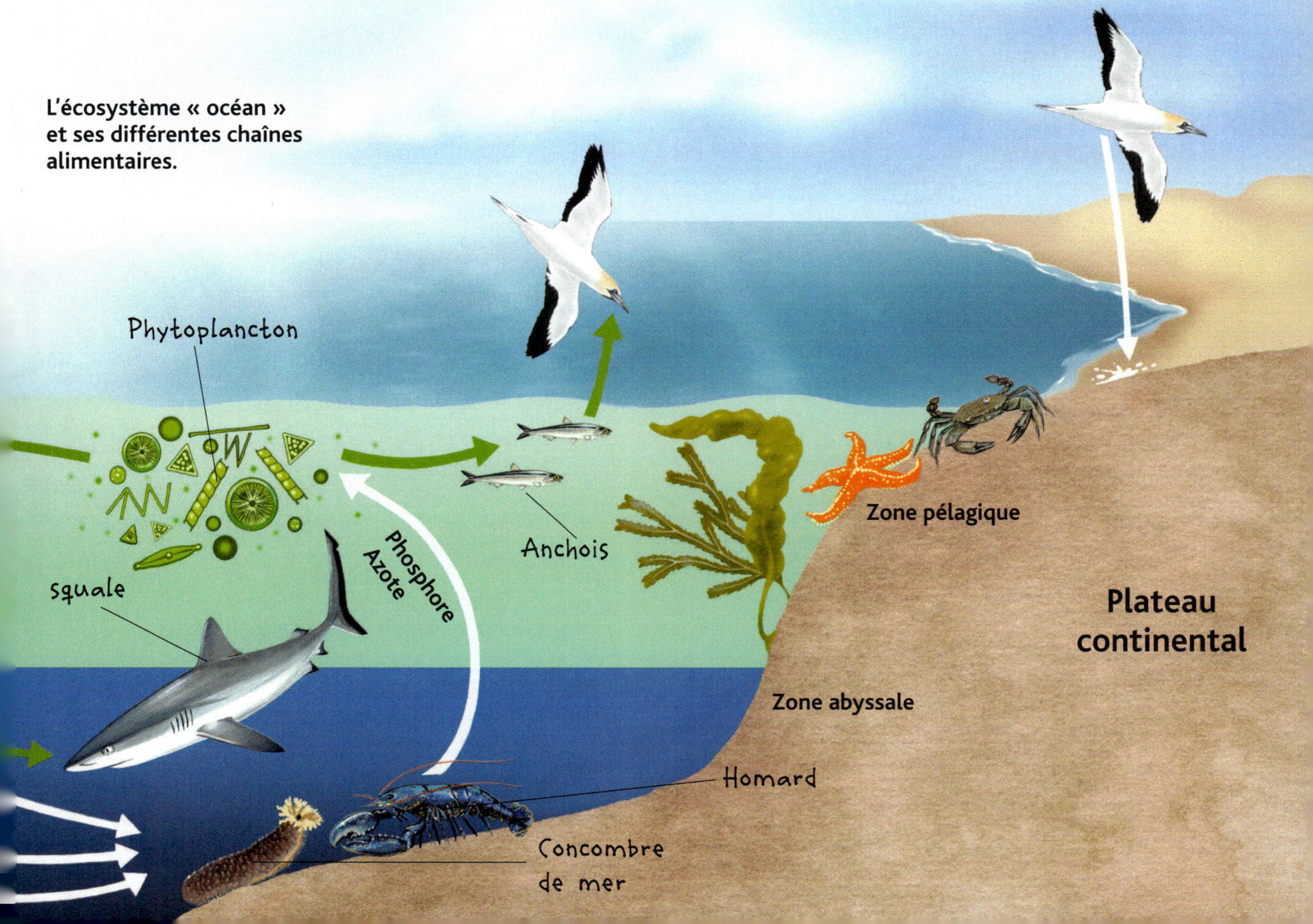

L'écosystème « océan » et ses différentes chaînes alimentaires.

Les arbres de la mer

Les mangroves sont des forêts tropicales qui se situent à la limite entre océan et continent, et parfois au voisinage de l'estuaire des fleuves. Elles forment un écosystème diversifié et étonnant.

Le royaume des palétuviers

Ces forêts sont principalement constituées de palétuviers, nom qui désigne tous les arbres capables de vivre dans l'eau de mer peu profonde. Ces arbres sont adaptés à de fortes concentrations en sel, car leurs tissus peuvent extraire l'eau du milieu et leurs feuilles sont capables d'éliminer l'excès de sel. Les racines-échasses des palétuviers rouges ou les pneumatophores (tubes racines verticaux) des palétuviers noirs assurent l'ancrage dans le sol et les échanges gazeux nécessaires à l'oxygénation, dans un milieu où le sol est régulièrement couvert par la marée.

Rhizophora

Un milieu foisonnant

Les deux producteurs primaires essentiels de ce milieu sont les palétuviers et un phytoplancton florissant. La partie immergée des racines-échasses des palétuviers rouges est recouverte d'algues, d'éponges, d'anémones de mer. Des huîtres et des crabes s'en nourrissent et s'y abritent. Ce milieu sert aussi de nursery à de nombreux poissons d'eaux profondes qui y trouvent un repas copieux et un abri. La vasière maritime immergée en permanence est occupée par des prairies aquatiques denses. Algues et méduses prolifèrent. De grands animaux comme les lamantins (mammifères marins) viennent brouter ces prairies.

Crabes et méduses

On y rencontre des animaux étonnants comme ces crabes violonistes (*Uca tangeri*), chez qui le mâle agite son unique pince disproportionnée pour attirer les femelles et éloigner les autres mâles. Ou encore la méduse cassiopée posée sur le fond et dont les tentacules flottent vers le haut : les mouvements de son ombrelle attirent le plancton vers ses tentacules urticants.

Le poisson archer

Le quatre-yeux à l'œil double qui lui permet de voir à la fois dans l'eau et dans l'air.

Des poissons étranges

Le poisson archer (*Toxotes jaculator*) est capable d'abattre un insecte posé sur une branche à 1,50 m sans sortir de l'eau : il projette avec force et précision une giclée d'eau sur l'insecte, qui tombe et est avalé. Pour mieux ajuster son tir et ne pas être gêné par la déviation des rayons au passage eau-air, il se positionne exactement sous sa proie. Le quatre-yeux (*Anableps*) a un œil double, dont une moitié permet la vision dans l'eau, l'autre celle dans l'air. Nageant en surface, il surveille le haut aussi bien que le bas. Le poisson amphibie (*Periophthalmus*) sort de l'eau et grimpe aux palétuviers grâce au mouvement de ses nageoires pectorales et de sa queue. Il puise son oxygène dans l'eau qu'il stocke et peut rester ainsi longtemps hors de son milieu naturel.

Le poisson amphibie, capable de sortir de l'eau et de grimper sur les racines des palétuviers.

Un milieu original

Les mangroves les plus importantes se situent au voisinage des deltas du Mékong (Vietnam) et de l'Amazone (Amérique du Sud). Le milieu des mangroves est caractérisé par des eaux chaudes, bien éclairées et riches en nourriture, mais avec un niveau d'eau qui change et un fond fluide formé de vase compacte. Le nombre d'espèces endémiques y est très élevé.

Foisonnement des tropiques

La forêt tropicale est présente sur plusieurs continents : Amérique du Sud, Afrique, Asie du Sud-Est, côte ouest de l'Inde. Elle abrite la plus grande biodiversité de la planète !

La forêt tropicale comporte plusieurs étages : une voûte continue au sommet (40 m), un étage moyen (entre 20 et 30 m) et un sous-étage (10 m environ).

La forêt d'émeraude

Pour se développer, la forêt tropicale a besoin d'une longue saison humide et d'une courte saison sèche. La température est d'environ 26 °C, et les précipitations sont très importantes (entre 1 500 et 1 700 mm par an). La végétation est répartie en plusieurs strates : les très grands arbres (40 à 50 mètres) dominent l'étage constitué d'arbres de 20 à 30 mètres, qui eux-mêmes surplombent l'étage des arbrisseaux (6 mètres). Des lianes très développées s'enracinent dans le sol et grimpent le long des arbres. De nombreuses plantes se développent sur les arbres sans avoir aucun contact avec le sol : on les appelle les épiphytes. Elles sont munies de racines aériennes, et de feuilles disposées en entonnoir pour recueillir l'eau.

Un humus fragile

Au sol, les décomposeurs (champignons et bactéries) transforment les matières mortes (feuilles, cadavres d'animaux) en substances nutritives. Grâce à une température constante et élevée, cette transformation est rapide. Les arbres absorbent immédiatement les éléments minéraux mis à leur disposition par les décomposeurs. C'est pourquoi la couche d'humus sur le sol est très fine. Dans la forêt dense humide, l'essentiel des éléments nutritifs est donc stocké dans les arbres eux-mêmes et non dans l'humus. Donc lorsqu'on abat les arbres, on exporte de manière irréversible les éléments nutritifs, ce qui appauvrit les sols.

La forêt dense comporte près de 600 espèces d'arbres dont les plu hauts peuvent atteindre 50 m.

Les derniers chasseurs-cueilleurs

Des Indiens vivent encore dans la forêt tropicale amazonienne en parfaite autonomie. Ils vivent en communauté, en général en bordure de rivière dans des habitations construites en bois, et couvertes de feuilles. Les femmes s'occupent de la cuisine et des enfants. Les hommes chassent à la sarbacane ou à l'arc ; ils utilisent des flèches empoisonnées au curare (un poison violent) qu'ils extraient d'une liane. Ils ne disposent pas d'hameçons, mais ils pêchent à l'arc, au javelot ou prennent les poissons dans des nasses. Ils connaissent très bien les plantes et savent les utiliser pour chasser ainsi que pour se soigner efficacement.

Les Amérindiens Wâyapi en Guyane française.

La biodiversité

La forêt tropicale abrite un nombre incalculable d'espèces et on n'en connaît aujourd'hui qu'une petite partie. On estime que de 50 à 70 % des espèces vivant sur Terre sont originaires des forêts tropicales humides.

Le radeau des cimes

Dans les années quatre-vingt, un professeur, un pilote d'aérostat et un architecte ont mis au point un drôle d'engin : le radeau des cimes. Cette structure gonflable couplée à une montgolfière permet de se poser sur la canopée (sommet des arbres) des forêts tropicales. Les scientifiques ont pu grâce à cette invention découvrir de nouvelles espèces animales et végétales.

Savanes

Les climats tropicaux à longue saison sèche sont particulièrement favorables à la croissance d'herbes dures et hautes. Ces immenses étendues sont abondamment peuplées d'herbivores, de carnivores et de charognards parfaitement adaptés au milieu.

Le domaine de l'herbe

La savane connaît de longues saisons sèches (7 à 9 mois) et de courtes saisons humides (3 à 5 mois), avec des précipitations de l'ordre de 500 à 800 mm par an. Elle est essentiellement constituée de hautes herbes (80 cm) et clairsemée de quelques arbres et arbustes. Les arbres ont des feuilles petites et épaisses, pour limiter la perte d'eau. Les troncs peuvent être renflés, pour servir de réservoir d'eau : c'est ainsi que le tronc du baobab peut contenir jusqu'à 120 000 litres d'eau !

Le paradis du sabot

La savane abrite une grande variété de mammifères à sabots, les ongulés. Chacun occupe une niche écologique particulière (une place unique dans l'écosystème), et à eux tous, ils utilisent pleinement le milieu. En effet, les antilopes ne consomment pas les mêmes herbes que les zèbres, les buffles ou les gnous. Quant aux girafes, elles se nourrissent des feuilles les plus hautes et ne gênent donc pas les rhinocéros qui mangent les plus basses.

Une végétation qui se défend

Lorsque les feuilles de l'acacia sont consommées par un herbivore, elles émettent un signal d'alarme chimique qui va être capté par les acacias situés aux alentours. Ceux-ci se mettent alors à produire des tannins qui empoisonnent leurs feuilles : l'animal doit alors se déplacer pour trouver ailleurs des feuilles comestibles. De même, *Ajuga remota* (herbe à buffles) sécrète, pour se défendre des insectes, une substance chimique qui entraîne des malformations : insectes à plusieurs têtes, qui ne survivent pas.

Principaux décomposeurs de la savane, les termites fabriquent des termitières qui peuvent atteindre 5 m de haut et 15 m de circonférence à la base.

Professionnels du recyclage

Les termites sont les principaux décomposeurs du milieu. Ces insectes se nourrissent de matières végétales de deux façons différentes. La première est la consommation directe des végétaux. Les bactéries contenues dans leur système digestif décomposent la cellulose et la leur rendent assimilable. La seconde consiste à accumuler des débris végétaux dans la termitière : des champignons se développent sur les débris et dégradent la cellulose. Ce travail terminé, les termites viennent se servir en nourriture « prédigérée ». À eux seuls, ils consomment plus de végétaux que tous les herbivores de la savane réunis !

La savane est le domaine des hautes herbes et des arbres isolés ou en bouquets. La faune comprend des grands herbivores (antilopes, buffles, zèbres, éléphants), des carnivores (lions, léopards) et des charognards (hyènes, vautours).

Prédateurs et charognards

Lions et léopards consomment les herbivores de la savane : antilopes, gnous, impalas... et occupent le troisième maillon de la chaîne alimentaire. Les charognards (hyènes et vautours) assurent quant à eux un rôle de nettoyage en consommant les cadavres des animaux.

Le pays de la soif

Dans les déserts, les conditions naturelles sont d'une rigueur extrême. Le vivant a dû mettre au point une grande diversité de stratégies pour arriver à s'y maintenir.

Une couverture végétale insuffisante

Les déserts reçoivent moins de 250 mm d'eau par an. La pluie tombe de façon irrégulière et le bénéfice en est limité par la sécheresse de l'air et l'évaporation. La plupart des déserts sont chauds et les maxima atteignent des valeurs extrêmes (57 °C dans la Death Valley, aux États-Unis). Tous souffrent d'une absence de couverture végétale continue.

À la recherche de l'eau

Les plantes ligneuses du désert, comme la welwitshia, ont leur racine principale qui s'enfonce loin dans le sol afin d'atteindre les eaux profondes. D'autres profitent de la rosée ou des pluies occasionnelles grâce à un réseau de racines superficielles. La perte d'eau se faisant essentiellement par les feuilles, les plantes désertiques se sont adaptées : leurs épines et leur « peau » épaisse limitent l'évaporation, tout en les protégeant des herbivores.

Des réserves

Les plantes succulentes font des réserves d'eau importantes grâce à leur tissu spécial très épais : le cactus mamillaire (2 mètres de haut, 3 mètres de diamètre) stocke ainsi 800 litres d'eau et, en l'absence de feuilles, assure la photosynthèse grâce à ses tiges et son tronc.

Les Bochimans du Kalahari

Peuple d'Afrique du Sud, les Bochimans ont été repoussés par la colonisation dans le désert du Kalahari. Ces chasseurs-cueilleurs y pratiquent le partage des tâches : la chasse est l'affaire des hommes, la cueillette (70 % de leur alimentation) celle des femmes. Les Bochimans savent utiliser toutes les ressources d'un milieu où la végétation est clairsemée et les animaux peu nombreux. Ils pratiquent un nomadisme cyclique, partagent eau et nourriture, et ne prélèvent qu'une partie des plantes et des animaux (antilopes, lièvres, oiseaux, reptiles) disponibles, afin de préserver leurs ressources à long terme.

Les grandes feuilles de la welwitshia, présente dans le désert du Namib en Afrique du Sud, captent l'humidité matinale et sa racine principale descend à plus de 10 m pour trouver de l'eau.

Ce petit fennec aux grandes oreilles, appelé aussi renard des sables, vit au Sahara.

La faune désertique

Pour échapper au soleil, la plupart des animaux se terrent. Dès que le soir descend, les fennecs, insectes, rongeurs, serpents et scorpions partent en chasse. La plupart ne boivent pas, se contentant de l'eau contenue dans leur alimentation. Certains (comme le rat-kangourou ou la gerboise) économisent tellement leur eau qu'ils ne rejettent qu'une urine très concentrée et des excréments secs.

Insectes

Les insectes qui vivent dans ces contrées désolées ont une peau épaisse, la cuticule, plus épaisse que les autres insectes, leur permettant de limiter les pertes d'eau. Certains coléoptères respirent par des orifices placés sous les ailes : l'air est ainsi refroidi et humidifié. Lorsque la température au sol monte à 70 °C, les insectes des déserts s'enfoncent dans le sable.

Fabrique un alambic solaire

Cet alambic permet d'obtenir de l'eau dans le désert.

- Feuille de plastique de 2 m² environ
- Petit récipient : seau
- Caillou

1 Creuse un trou en forme de cône de 1 m de diamètre et de 50 cm de profondeur. Au fond, place le petit récipient et couvre le tout avec une feuille de plastique transparent.

2 Une fois la feuille en place, fixe son pourtour avec de la terre et des cailloux.

3 Place un caillou au milieu de la feuille de plastique, juste au-dessus du récipient. La chaleur du soleil va faire évaporer l'humidité du sol. Celle-ci va se condenser sous la feuille de plastique en formant de nombreuses gouttelettes qui tomberont dans le seau.

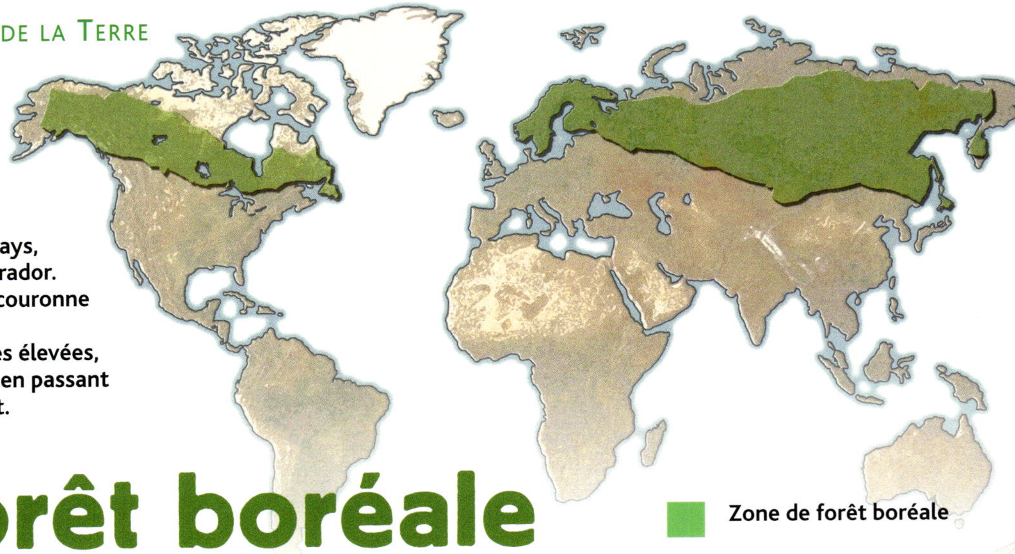

La forêt boréale du Canada s'étend sur toute la longueur du pays, du Yukon jusqu'au Labrador. Elle s'insère dans une couronne verte qui encercle la planète aux latitudes élevées, de la Russie à l'Alaska en passant par l'Europe de l'Ouest.

La forêt boréale

La forêt boréale, située entre les zones tempérées et les pôles, est dominée par des arbres adaptés au climat froid. Les espèces y sont peu nombreuses.

Le royaume de l'hiver

Dans la plus grande partie de ce milieu, l'hiver est long et très froid, tandis que l'été est court et souvent chaud. C'est dans ces forêts qu'on rencontre les plus grands arbres du monde et ce sont elles qui produisent les plus grandes quantités de bois de la Terre. Au Nord, les conifères dominent ; dans l'hémisphère Sud, ce sont les hêtres australs dont les feuilles ressemblent beaucoup aux aiguilles des conifères.

La plus vaste forêt du monde

Pour croître, la forêt boréale exige 2 mois consécutifs sans gelée avec des températures moyennes supérieures à 10 °C. Elle forme une zone continue en Eurasie ainsi qu'en Amérique du Nord, et entoure les Alpes entre 1 500 et 2 000 m. Ces divers ensembles constituent les plus vastes formations forestières existant à la surface de la Terre.

Des espèces rares

Les sols sont pauvres, car la litière épaisse et acide se décompose mal. Les forêts boréales abritent un petit nombre d'espèces d'arbres (épicéas, pins, mélèzes, bouleaux, saules) dont les graines sont transportées par le vent. Celles-ci sont consommées par des animaux (écureuil, geai, casse-noix) qui les mettent en réserve pour l'hiver ou par des voyageurs comme les becs-croisés. Les animaux dominants sont les insectes, les lièvres et les élans : tous se nourrissent de feuilles. Les espèces étant très peu abondantes, de nombreuses proies n'ont qu'un seul prédateur, et les densités de proies et de prédateurs varient considérablement au cours de l'année.

Les élans qui vivent dans la forêt boréale se nourrissent de feuilles.

Le lynx est un félin de la taille d'un gros chat, aux oreilles pointues. C'est le prédateur du lièvre variable.

Le lynx et le lièvre

Le nombre de lynx du Canada diminue puis augmente régulièrement tous les 9 à 11 ans. Ces oscillations suivent avec un décalage celles de sa proie principale, le lièvre variable. En effet, lorsque les lynx sont rares, les lièvres se reproduisent en toute tranquillité et pullulent. Les lynx, disposant alors de nourriture en abondance, se reproduisent eux aussi : leur population augmente et les lièvres surchassés se raréfient. Résultat : les lynx manquant de nourriture deviennent rares, et le cycle peut recommencer.

Les courbes de population des lièvres et des lynx sont très semblables mais décalées dans le temps.

Les résineux et le gel

En hiver, les arbres entrent dans une période de repos, ce qui leur permet de se protéger du froid et plus particulièrement du gel. Les feuillus perdent leurs feuilles afin de limiter la surface d'échange. Pour les résineux, c'est différent : la résine les protège du gel et leur permet de continuer à assurer au ralenti la photosynthèse grâce à leurs aiguilles.

L'empire du froid

L'Arctique est la région du globe située le plus au nord. Malgré l'âpreté du climat, de nombreuses espèces animales se sont adaptées à cet environnement inhospitalier.

Un climat rude

Les températures des régions arctiques ne sont positives que 3 mois par an. Le reste du temps, le blizzard, la neige, la glace, le sous-sol, gelé en permanence, interdisent la croissance des arbres. On y rencontre des mousses et des lichens, ainsi que des bruyères, saules et bouleaux nains. Pendant les quelques semaines d'été, seule pousse une végétation maigre à base de plantes herbacées.

LES LICHENS

Le lichen est une association à bénéfices mutuels (symbiose) entre un champignon et une algue. Le champignon fournit à l'algue un abri, ainsi que de l'eau, des sels nutritifs et des vitamines. En échange, l'algue fabrique par photosynthèse les sucres qu'absorbe le champignon. Les lichens sont répandus sur toute la Terre et forment la dernière végétation qu'on rencontre vers les pôles et en altitude.

Des eaux riches

À proximité des pôles, et malgré le faible éclairement solaire, les eaux sont particulièrement productives. La richesse en phytoplancton est liée à la fois à l'apport des fleuves et aux remontées d'eaux profondes océaniques chargées d'éléments nutritifs. Krill et crevettes disposent ainsi d'une nourriture abondante et alimentent, plus haut dans la chaîne alimentaire, calmars, morues, oiseaux (canards, oies, pingouins) et mammifères (phoques et baleines). Au sommet, les ours blancs, les grandes baleines à dents et les Inuits consomment poissons, oiseaux et phoques.

Ours polaires sur un champ de glace..

Les chasseurs inuits

La civilisation inuit (*Inuit* veut dire « être humain ») s'étend autour de l'océan Arctique en Sibérie, au Groenland et en Amérique du Nord. Les Inuits ont élaboré une économie fondée sur la pêche et surtout la chasse : l'été ils vivent sous des tentes, l'hiver dans des habitations semi-enterrées. Ils vont à la chasse armés d'arcs ou de harpons, et se déplacent en traîneaux tirés par des chiens l'hiver, en canots (oumiak ou kayak) l'été. Cette économie, élaborée il y a 4 000 ans, décline très rapidement, en raison de l'influence de la culture occidentale.

Village d'igloos inuit dans l'Arctique.

Une civilisation du phoque

La chasse au phoque est pratiquée en faisant un trou dans la glace. Le chasseur guette le moment où l'animal vient respirer pour le harponner. Le phoque procure de la nourriture aux hommes et aux chiens de traîneau. Sa graisse protège du froid et alimente les lampes, son foie cru est une source de vitamines indispensable. Sa peau sert à fabriquer vêtements et tentes, ses os des aiguilles, ses tendons des fils.

Protéger ses yeux comme un Inuit

- Une écorce de bouleau (ou à défaut du carton épais et souple)
- Ficelle ou élastique
- Ciseaux

Pour éviter la réverbération intense du soleil sur la neige, les Inuits protègent leurs yeux avec une écorce de bouleau fendue.

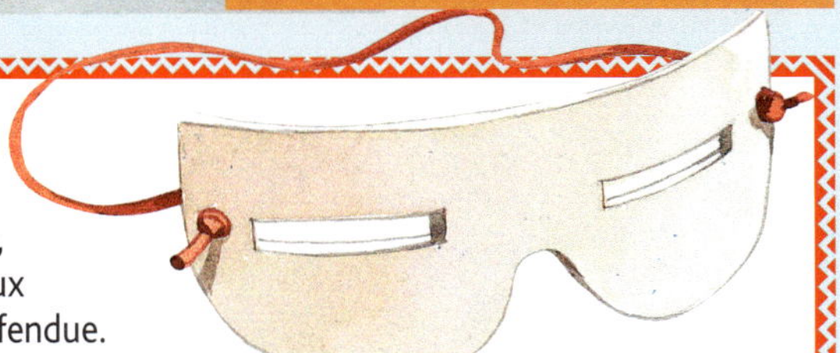

1. Entaille 2 fentes étroites à l'emplacement des yeux.
2. Accroche une ficelle ou un élastique. C'est prêt !

AU RYTHME DES SAISONS

Les diverses formes d'agriculture sont apparues au néolithique, il y a 10 000 ans. Elles utilisent beaucoup de main-d'œuvre et se poursuivent aujourd'hui presque inchangées, faisant vivre une bonne partie des hommes de la Terre.

Paysans des Andes
et leurs bêtes de somme :
les lamas.

Agriculteurs des Andes

Depuis des millénaires, les Andes sont habitées par des populations indiennes nombreuses. Ces hommes et ces femmes cultivent en altitude le maïs, la pomme de terre et élèvent le lama.

Vivre en altitude

La Cordillère des Andes est une immense chaîne de montagnes d'Amérique du Sud qui longe la côte du Pacifique sur 7 500 km. Comme partout ailleurs, à mesure que l'on monte, les conditions naturelles changent (la pression et la température baissent), ce qui entraîne une modification des paysages et des cultures. Depuis des millénaires, ces montagnes ont été le siège de brillantes civilisations, comme celle des Incas. Aujourd'hui encore, elles sont très peuplées, en grande partie grâce à leur climat plus sain que celui des basses terres tropicales soumises au paludisme.

Adaptation à l'altitude

Les Indiens des Andes sont bien adaptés à l'altitude : leur volume thoracique est plus important que celui des habitants des plaines et leur sang possède une concentration d'hémoglobine (la protéine qui transporte l'oxygène vers les tissus) plus élevée. Ils sont ainsi capables de mieux respirer dans un air pauvre en oxygène.

L'empreinte de l'homme

Les populations andines ont construit depuis des millénaires des plates-formes en terrasses, les *andenes*, qui, en montagne, facilitent l'agriculture. Un réseau d'irrigation de centaines de kilomètres de long permet, grâce à un système de canaux et d'aqueducs, d'apporter l'eau des glaciers voisins ou de la nappe phréatique. Les terres sont enrichies par l'utilisation de déchets et en particulier de guano, formé de fientes d'oiseaux de mer qui s'accumulent sur les îles, non loin de la côte.

Parcelles cultivées par des communautés indiennes dans le village de Pilahuin (Équateur).

Des cultures étagées

Les paysans andins pratiquent une agriculture vivrière (destinée à la population locale) en cultivant du maïs (entre 2 000 et 3 000 mètres), du blé et de la pomme de terre (entre 3 000 et 4000 mètres). Les habitants de ces milieux difficiles ont su en tirer le meilleur parti en sélectionnant jusqu'à 700 variétés de pommes de terre, dont certaines poussent à plus de 5 000 mètres. Sur les prairies d'altitude (la puna), on élève les lamas utilisés comme bêtes de somme et pour leur laine. Autour du lac Titicaca, les Indiens ont mis au point une technique de séchage et de déshydratation de la pomme de terre, qui permet de la conserver pendant plusieurs années.

Les milieux de vie des Andes tropicales : les terres d'altitude moyenne (1 000 à 3 000 m) produisent le maïs, les hautes terres (3 000 à 4 500 m) l'orge, le blé, les céréales locales et les pommes de terre. Les prairies d'altitude permettent l'élevage des lamas.

Le lac Titicaca

Le pourtour du lac Titicaca, à 3 800 mètres, est une des régions les plus peuplées des Andes : la densité y atteint 100 habitants au km². Dans les champs et les terrasses hérités des Incas, on cultive des fèves, des pommes de terre et la quinoa (céréale très riche en protéines), jusqu'aux sommets les plus abrupts. Le seul outil utilisé par les Indiens est la *tacla*, une houe inchangée depuis des siècles.

L'oasis

Espace habité, irrigué et cultivé au sein d'un monde désertique, l'oasis est un système de cultures millénaire, témoin de l'obstination des hommes à occuper les milieux les plus hostiles.

Oasis de Ouled Said (Sahara occidental) avec ses constructions en briques crues (*adobes*).

L'alimentation en eau

L'eau qui alimente l'oasis peut provenir de sources abondantes, ou de nappes phréatiques exploitées au moyen de puits. Souvent, un système de galeries souterraines en pente légère permet de capter la nappe d'eau et de la faire couler dans l'oasis. Ce système, appelé au Sahara *foggara*, est inspiré d'une technique hydraulique des Perses : le *qanat*. Ce procédé ingénieux évite au maximum l'évaporation.

Une distribution équitable

Pour se répartir l'eau issue de la *foggara*, à la sortie du bassin de réception, les « oasiens » ont mis au point un système aussi efficace qu'esthétique : les peignes. L'eau est également répartie dans des rigoles, qui l'emmènent jusqu'à chaque bassin individuel et se trouve à la disposition du cultivateur pour irriguer ses cultures.

Une culture en étages

À l'ombre des palmiers dattiers (les « arbres de vie ») poussent les arbres fruitiers (grenadiers, orangers, figuiers). En dessous, sont cultivés des légumes pour la consommation locale et la vente sur le marché hebdomadaire, de la vigne et des plantes fourragères (trèfle, luzerne) destinées aux animaux.

Une galerie de capture de l'eau souterraine nommée *foggara* débouche sur un bassin de réception et fournit l'eau nécessaire aux cultures de l'oasis. Des puits à balancier permettent aussi de puiser l'eau directement à l'intérieur de la nappe aquifère.

Un lieu de rencontre

Les oasis ont constitué pendant des millénaires des lieux de rencontre pour les caravanes de marchands (principalement de sel) qui traversaient le désert.

Les éleveurs nomades (Bédouins d'Arabie, Touaregs du Sahara), toujours à la recherche de nouveaux pâturages pour leurs troupeaux, viennent encore y abreuver leurs moutons, chèvres et dromadaires.

Le dromadaire est bien adapté au milieu désertique : la température de son corps descend la nuit et remonte lentement le jour, ce qui limite ses besoins en eau : il peut marcher 350 km sans boire !

Fabrique un chadouf

Le chadouf est un système ancien qui permet de puiser l'eau dans un puits de façon plus efficace qu'en utilisant une corde et un seau.

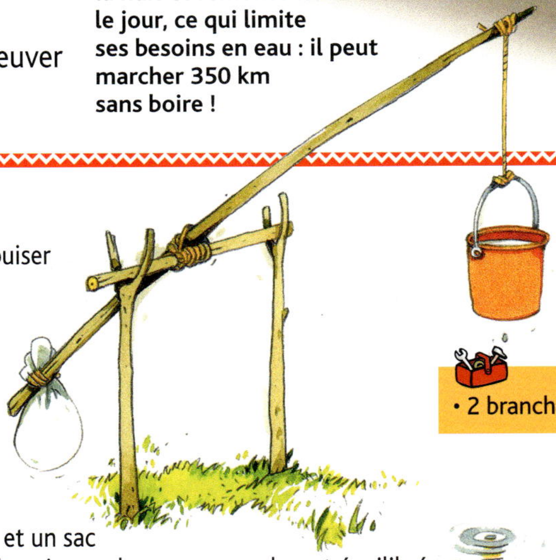

• 2 branches fourchues

1 Plante 2 branches fourchues à 1 m l'une de l'autre.

2 Sur ces 2 branches, pose une perche sur laquelle tu vas fixer une autre perche de 4 m fixée au quart de sa longueur.

3 Suspends un seau plein d'eau à une extrémité et un sac en plastique plein de sable. Le chadouf est prêt à fonctionner lorsque sa perche est équilibrée.

La fécondation des palmiers

Il existe des palmiers mâles et des palmiers femelles. On peut cultiver 1 pied mâle pour 5 femelles et laisser la fécondation se faire grâce au vent. Cependant, pour augmenter le rendement, les « oasiens » ne cultivent que quelques mâles, recueillent leurs fleurs qui contiennent le pollen pour placer à la main un brin mâle dans chaque fleur femelle. Ce travail, très long et dangereux puisqu'il se déroule en hauteur, est néanmoins vital !

Paysans des savanes

Pendant des siècles, les habitants des savanes africaines ont vécu en bonnes relations avec leur milieu, malgré la saison sèche et les sols peu fertiles.

Un village central

Les agriculteurs vivent dans des villages organisés autour d'une place centrale, souvent dominée par un arbre à palabres. Les maisons ont des murs faits de pisé (terre et cailloux) et des toits de chaume. Autour d'une cour, se trouvent greniers, étables, remises et habitations. Ces *airials* sont regroupés en quartiers. Les femmes vont chercher l'eau et le bois, tandis que les hommes chassent, travaillent aux champs... et discutent sous l'arbre à palabres.

Des cultures en auréoles

Dans les potagers situés près des cases, les femmes cultivent légumes et fruits. Ces jardins reçoivent les fumures animales (bétail et volailles) et sont abondamment arrosés. Situés plus à l'extérieur du village, les champs cultivés par les hommes portent des cultures de céréales, comme le mil, le millet et le sorgho. Les agriculteurs utilisent les instruments traditionnels : houe et faucille. Pour rendre leur terre fertile, ils incendient la savane : les cendres mélangées à des feuilles servent d'engrais. Mais cette agriculture sur brûlis épuise la terre, qui doit être laissée au repos pendant plusieurs années : c'est la jachère.

Lutte contre la désertification

Pour sauver leur milieu de vie, les hommes des savanes luttent contre l'érosion des sols et l'avancée du désert en plantant des arbres et en développant l'irrigation, afin d'augmenter la production agricole sans perturber le milieu.

Paysage typique de l'Afrique tropicale : la forêt-galerie de bordure de rivière est inhabitée à cause des maladies transmises par les insectes. Le village est organisé autour de la case du chef et de l'arbre à palabres.

Les éleveurs nomades

Les éleveurs de la savane se déplacent constamment avec leurs troupeaux sur de très vastes territoires, à la recherche des pâturages qui reverdissent grâce aux pluies saisonnières. Ils se nourrissent du lait de leurs troupeaux et de la viande de leur petit bétail. Pour obtenir les aliments complémentaires nécessaires, comme les céréales, ils vendent leur lait et parfois une bête. La cohabitation entre éleveurs et sédentaires n'est pas toujours facile : les éleveurs méprisent le travail agricole et les agriculteurs reprochent aux troupeaux de détruire parfois leurs récoltes.

La pression de la démographie

Depuis quelques dizaines d'années, la population des savanes augmente, ce qui accroît la pression des hommes sur le milieu : les terres autrefois laissées en jachère sont désormais cultivées, ce qui, sans apport d'engrais, épuise les sols. Les bois sont surexploités, ce qui entraîne leur disparition. Le désert gagne ainsi sur la savane.

Le village d'Irely, en pays Dogon, au Mali. Les greniers en terre ont des toits de paille de mil. Au fond, la savane, domaine de la culture du mil.

Tout autour, une auréole de champs et de jardins clôturés. Plus loin, des éleveurs pratiquent des feux de brousse pour favoriser la repousse de l'herbe tendre.

Petit village d'agriculteurs de forêts.

Agriculteurs des forêts

Habitées depuis très longtemps, les forêts équatoriales sont le siège d'une agriculture itinérante sur brûlis : les clairières dégagées par le feu sont cultivées pendant quelques années, puis laissées au repos pour permettre à la forêt de se reconstituer.

Une agriculture temporaire

Après l'ouverture d'une clairière par le feu, la parcelle est mise en culture pendant une durée moyenne de deux ans. Puis le champ est mis au repos pour une longue période, ce qui permet à la forêt de se reconstituer. Dans l'agriculture itinérante, il y a donc simultanément trois parcelles en travail : la parcelle de l'année en pleine production, celle de l'année précédente moins productive et celle qui produira l'an prochain et qu'on est en train de défricher.

Des plantes entre les souches

Pour permettre la reconstitution de la forêt, les agriculteurs maintiennent les souches en place lorsqu'ils abattent les arbres. La culture s'effectue donc entre ces souches, ce qui évite le tassement du sol, permet son aération ainsi que la circulation de l'eau entre les racines. Les paysans cultivent diverses plantes : bananiers, tubercules ou riz, comportant des dizaines de variétés différentes. Une telle diversité, qui résulte d'une maîtrise de l'agriculture dans ces conditions difficiles, constitue un patrimoine génétique irremplaçable.

Une cultivatrice camerounaise enfouit dans le sol des boutures de manioc, qu'elle associera dans le même champ à d'autres cultures : plantain, ignames, maïs.

Reconstitution de la forêt

Le maintien de la forêt est assuré par deux techniques : d'une part, lors du défrichement, les arbres jugés intéressants sont conservés. D'autre part, la jachère n'est jamais totalement abandonnée à elle-même : les hommes y pratiquent la cueillette de plantes sauvages, le ramassage du bois mort et l'exploitation des arbres conservés. Et surtout, ils l'enrichissent en sélectionnant les plantes de reconquête (par désherbage) et en y implantant ou facilitant la repousse d'arbres utiles. C'est ainsi que les paysans transforment la jachère en verger.

La culture sur brûlis dans la forêt équatoriale est itinérante. Elle exige de longues jachères et la préservation d'arbres utiles. C'est ainsi que les forêts tropicales humides ont été façonnées par les actions des hommes et le climat de la Terre, au cours des 8 000 dernières années.

Brûlis et disparition de la forêt

L'agriculture sur brûlis traditionnelle est itinérante et donc temporaire. Elle se préoccupe de son maintien dans le temps en façonnant les paysages sans faire violence à la nature. Elle est donc parfaitement adaptée aux pays en voie de développement ayant une faible densité de population. Il ne faut pas la confondre avec les défrichements par le feu pratiqués par les colons qui visent à faire disparaître la forêt pour créer d'immenses pâturages ou de grandes exploitations agricoles.

La civilisation du riz

Dans l'Asie des moussons, plaines, deltas et même flancs des montagnes sont quadrillés de champs plats et inondés où l'on cultive le riz. Cette culture intensive, très minutieuse, demande beaucoup de travail et une main-d'œuvre importante.

Le repiquage du riz à Madagascar. Ce travail de groupe est assuré essentiellement par les femmes.

La mosaïque des champs

Dans les plaines inondables de l'Asie des moussons, les champs sont situés au-dessous du niveau du fleuve, protégés par des digues. Le fleuve est donc canalisé, et les arbres presque absents du paysage : ils ne se trouvent qu'en bordure des digues et des canaux. Les champs sont entourés de diguettes qui permettent à chaque propriétaire de contrôler le niveau de l'eau. Digues et diguettes nécessitent un effort constant d'entretien et de surveillance : elles sont le fruit du travail persévérant de générations de paysans.

Une agriculture efficace

Les paysans de l'Asie des moussons utilisent encore de nombreux outils traditionnels, comme la faucille ou l'araire en bois tirée par un buffle. Pourtant, ces techniques de culture sont extrêmement efficaces : la production de chaque tonne de riz ne nécessite aucune dépense d'énergie fossile.

Le cycle du riz

Le climat tropical et ses pluies abondantes permettent souvent deux récoltes de riz dans l'année : on prépare d'abord la rizière par un labourage puis un hersage, pendant que le riz commence sa pousse dans les pépinières où il est semé très serré. Il est ensuite repiqué dans des champs plus vastes puis régulièrement désherbé avant d'être moissonné. Le cycle peut alors recommencer. La fertilité des rizières est assurée sur le long terme par l'utilisation de fumures animales et humaines, ainsi que par l'épandage de boues.

Révolution verte

Beaucoup de paysans asiatiques utilisent aujourd'hui des engrais chimiques et des semences sélectionnées. Les rendements agricoles progressent, ce qui leur permet de mieux se nourrir, de vendre des surplus et de développer des élevages. C'est la « révolution verte » qui a sauvé l'Inde des grandes famines ancestrales et fait de ce pays un exportateur de céréales. Mais cette agriculture devra évoluer pour consommer moins d'énergie et d'eau et devenir ainsi viable à long terme.

Rizières sèches à Madagascar.

Rizières en terrasses

Dans de nombreuses îles montagneuses d'Asie, à Java par exemple, sur des sols riches, les flancs des volcans sont aménagés en terrasses. Un système de canaux draine ou irrigue suivant la saison. Le contrôle de l'eau de pluie et la richesse des sols permettent des rendements élevés. Curieusement, cette riziculture utilise peu d'eau. On parle de « rizière sèche ».

Paysage de riziculture dans une plaine alluviale : le fleuve coule entre deux digues de terre tassée et compactée. Les villages sont construits sur les alluvions situées le long des digues, pour échapper aux dangers des inondations. Toute la plaine est occupée par des champs en eau de formes géométriques, entourés de diguettes.

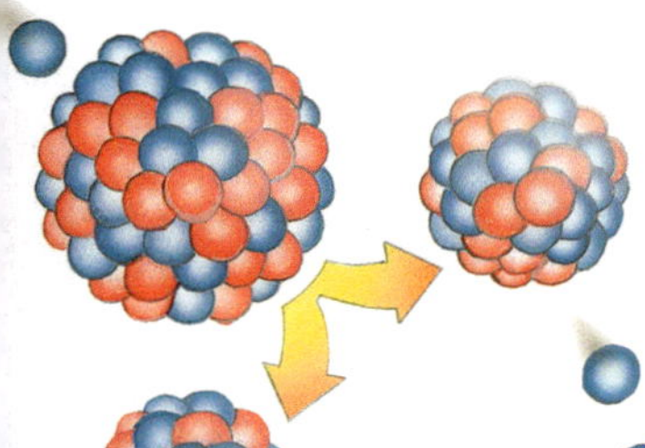

CITÉS ET MACHINES

En deux siècles, une grande partie de la Terre s’est transformée : alimentée par l’énergie fossile, l’industrie a connu une croissance fulgurante, les villes se sont étendues, l’agriculture et les transports métamorphosés, les milieux naturels ont été bouleversés.

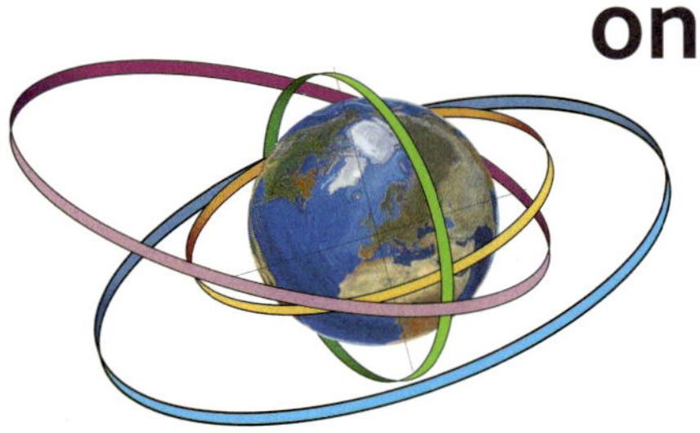

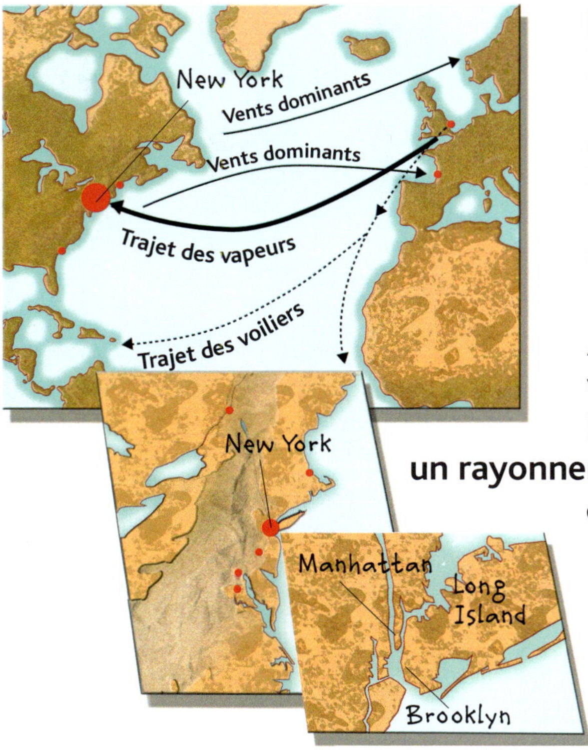

New York, métropole mondiale

Aujourd'hui, la moitié de l'humanité vit dans les villes. Parmi ces cités, New York, l'une des plus peuplées, possède un rayonnement industriel, financier et culturel qui s'étend à l'ensemble de la planète.

Une position stratégique

Difficile à atteindre par les voiliers qui venaient d'Europe et qui, portés par les alizés, préféraient voguer plus au sud, la ville a commencé à grandir avec l'arrivée des navires à vapeur, au milieu du XIXe siècle. Son emplacement est particulièrement favorable puisque New York est située au débouché du sillon Hudson-Mohawk, vallée glaciaire qui est le seul passage commode entre la côte est et l'intérieur des États-Unis. Enfin, le port est bien protégé de la houle par la grande île de Long Island.

La mégalopole de New York

La ville fait partie d'un énorme ensemble urbain qui s'étend de Boston à Washington en passant par Philadelphie et Baltimore. Cette mégalopole mesure 600 km de long et regroupe 50 millions d'habitants.

Entre centre et périphérie

La ville possède le plan en damier caractéristique des villes nord-américaines, avec des rues orientées est-ouest et des avenues orientées nord-sud. Le centre des affaires (la *city*) est le domaine des gratte-ciel, immenses immeubles de bureaux qui regroupent administrations et sièges sociaux des grandes entreprises industrielles. Les faubourgs sont peuplés d'immeubles bas et plus pauvres. Les banlieues pavillonnaires s'étendent autour, avec leurs maisons individuelles basses et les voies rapides qui les relient au centre-ville.

Vue aérienne du sud de l'île de Manhattan, avec ses quais, avant le 11 septembre 2001.

Un rayonnement mondial

L'influence de New York se fait sentir bien au-delà des limites de la cité : les journaux, comme le *New York Times* ou le *Wall Street Journal*, sont particulièrement influents, la Bourse de Wall Street est la première du monde et la ville possède deux aéroports tandis que le trafic de son port le met au deuxième rang mondial. L'Organisation des Nations unies (ONU), installée à New York, gère l'ensemble des relations internationales, tandis que les activités culturelles et artistiques (musées, galeries d'art, spectacles) bénéficient d'un éclat particulier.

Le 11 septembre 2001

Symbole de la puissance américaine, le quartier de Manhattan a connu une attaque terroriste particulièrement meurtrière menée contre les tours jumelles du World Trade Center (443 m). Après avoir détourné 2 avions, des terroristes islamistes leur ont fait percuter les deux tours, entraînant leur écroulement et la mort de milliers de personnes.

La *city* de New York, avec ses gratte-ciel d'aluminium et de verre consacrés aux activités des banques et des multinationales.

Le Caire

La plus grande métropole d'Afrique, Le Caire, est représentative des villes des pays du Sud, comme Rio, Bombay ou Dakar. Les quartiers modernes y côtoient d'immenses bidonvilles peuplés de paysans à la recherche de conditions de vie meilleures.

« La ville aux mille mosquées »

Le Caire est situé au bord du Nil, proche des pyramides du plateau de Gizeh, en amont du delta, à 180 km de la Méditerranée. Son climat est désertique, puisque, malgré la proximité de la mer, il ne pleut en moyenne que 10 jours par an. La ville, que les musulmans appellent al-Qahira (la triomphante), compte de nombreux monuments, comme l'université El-Azhar et des mosquées millénaires. Elle garde les traces de trois civilisations : antique, chrétienne et musulmane.

Une ville surpeuplée

L'agglomération, qui comptait 3,5 millions d'habitants en 1960, en dénombre aujourd'hui 15,9 millions. Cette croissance galopante est due à l'exode rural (les terres étant trop rares) de 250 000 paysans par an et à la forte natalité. La population des nouveaux arrivants s'entasse dans le centre et en périphérie ; dans le centre, elle occupe les terrasses, les logements précaires et même les cimetières ; en périphérie, elle s'installe dans des bidonvilles sans eau, ni électricité, ni égouts.

Pleureuses à la cité des Morts du Caire. De nombreuses familles habitent ces lieux, où vivants et morts se côtoient.

De forts contrastes

Sur les bords du Nil, bien aérés, existe un centre moderne avec de grands immeubles abritant hôtels ou ministères. Ce centre moderne s'oppose aux souks, grands marchés centraux que l'on trouve dans la plupart des villes arabes, et aux quartiers industriels et périphériques occupés par une population pauvre.

Le Caire est situé à une position stratégique, au débouché de la vallée du Nil

Le Caire : la ville traditionnelle et ses nombreux minarets (à gauche), et le quartier moderne, avec ses grands immeubles en bordure du Nil (à droite).

Un grand centre touristique

Le Caire est un des plus grands centres touristiques du monde, grâce aux merveilles proches de la ville : le sphinx, les pyramides de Gizeh et Saqqarah ainsi que les nombreuses mosquées. C'est aussi au Caire qu'atterrissent les touristes en route pour Louxor, Karnak, Assouan et Abou Simbel.

Des problèmes écologiques

L'agglomération du Caire souffre de problèmes de transport importants : des embouteillages permanents affectent la circulation, à cause d'un manque de ponts et de la diversité des modes de déplacement (qui incluent la traction animale). Pour y remédier, on a construit une première ligne de métro, longue de 43 km. La ville souffre aussi d'une atmosphère polluée et d'un réseau d'eau et d'égouts trop peu développé.

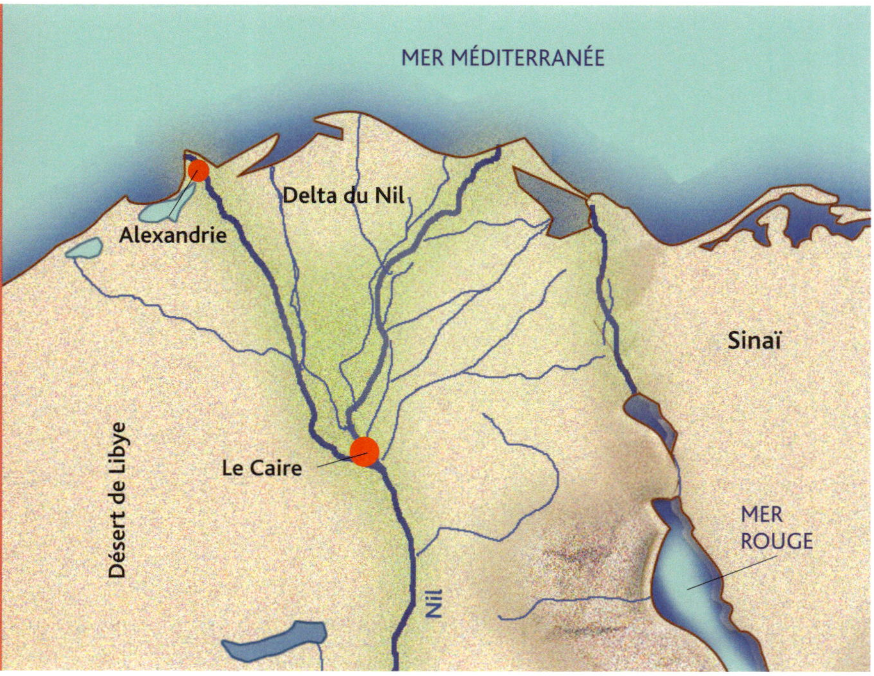

L'agriculture des Grandes Plaines

Au cours du XXe siècle, l'agriculture des pays développés a été profondément bouleversée par l'utilisation des machines et des fertilisants. Au centre des États-Unis s'épanouit l'une des agricultures les plus modernes du monde, capable, à elle seule, de nourrir l'ensemble des habitants de la Terre.

Une agriculture de grands espaces

Avant la colonisation par les Anglo-Saxons, la végétation du territoire des États-Unis était celle d'une prairie naturelle, que parcouraient d'immenses troupeaux de bisons et des tribus d'Indiens nomades. Aujourd'hui, cet espace est cultivé dans de vastes champs (de 60 ha de moyenne en Ohio à 426 ha dans le Dakota-du-Sud) aux formes souvent géométriques. Seul élément de variété dans ces paysages monotones : les fermes isolées et leurs silos à grains de couleur criarde.

Télédétection

La détection à distance, par images satellite, permet la surveillance des cultures avec une grande précision.

Recherches

L'État et les grandes firmes agroalimentaires financent une recherche qui permet la mise au point de nouvelles variétés de plantes et de races animales. Ainsi, la race de bovins santa gertrudis a été obtenue par croisement d'une race indienne, la brahmane, et de races anglo-saxonnes.

Une agriculture à court terme ?

Cette agriculture de grandes plaines présente l'inconvénient de rendre les terres (laissées nues après les récoltes) sensibles à l'érosion.
C'est pourquoi les fermiers pratiquent la culture en bandes alternées : ils évitent ainsi les très grandes parcelles uniformes. Mais le problème le plus important de ce type d'agriculture (aussi bien aux États-Unis qu'en Europe) est son utilisation excessive de l'eau : partout s'observe une baisse continue du niveau des nappes phréatiques. Or celles-ci ne se renouvellent que très lentement (il leur faut parfois plus d'un siècle).
Pour durer, cette agriculture devra donc se transformer profondément et consommer moins d'eau.

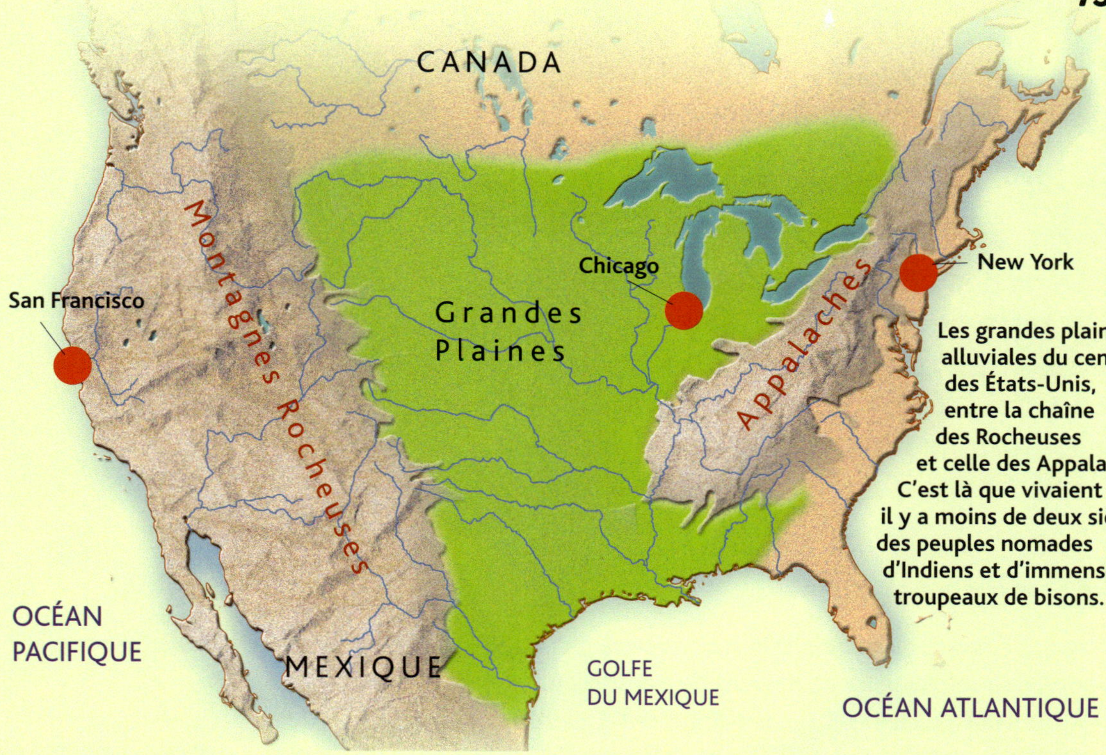

Les grandes plaines alluviales du centre des États-Unis, entre la chaîne des Rocheuses et celle des Appalaches. C'est là que vivaient il y a moins de deux siècles des peuples nomades d'Indiens et d'immenses troupeaux de bisons.

Produire pour vendre

L'agriculture des États-Unis est une agriculture commerciale. Le *farmer* ne cultive pas pour sa consommation personnelle mais pour vendre sur le marché national et international. Ainsi, les États-Unis exportent le tiers de leur production. Cependant, sur les 2 millions d'exploitations américaines, un faible nombre (150 000 à peine), très grandes et extrêmement mécanisées, produisent les deux tiers du chiffre d'affaires agricole américain.

Avions d'épandage agricole diffusant des engrais sur un champ de riz au Texas.

Une agriculture évoluée

L'agriculture pratiquée ici est très moderne : elle a été la première à utiliser les moissonneuses-batteuses, puis plus tard l'avion pour traiter les récoltes. Aujourd'hui, les agriculteurs américains pratiquent une « agriculture de précision », fondée sur l'utilisation de l'informatique et des satellites : des prévisions météo élaborées, la surveillance par satellite des cultures (télédétection), l'application précise des produits (engrais ou traitements), permettent d'augmenter les rendements tout en diminuant la pollution de l'environnement.

Cultures de plantations

Certains des espaces agricoles tropicaux de la Terre ne produisent que pour vendre sur les marchés internationaux sucre, bananes, café, cacao, thé... Ces grandes plantations utilisent des travailleurs pauvres et mettent en œuvre des méthodes d'agriculture industrielles.

L'agriculture de plantations permet au monde tropical d'exporter depuis plusieurs siècles vers la zone tempérée des produits que celle-ci ne peut cultiver.

Près des côtes

Les régions côtières du monde tropical, situées à proximité des ports d'exportation ou de moyens de transport modernes, sont le domaine de l'agriculture de plantations. Leurs productions sont destinées aux marchés des pays industrialisés. Elles couvrent des superficies considérables et, si elles utilisent parfois la mécanisation de certains travaux, elles emploient le plus souvent une grande quantité de main-d'œuvre : il faut par exemple deux hommes par hectare dans les bananeraies les plus productives.

Des firmes multinationales

Les grandes plantations ont d'abord été mises en place par d'énormes firmes originaires des pays industrialisés. C'est ainsi que la banane, quatrième production agricole mondiale, est contrôlée par quatre firmes (United Brands, Castle & Cook, Del Monte et Fyffes) qui se partagent près de 64 % de ce marché, pour des revenus dépassant 8 milliards de dollars américains.

Travailleurs saisonniers repiquant de jeunes plants de canne à sucre aux Philippines.

DES SOLS FRAGILES

La culture de plantations se pratique souvent sur les sols de latérite, une terre rouge particulièrement fragile et sensible à l'érosion. L'exploitation très intensive recherche les rendements les plus élevés, sans se soucier de la conservation de ces sols fertiles. Pendant la saison des pluies, le ruissellement intense provoque la perte des terres fertiles et l'impossibilité de poursuivre les cultures.

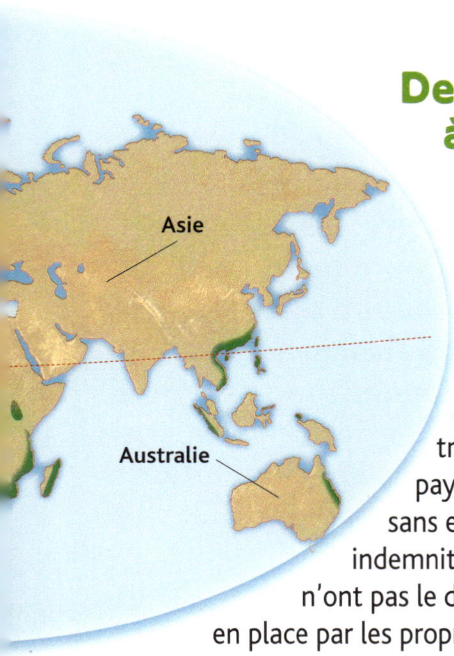

Des ouvriers à la situation précaire

Les cultures de plantations nécessitent la présence permanente d'ouvriers salariés qui résident sur place et de travailleurs saisonniers pour la récolte. La gratuité des logements incite souvent les ouvriers agricoles à s'installer sur les lieux mêmes de leur travail. Mais cette main-d'œuvre est mal payée et mal logée dans des maisons souvent sans eau ni électricité. Elle ne reçoit ni indemnité de maladie ni retraite. En règle générale, les travailleurs n'ont pas le droit de se réunir au sein d'organisations... sauf si elles sont mises en place par les propriétaires des plantations.

Enfants transportant des régimes de palmier à huile... à bicyclette !

Des travailleurs sacrifiés

Très sensibles aux maladies, les bananes sont traitées par de grandes quantités de pesticides (produits destinés à lutter contre les parasites animaux ou végétaux des cultures). Au Costa Rica, deuxième producteur de bananes au monde, l'industrie de la banane « consomme » 44 kilos de pesticides par hectare et par an. Des milliers de travailleurs exposés à ces produits sans protection adaptée souffrent de stérilité. Les cancers du foie et de la peau, les affections du nez, des yeux et des ongles des mains sont fréquents, tout comme les malformations chez les nouveau-nés.

Plantation de bananiers au Costa Rica. Les ouvriers agricoles disposent gratuitement de sommaires baraques, et leurs familles s'installent sur le lieu même du travail, dans des conditions misérables.

Centrales nucléaires

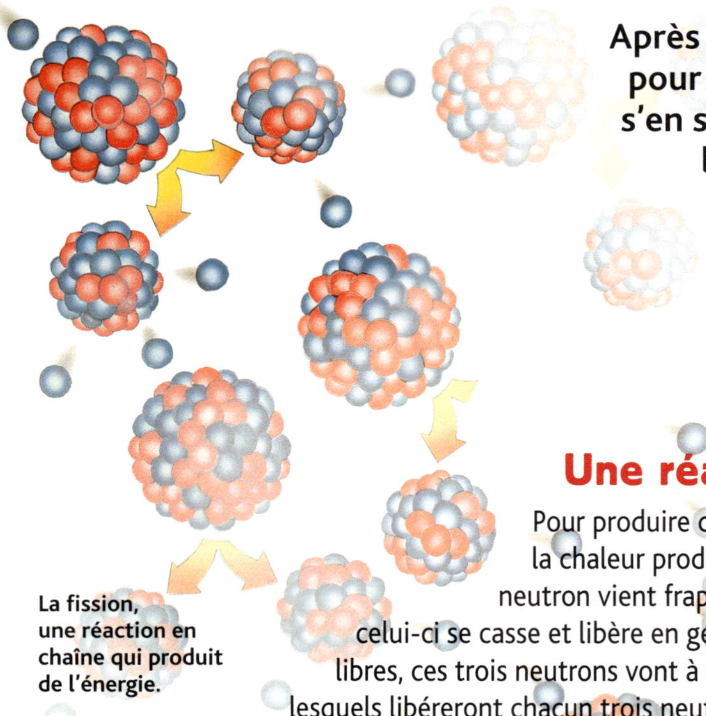

Après avoir utilisé l'énergie nucléaire pour faire la guerre, les hommes s'en servent aujourd'hui pour chauffer l'eau et produire de l'électricité. Les centrales nucléaires fonctionnent sans émettre de gaz à effet de serre, mais au prix de l'accumulation de déchets radioactifs.

La fission, une réaction en chaîne qui produit de l'énergie.

Une réaction de fission

Pour produire de l'électricité, les centrales nucléaires utilisent la chaleur produite par la réaction de fission : lorsqu'un neutron vient frapper un noyau d'uranium ou de plutonium, celui-ci se casse et libère en général trois neutrons. Laissés libres, ces trois neutrons vont à leur tour casser d'autres noyaux, lesquels libéreront chacun trois neutrons, et ainsi de suite. C'est une réaction en chaîne. Pour stabiliser la réaction, on capture deux neutrons sur les trois produits, ce qui permet de contrôler la quantité de chaleur dégagée.

Centrales REP
(réacteur à eau sous pression)

Les centrales REP sont formées d'un cœur radioactif qui chauffe de l'eau sous pression à 300 °C. Ce premier circuit réchauffe un circuit secondaire où la pression est plus faible. L'eau se transforme alors en vapeur et entraîne une turbine qui fournit de l'électricité. On contrôle la vitesse de réaction (et donc la centrale) grâce à des barres placées dans le cœur du réacteur. Il suffit de descendre ces barres pour capturer les neutrons et ralentir la réaction en chaîne.

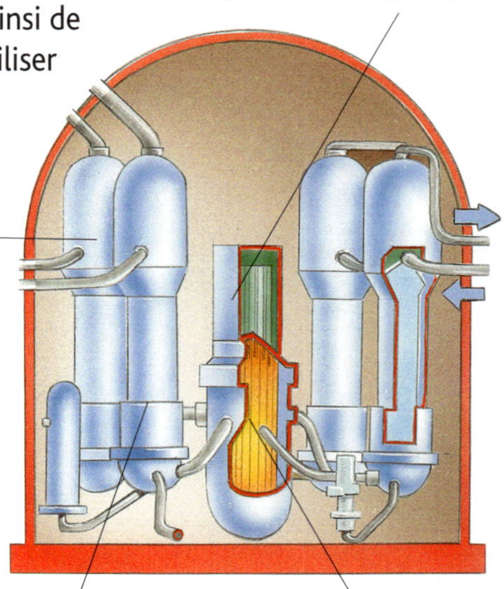

Schéma du cœur d'une centrale à eau sous pression (REP).

CENTRALES ET ENVIRONNEMENT

Par rapport à d'autres sources d'énergie, le nucléaire présente l'énorme avantage, en fonctionnement normal, de ne pas rejeter de dioxyde de carbone. Il contribue donc à lutter contre l'effet de serre…
En revanche, il peut générer d'autres problèmes : un accident, comme celui de Tchernobyl, ou un attentat perpétré par un avion-suicide pourraient avoir des conséquences catastrophiques pour les populations voisines.

Militants de Greenpeace enchaînés aux rails pour retarder le passage d'un convoi ferroviaire transportant des déchets nucléaires.

Des déchets encombrants

En fonctionnement normal, chaque réacteur nucléaire fabrique des déchets radioactifs qu'il faut stocker tels quels ou traiter. Certains d'entre eux restent dangereux pendant plusieurs centaines ou même plusieurs milliers d'années. Le stockage à long terme de ces déchets est réellement problématique. Nous profitons aujourd'hui des bienfaits de l'électricité nucléaire en laissant à nos enfants la charge ingrate de surveiller ces déchets : une attitude irresponsable face aux générations futures.

Tours de refroidissement d'une centrale nucléaire REP.

La place du nucléaire

La part d'électricité nucléaire est très variable selon les pays : importante en France ou en Belgique (78 % et 58 %), elle est plus faible en Suède, au Japon ou aux États-Unis (43 %, 34 % et 20 %). Plusieurs États ont décidé de ne pas utiliser le nucléaire (Autriche, Danemark, Italie), d'autres d'en sortir (Allemagne, Suède et Belgique), d'autres enfin (États-Unis, France, Japon) de miser sur le développement de réacteurs et de cycles de combustibles nouveaux, dont l'emploi débuterait dès 2020.

Démantèlement

À cause de la très forte radioactivité qui règne dans leurs enceintes, la durée de vie des réacteurs est limitée à quelques décennies (40 à 50 ans). Il faut ensuite attendre plusieurs décennies supplémentaires pour que la radioactivité baisse et qu'on puisse y pénétrer sans danger pour les démanteler.

L'or noir

Exploité intensément depuis le XXe siècle, le pétrole a remplacé le charbon en raison de son faible coût d'extraction et de la commodité de son utilisation. Cette énergie fossile, accumulée au cours de centaines de millions d'années, anime aujourd'hui nos moteurs et fournit ses matières de base à la chimie.

Le plancton s'accumule au fond de la mer.

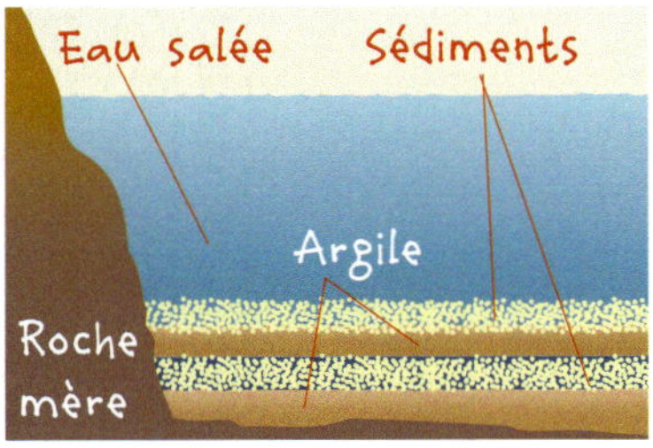

Sédiments et argiles viennent recouvrir le tout.

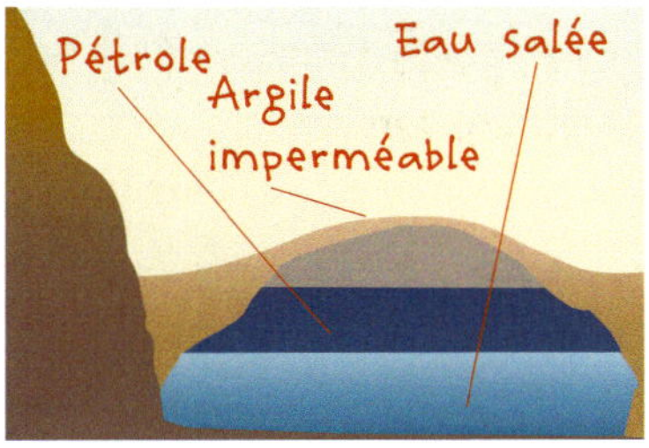

Le gisement de pétrole s'est formé.

La longue histoire du pétrole

Au cours du temps, des débris de plancton et de matière organique continentale apportés par les fleuves s'accumulent sur les fonds marins. Puis des couches sédimentaires successives viennent les recouvrir. En s'enfonçant, ces matériaux sont soumis aux effets de la température, de la pression et à l'action des bactéries. Ils se transforment alors en pétrole, produit léger qui a tendance à remonter dans le sous-sol. On n'obtiendra un gisement pétrolifère que si cette migration vers le haut est arrêtée par un « piège à pétrole », sorte de cloche étanche capable de retenir les hydrocarbures.

Du pétrole pour quelques décennies ?

Actuellement, les sociétés pétrolières multiplient les forages sous-marins et exploitent le pétrole des régions les plus inaccessibles. Il est trés difficile d'estimer les réserves encore disponibles, car elles dépendent en partie du coût que nous acceptons de payer : si le prix du baril augmente, il est alors possible d'aller exploiter des réserves connues mais difficiles d'accès. Il semble que l'humanité puisse compter sur 50 à 100 années de réserves de pétrole. Cette ressource doit donc être économisée : cessons de l'utiliser dans nos moteurs pour la réserver à des activités plus nobles (comme la chimie) où elle est irremplaçable.

Prospection et forage

Pour trouver les nappes de pétrole, il faut rechercher la présence de pièges comme des dômes de roches imperméables surmontant une couche de terrains perméables (ce sont les anticlinaux).
Pour y parvenir, il suffit de créer une explosion puis d'analyser l'écho de cette explosion sur les roches du sous-sol : cette manœuvre permet de dresser une carte des roches profondes et de distinguer les anticlinaux.
Mais la présence réelle du pétrole ne peut être assurée qu'au moyen de forages de reconnaissance qui peuvent s'enfoncer jusqu'à 11 000 mètres de profondeur.

Puits de pétrole.

Le transport du pétrole

Le transport du pétrole est assuré par des oléoducs et surtout par des navires gigantesques (jusqu'à 350 m de longueur), dont les aménagements techniques et de vie à bord sont situés à l'arrière. Dans le reste du bâtiment, la cargaison est répartie dans des citernes séparées les unes des autres par des cloisons étanches. Leur nettoyage (appelé dégazage) doit être réalisé à proximité de cuves permettant de séparer le pétrole restant de l'eau de mer. Ces cuves sont situées dans les ports, mais certains armateurs peu scrupuleux effectuent ce dégazage en pleine mer, sans se soucier de la pollution qu'ils provoquent.

Oléoduc situé en Alaska, près du cercle arctique.

LE BARIL

Le baril est une unité couramment utilisée pour estimer la production. Le baril représente 159 litres, et il faut 7,33 barils de pétrole pour en avoir 1 tonne.

HYDROCARBURES

Composés formés de carbone et d'hydrogène. Les pétroles sont des mélanges d'hydrocarbures.

Des gisements colossaux

Parmi les 30 000 gisements pétroliers exploités dans le monde, moins de 200 assurent les trois quarts de la production et représentent 80 % des réserves totales. C'est ainsi que le gisement de Ghawar en Arabie Saoudite possède 11 milliards de tonnes de réserves. Il est suivi par le gisement Burgan au Koweït (10 milliards), Bolivar Coastal au Venezuela (4 milliards), Sarfaniga-Khafji en Arabie Saoudite (4 milliards) et Rumaila en Irak (3 milliards).

Plate-forme de forage en mer reliée à la terre par hélicoptère (transport du personnel) et par bateau (transport de matériel).

Le barrage d'Assouan

Dans leur effort pour obtenir de l'énergie et de l'eau pour l'irrigation, les hommes ont barré le cours des fleuves, modifiant profondément le visage de la Terre. Le site d'Assouan, en Égypte, est l'un des plus représentatifs de ces énormes barrages.

Un ouvrage gigantesque

C'est un barrage de 3 600 m de long, de 980 m d'épaisseur à la base, de 40 m d'épaisseur au sommet et de 111 m de haut situé sur le Nil. Les dimensions de la retenue (nommée lac Nasser) sont impressionnantes : 162 km^3, 6 500 km^2, 500 km de long, de 5 à 35 km de large. Le volume de l'eau disponible n'est toutefois que de 74 km^3/an, partagés selon un accord international entre le Soudan (18,5 km^3) et l'Égypte (55,5 km^3).

Emmagasiner l'eau

Le barrage permet d'emmagasiner toute une crue et de conserver l'eau des années excédentaires pour la redonner lors des années déficitaires. Comme pour tous les grands ouvrages du genre, trois buts sont recherchés : favoriser l'irrigation, la navigation sur le fleuve et la production d'électricité. En effet, le barrage peut produire 10 milliards de kWh, dans un pays qui, à l'époque de l'inauguration de l'ouvrage, n'en consommait que 7. Finalement, les coûts de construction et de fonctionnement du barrage ont été amortis en deux ans seulement.

Le barrage d'Assouan est situé en Haute-Égypte. Il influence le régime des eaux de l'ensemble de la vallée du Nil.

REMONTÉE DES NAPPES

La régulation du cours du Nil a provoqué une remontée des nappes d'eau souterraines, ce qui rend difficile l'assainissement des grandes agglomérations du pays. Elle conduit aussi à une aggravation de la bilharziose chez les paysans (les bilharzies, vers parasites, ne sont détruites que par un assèchement prolongé, d'au moins trois semaines, des canaux d'irrigation). Elle entraîne aussi des difficultés de drainage et conduit à une salinisation des terres.

Barrage et régulation

Munis-toi d'un récipient en bois dans lequel sera percé un trou d'un diamètre de 2 cm environ. Alimente-le à l'extérieur au moyen d'un robinet de jardin. Le récipient joue le rôle du barrage, le robinet celui du Nil.

1 Si tu ouvres et fermes régulièrement le robinet, alors que le récipient est vide, les variations de débit du robinet se retrouveront inchangées en sortie.

2 En revanche, si le récipient est aux trois quarts plein, les variations de débit du robinet ne se répercutent pas en sortie.

Un impact important

Avant la réalisation du barrage, la crue du Nil déposait chaque année sur les rives un riche limon qui fertilisait les terres. Depuis, ce limon s'accumule en amont, derrière le barrage, au fond du lac Nasser : il doit donc être aujourd'hui remplacé par des engrais chimiques. De plus, le Nil, qui coule plus régulièrement, a tendance à plus creuser son lit, et à éroder ses berges. Enfin, les apports de limon ayant cessé, les assauts de la mer provoquent une importante érosion marine à l'embouchure du fleuve.

Statue colossale de Ramsès II à Abou-Simbel. La statue et l'ensemble du temple ont été déplacés pour éviter qu'ils soient submergés lors de la mise en eau du barrage d'Assouan.

Un supertanker transporteur de pétrole, et sa silhouette caractéristique.

Transports maritimes

Les mers et les océans du globe sont parcourus chaque jour par des milliers d'énormes navires qui assurent l'essentiel des échanges de marchandises entre les pays.

Méthanier

Cargo assurant le transport de gaz naturel sous forme liquide.

Le commerce des marchandises

Le transport maritime représente 71 % de toutes les marchandises transportées. Des navires spécialisés et de plus en plus grands ont remplacé les cargos d'autrefois : ainsi a démarré l'ère des supertankers ou pétroliers géants, et des méthaniers qui ont accru leur tonnage de façon spectaculaire. L'évolution des techniques de manutention et la création de navires porte-conteneurs ont permis un abaissement considérable des temps de chargement et de déchargement, tandis que le développement de l'automation à bord des navires a entraîné la réduction des équipages.

Un navire porte-conteneurs. Les conteneurs rendent les manipulations du chargement plus faciles.

Coût énergétique des transports

Le transport maritime présente l'avantage d'être économe en énergie : avec 5 litres de carburant, on peut déplacer une tonne de marchandises de 6,6 km en avion, 100 km par la route, 330 km par chemin de fer et 500 km par voie d'eau.

Émissions comparées de GES par les différents types de transports (en grammes de CO_2/tonne/km).

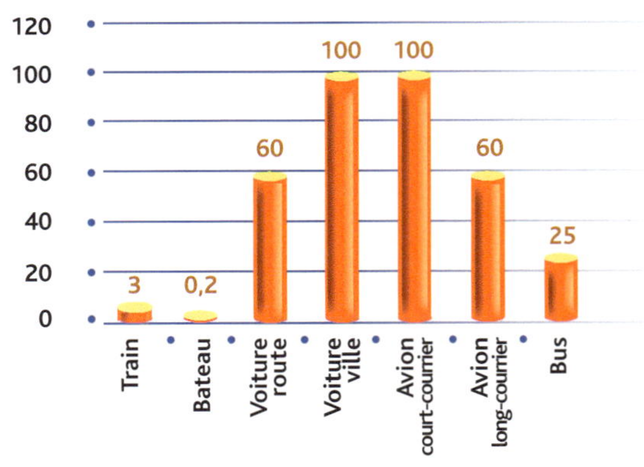

Rotterdam, premier port mondial

Les ports ont dû faire face à l'augmentation de taille des navires : la quille d'un porte-conteneurs descend à 12 m sous la surface, celle d'un super-pétrolier à 19 m ! Ainsi, Rotterdam, premier port du monde par son activité, avec son avant-port d'Europoort, est accessible aux navires de 365 000 t : il dessert tout le système fluvial du Rhin et en assure l'importation de matières premières et l'exportation de produits finis. Rotterdam est en liaison avec Vienne par le canal Rhin-Main-Danube.

Le port de Rotterdam est accessible aux plus grands navires. Il assure un débouché essentiel vers la mer pour le trafic de marchandises en provenance du cœur de l'Europe.

Zones industrialo-portuaires

Les ports profitent souvent d'installations industrielles liées aux marchandises échangées : ce sont des usines de raffinage ou de pétrochimie qui utilisent le pétrole ou des industries de sidérurgie littorales, comme à Dunkerque ou Fos-sur-Mer.

Catastrophes écologiques

En réduisant le nombre des navires, la croissance de la taille des bateaux a diminué les risques de collision. Malheureusement, la très grande fréquentation de certaines routes maritimes et les économies réalisées par les armateurs sur l'entretien de leurs bateaux ont provoqué des accidents, que la taille des navires a rapidement transformés en catastrophes écologiques. Le naufrage du pétrolier *Prestige* le 19 novembre 2002, à l'issue d'un voyage de 4 jours en remorque, a marqué le début de la pollution la plus longue et la plus étendue de l'histoire des marées noires en Atlantique nord-est.

Oiseau englué dans le mazout, après un naufrage de pétrolier.

Trafics continentaux

Sur la terre ferme, automobiles et camions transportent les hommes et les marchandises grâce à un réseau dense de routes et d'autoroutes. Cependant, le train, qui consomme moins d'énergie, est aussi beaucoup utilisé.

La voiture et le transport des personnes

La voiture joue un rôle majeur dans les transports de personnes continentaux : la qualité des véhicules, leur commodité et leur prix plus abordable avec la fabrication en grande série ont permis une transformation profonde du mode de vie des hommes. Les villes récentes ont intégré cette présence de la voiture, comme en Amérique du Nord où la ville s'étale pour éviter tout engorgement.

Camions et marchandises

Dans la plupart des pays industriels, l'essentiel du transport de marchandises est assuré au moyen de camions. C'est ainsi que le nombre total de poids lourds français est équivalent à celui des poids lourds de l'ensemble du continent africain ! Le trafic routier (camions et voitures réunis) provoque malheureusement embouteillages, accidents et pollutions diverses.

UN RÉSEAU TRÈS DENSE

Routes, autoroutes et chemins de fer constituent les « artères » du trafic terrestre. En Europe, leur présence quadrille tout l'espace. Ailleurs, comme en Sibérie ou dans les plaines des États-Unis, où la population est beaucoup moins dense, le nombre de voies de communication diminue. Dans les pays développés, on crée surtout aujourd'hui des autoroutes et des voies de chemin de fer à grande vitesse.

Trains et marchandises

Dans les pays où la concurrence de la route est moins importante (lorsque le parc de camions ou les routes sont insuffisants), le train assure toujours l'essentiel du trafic des marchandises. Dans plusieurs pays en voie de développement ainsi qu'en Russie, l'aménagement de nouvelles lignes a permis d'augmenter la part de transport de marchandises réalisée par le train. Ailleurs, le transport de camions par train (ferroutage) désengorge les zones particulièrement saturées par le trafic routier.

Voyageurs s'apprêtant à partir pour Hardwar (Inde). Dans les pays pauvres, on voyage beaucoup par le train.

Les trains rapides

Les trains à grande vitesse (TGV) atteignent la vitesse maximale de 300 km/h en service commercial. Mais ces liaisons ferroviaires ne peuvent s'effectuer que sur une ligne nouvelle, nécessitant un investissement supplémentaire. La forme aérodynamique d'un TGV lui permet de réduire sa consommation : il consomme deux fois moins d'énergie par voyageur que la voiture et trois fois moins que l'avion d'une ligne intérieure. Il concurrence directement l'avion sur des distances de 400 à 500 km, car malgré sa vitesse inférieure, il permet l'accès au centre des villes et est peu sensible aux conditions atmosphériques.

Motrices de TGV : le « nez » allongé permet une excellente pénétration dans l'air.

L'Airbus A380, un gros-porteur capable de transporter 555 passagers.

Navigation aérienne

Depuis la seconde moitié du XXe siècle, l'avion est de plus en plus utilisé, aussi bien pour transporter des marchandises que des passagers. Sa commodité sur de longues distances se paye par un coût écologique important.

Vitesse et rayon d'action

Les avions modernes ont une capacité de transport sans cesse plus importante. L'avènement de très gros avions, comme le Boeing 747 ou l'Airbus A340, a permis au tourisme international de se développer : ces avions volent à une vitesse de 900 km/h et peuvent parcourir sans escale 13 000 km, donc effectuer un vol direct New York-Tokyo. La sécurité des transports aériens apparaît comme très bonne tant qu'elle est exprimée en accidents par kilomètre parcouru. Si les accidents sont décomptés par heure de trajet, la route devient plus sûre.

Le gros-porteur Boeing 747-400 à sa sortie d'usine, entouré par les ouvriers et ingénieurs qui l'ont construit.

Gourmand en énergie

Les avions long-courriers modernes peuvent parcourir 13 000 km, mais consomment alors 200 000 litres de carburant, ce qui entraîne l'émission de dioxyde de carbone (CO_2), un gaz à effet de serre (GES). Chaque passager aérien d'un long-courrier est ainsi responsable de l'émission d'autant de CO_2 que s'il était seul en grosse voiture, sur la même distance. Pour un vol court, c'est à peu près le double, puisque la phase de montée est très coûteuse en carburant. Finalement, lors d'un vol court, chaque passager émet autant de GES que s'il était seul en petit camion. L'impact écologique du transport aérien est donc important.

Des aéroports gigantesques

Les aéroports sont aujourd'hui des espaces d'échanges importants entre le pays où ils se trouvent et le reste du monde. C'est ici qu'on décharge ou qu'on embarque les fruits et légumes frais, les ordinateurs et toutes les autres marchandises dont le prix est suffisamment élevé pour justifier le transport par avion. Autour de ces zones, se créent de nombreuses industries ou activités : formation des pilotes, constructions aéronautiques, hôtels, etc.

Vue aérienne de l'aéroport Charles-de-Gaulle à Roissy.

Roissy-Charles-de-Gaulle

Cet aéroport immense s'étale sur 10 000 hectares, ce qui équivaut à la surface de la ville de Paris. Le trafic journalier moyen s'élève à 200 000 passagers et 3 000 tonnes de marchandises pour 1 400 mouvements d'avions commerciaux. Une gare permet d'accéder au réseau TGV et au réseau RER.

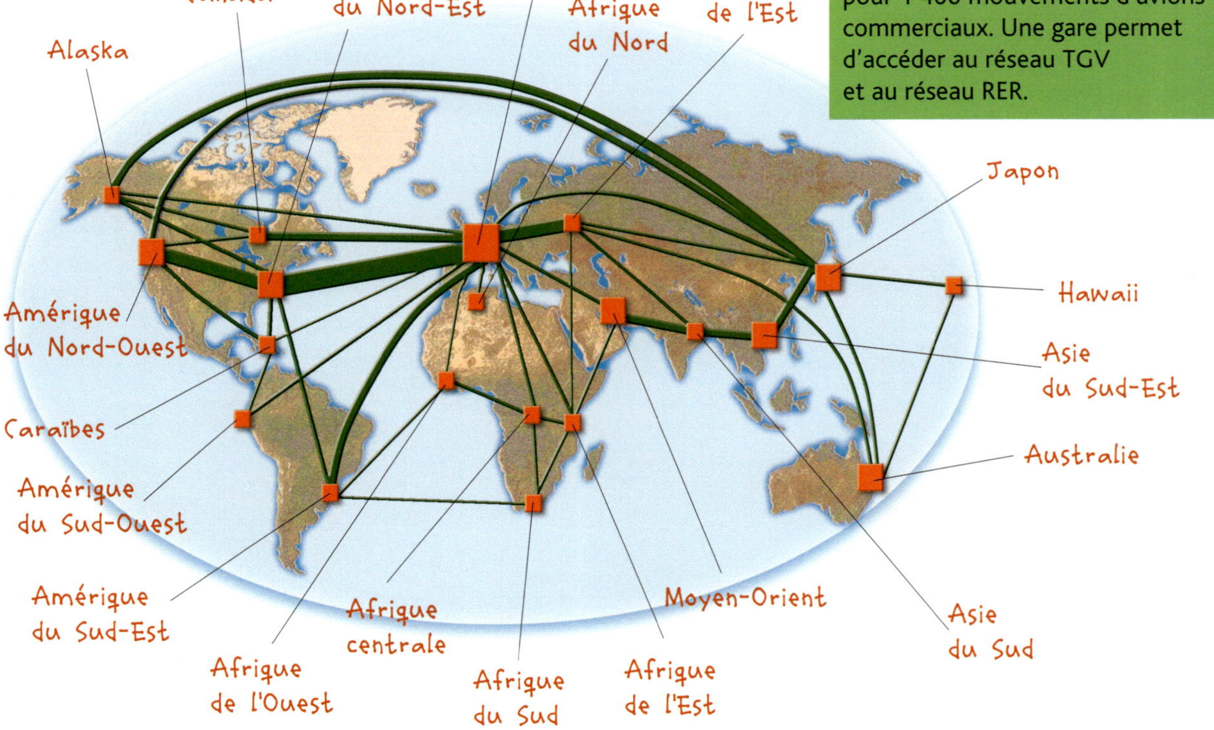

Réservé au fret coûteux ?

Les marchandises transportées par avion ne représentent que 1 % du trafic global de marchandises, mais 10 % de la valeur totale. La croissance du trafic est importante, parce qu'on transporte de plus en plus par avion les composants informatiques et les biens de luxe. La livraison rapide de colis utilise souvent ce mode de transport.

Les guetteurs du cosmos

Des milliers de satellites sont en orbite autour de la Terre. Ils permettent aux hommes de communiquer, de repérer leur position, de prévoir le temps et d'observer leur planète et l'espace.

Systèmes de communication

Les communications téléphoniques, les émissions de télévision ou Internet peuvent passer par l'intermédiaire des satellites de télécommunication. Ceux-ci permettent d'établir facilement des communications entre endroits éloignés. Beaucoup d'entre eux sont situés sur des orbites « géostationnaires » (ils restent toujours à la verticale du même point de la Terre), mais la demande de communications est si grande que des flottes de satellites ont été placées sur des orbites basses pour transmettre les signaux provenant du nombre grandissant de téléphones mobiles.

Satellite d'observation de la Terre, dont les six antennes balayent l'océan. Les informations recueillies permettent aux scientifiques d'étudier les courants océaniques et l'interaction océan-atmosphère.

Repérer sa position à la surface de la Terre a toujours été un problème difficile à résoudre pour les navigateurs. L'utilisation de satellites émettant des ondes radio qui peuvent être détectées partout et quel que soit le temps, a permis de résoudre le problème. Le GPS (Global Positioning System) développé aux États-Unis est devenu le système de navigation le plus précis et le plus sûr. Les satellites du GPS, au nombre de 24, ont été placés à une altitude de 20 000 km environ. Chaque point de la Terre reçoit en permanence les émissions d'au moins 4 d'entre eux, ce qui permet à un récepteur de déterminer sa position à 1 mètre près.

Orbites diverses

La plupart des satellites utilisent une des 4 orbites suivantes :

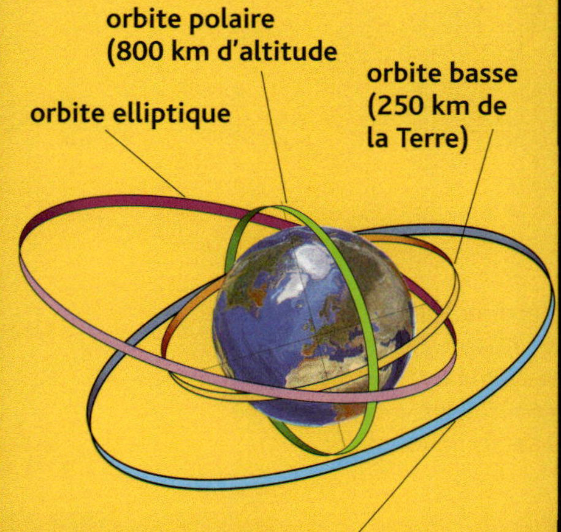

Observations de la Terre

Les satellites permettent aussi une observation permanente de la Terre : des satellites météo enregistrent des images de la couverture nuageuse et des ouragans. En mesurant température, pression et humidité, ils permettent la prévision du temps. Des satellites d'observation sont utilisés par les scientifiques pour l'étude des océans, l'élaboration de cartes, la surveillance des cultures ou de la déforestation, etc.

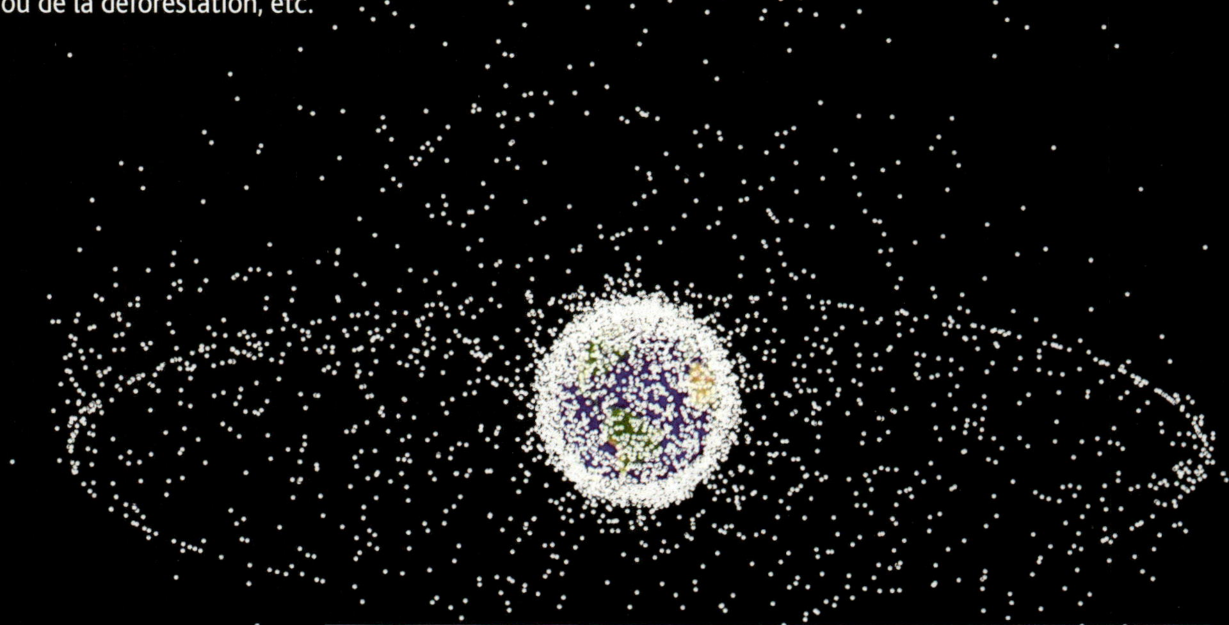

Débris de toutes sortes

De nombreux débris, vestiges de la conquête spatiale de ce dernier demi-siècle, entourent la Terre. On estime qu'il existe 8 500 débris d'une taille supérieure à 10 cm en orbite autour de la Terre. Les vitesses relatives des débris spatiaux sont très grandes (10 km/s), ce qui les rend très dangereux pour les vaisseaux spatiaux et les satellites. Des manœuvres d'évitement des débris catalogués sont régulièrement réalisées.

Ordinateurs et réseaux

L'ordinateur personnel a fait son apparition dans les années 1980. Sa diffusion généralisée a été effective à la fin du XXe siècle.

Les ordinateurs connaissent depuis un demi-siècle un développement prodigieux : ils sont devenus indispensables, grâce à leur capacité de mémoire et leur rapidité de calcul. Cette « intelligence » présente partout a radicalement modifié les conditions de travail et les relations entre les hommes.

Une évolution très rapide

La salle de contrôle d'une raffinerie de pétrole.

Arrivés dans les années 1950, les ordinateurs sont d'abord très peu nombreux. Quarante ans plus tard, l'explosion de la vente d'ordinateurs individuels a profondément transformé notre société : depuis 1995, il se vend dans le monde plus d'ordinateurs personnels que de téléviseurs. Ce marché énorme permet aux prix de diminuer régulièrement, pour des machines toujours plus rapides et aux capacités de stockage en accroissement constant.

Le passage au « tout numérique »

En moins de 30 ans, les informations traitées et stockées sont passées de l'analogique (son gravé sur le vinyle, images peintes ou photographies, textes écrits ou imprimés) au tout numérique : sons, images et textes sont codés par une suite de 0 et 1.

La revanche des petits

En 2002, 225 calculateurs personnels connectés et travaillant donc « en équipe » sont parvenus à obtenir des performances et une puissance de calcul qui font de cet ensemble l'équivalent d'un « supercalculateur ». Les progrès des micro-ordinateurs et leur mise en réseau permettent donc aujourd'hui d'atteindre des performances dignes de celles des calculateurs géants les plus coûteux.

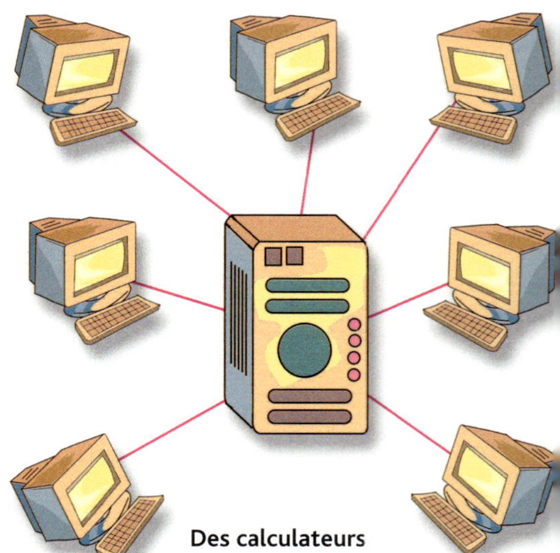

Des calculateurs personnels interconnectés fournissent une puissance de calcul équivalente à celle des calculateurs géants.

La salle de la Bourse de New York à Wall Street, et ses centaines d'ordinateurs.

L'épanouissement d'Internet

Des réseaux spécialisés, comme ceux de la télévision ou de la téléphonie, fonctionnent parfaitement et datent de quelques dizaines d'années. Mais l'arrivée d'Internet et la connexion de millions d'ordinateurs personnels sur le réseau ont changé radicalement les échanges d'informations : en dépensant très peu d'argent, de nombreux utilisateurs peuvent obtenir des informations, discuter, acheter, se divertir, etc. Ce système de codage permet à ces informations diverses d'être stockées sur des supports magnétiques ou optiques denses et bon marché, puis traitées directement par les ordinateurs.

Une intelligence collective

Les utilisateurs d'ordinateurs personnels utilisent à peine 20 % de la puissance de calcul de leur machine. Plusieurs organismes de recherche ont pensé regrouper ces capacités inutilisées pour résoudre des problèmes qui dépassent les possibilités d'un ordinateur, si gros soit-il. Pour participer à un de ces projets collectifs, il suffit de télécharger un petit logiciel qui profite des ressources inutilisées de l'ordinateur : à chaque connexion à Internet, l'ordinateur envoie les résultats des calculs menés pendant les temps morts et récupère des données nouvelles. C'est ainsi que 4 millions d'ordinateurs situés dans 226 pays traitent les données spatiales d'un programme de recherche de vie extraterrestre ou qu'un million d'ordinateurs participent à un programme de recherche de l'université d'Oxford sur la leucémie.

Décrypte le message mystérieux

Le premier des codages « numériques » a été le morse : sa transformation des lettres en suites de points et de traits aurait pu correspondre à des 0 et des 1. Aujourd'hui, images, sons et textes sont codés en milliers de 0 et de 1 que les ordinateurs peuvent ensuite traiter. Ainsi, voici une partie du code ASCII, qui code les quelques lettres suivantes :

A	1000001	**N**	1001110
D	1000100	**O**	1001111
E	1000101	**R**	1010010
I	1001001	**S**	1010011
L	1001100	**T**	1010100
M	1001101	**U**	1010101

Espace : 0100000

Décrypte la phrase suivante :

1001001 – 1001110 – 1010100 – 1000101 – 1010010 – 1001110 – 1000101 – 1010100 – 0100000 - 1000101 – 1010011 – 1010100 – 0100000 - 1001101 – 1001111 – 1001110 – 1000100 – 1001001 – 1000001 – 1001100

Solution : **INTERNET EST MONDIAL**

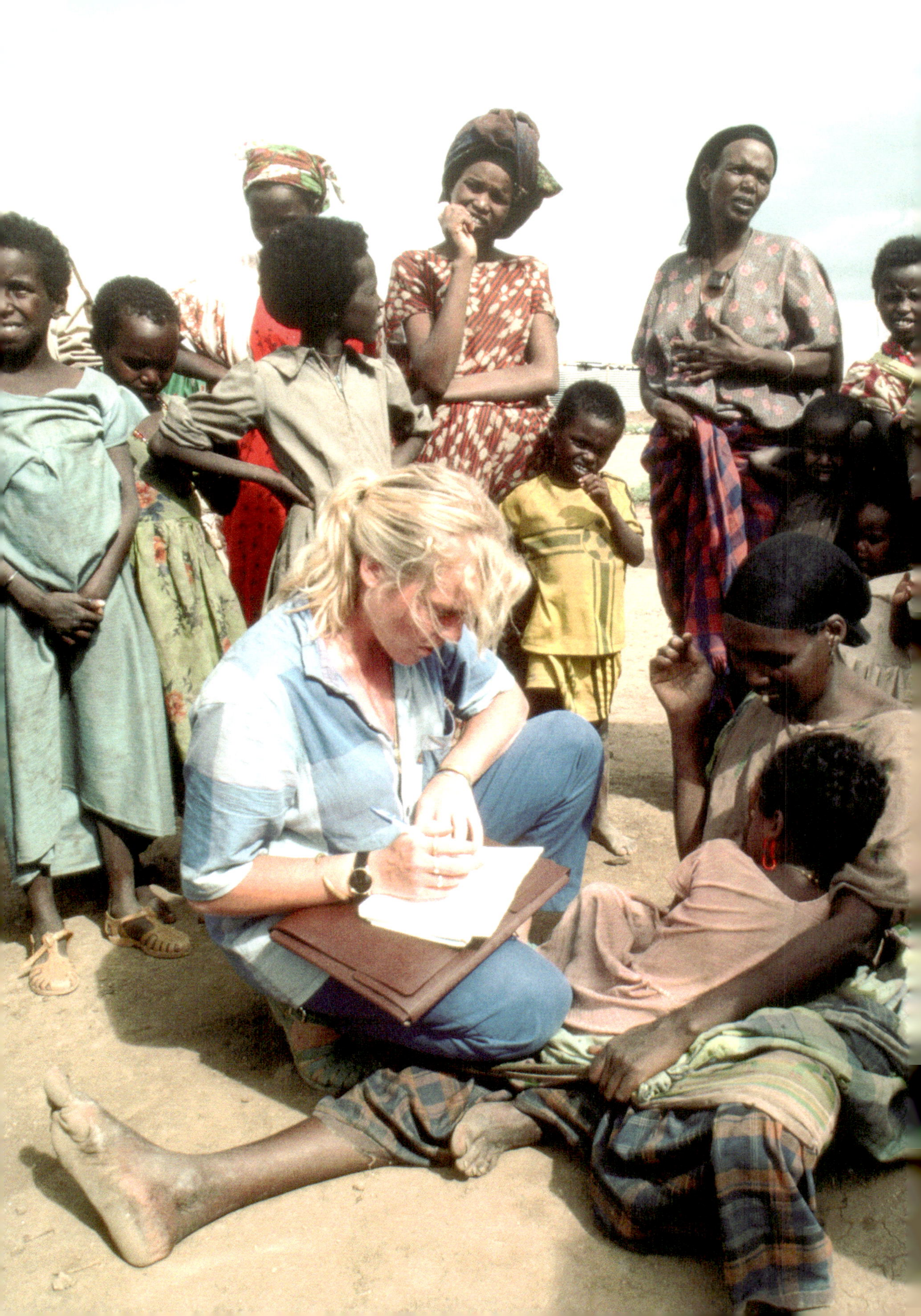

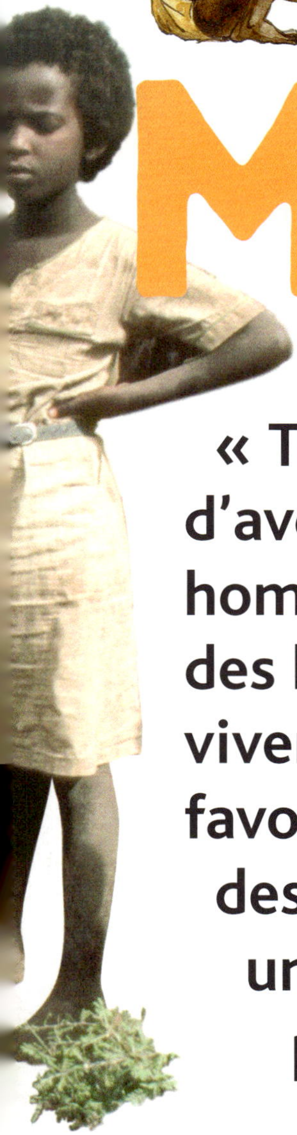

L'ÉTAT DU MONDE

Le vaisseau spatial « Terre » n'a pas la chance d'avoir un équipage homogène : la majorité des habitants des pays industrialisés vivent dans des conditions favorables, tandis que ceux des pays du Sud connaissent une vie quotidienne beaucoup plus difficile.

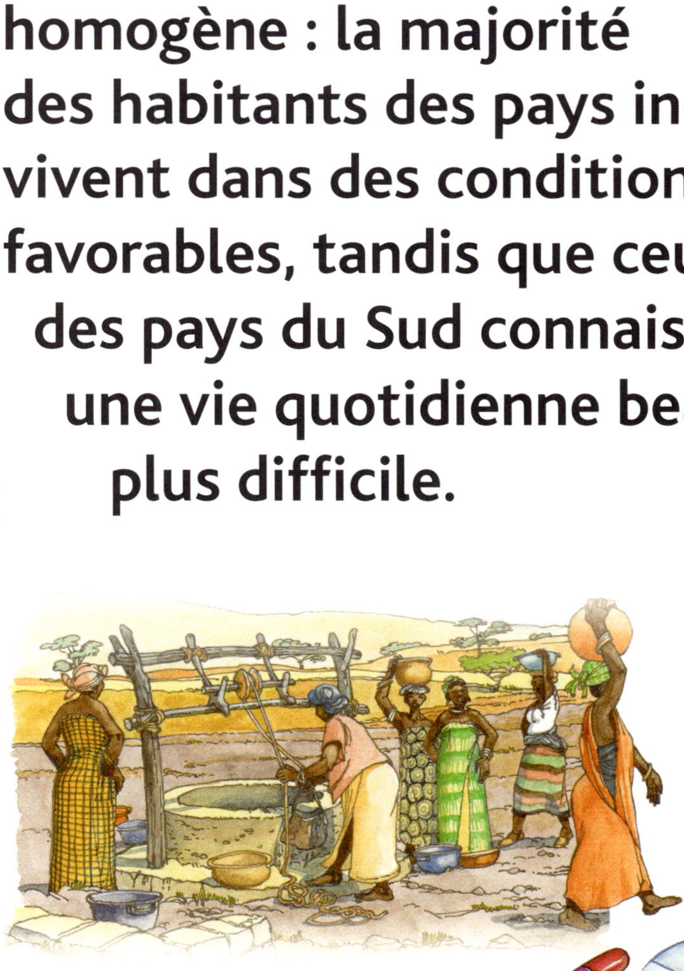

Les nantis et les autres

Nous vivons sur un vaisseau planétaire où la richesse du Nord côtoie la misère du Sud. Cependant, l'évolution de la croissance mondiale réduit certaines de ces inégalités. Seule l'Afrique subsaharienne profite peu de ce mouvement.

Immense paquebot et barque minuscule : le symbole des inégalités dans le monde.

Un écart croissant ?

On entend dire souvent que l'écart s'accroît entre pays pauvres et pays riches. En 1968 les pays industrialisés étaient 34 fois plus riches que les pays les moins développés). Aujourd'hui ce rapport est descendu à 23, ce qui reste cependant très excessif.

Riches et pauvres

Pour estimer la richesse d'un pays, on calcule le total des richesses produites pendant une année : c'est le produit intérieur brut ou PIB. Les pays industrialisés (Amérique du Nord, Union européenne et Japon) pèsent d'un poids considérable : 20 % de la population produit 80 % de la richesse mondiale. Quand on évalue le PIB réel par habitant (richesses de chaque individu), on constate que 650 millions d'hommes vivent avec moins de 1 $/jour, et 1,6 milliard avec moins de 2 $/jour. Cependant, ces calculs ont tendance à « noircir » le tableau des inégalités mondiales, car ils sont réalisés en convertissant les monnaies en dollars : or les habitants des pays pauvres, qui gagnent peu d'argent, achètent aussi à prix bas.

Indice PPP de l'ONU

Pour avoir une vision plus juste des écarts de richesse, l'ONU a créé l'indice PPP (*purchasing power parity*), ou indice de parité de pouvoir d'achat qui tient compte de ce que l'habitant d'un pays donné peut acheter sur place. Les résultats sont extrêmement contrastés, puisqu'en 2000, chaque Américain gagnait en moyenne 34 142 $, tandis que chaque habitant de Sierra Leone n'en gagnait que 490 ! Dans les pays industrialisés, les habitants gagnent en moyenne 27 848 $, dans les pays les moins développés 1 216 $, soit un rapport de 23 à 1. Ce rapport montre bien l'importance des inégalités présentes à la surface de la Terre.

Le développement humain

L'indice PPP mesure les richesses mais ne prend pas en compte les activités réalisées à la maison (travail des femmes), les activités non déclarées, comme le travail « au noir » et les échanges comme le troc. Il ne mesure pas non plus le bien-être, puisqu'il ne s'occupe que des richesses produites, et non de l'instruction, la santé, la liberté, etc. Pour avoir une meilleure image du développement, on a créé l'IDH (indicateur de développement humain) qui prend en compte l'espérance de vie à la naissance, le niveau d'instruction et le niveau de vie mesuré en PPP$/habitant. Plus l'IDH est proche de 1, plus le développement est élevé.

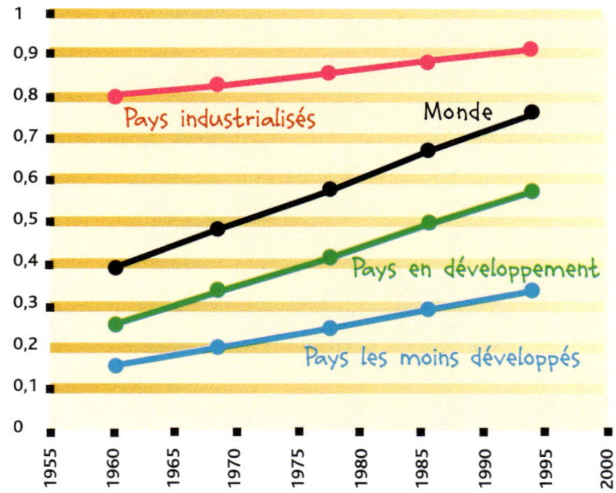

Évolution de l'IDH.

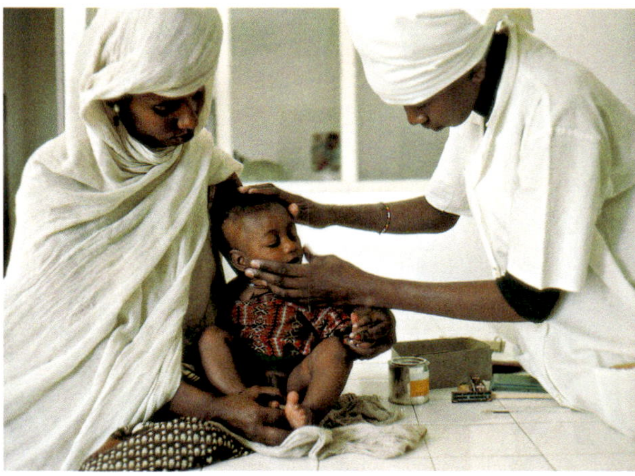

Éducation et santé sont les principaux facteurs d'accès au développement.

Une évolution positive

Quand on compare les résultats obtenus avec les calculs de l'IDH sur 34 ans, on observe le fait que le monde dans son ensemble tend à se développer (l'IDH augmente de 0,392 en 1960 à 0,764 en 1994). Les pays industrialisés passent de 0,798 en 1960 à 0,911 en 1994, les pays en développement de 0,260 à 0,576, les pays les moins avancés de 0,161 à 0,336. On constate donc que les développements humains tendent tous à s'élever dans les différentes régions du monde, depuis un demi-siècle.

Drames du sida

Entre 1985 et 1998, sept pays d'Afrique subsaharienne (Botswana, Burundi, Congo-Brazaville, Congo-Kinshasa, Kenya, Zambie et Zimbabwe) ont vu un recul de leur IDH : cette inversion s'explique en grande partie par le recul de l'espérance de vie dû au sida. La situation est analogue en Afrique du Sud, Namibie et République centrafricaine entre 1990 et 1998.

PIB, PPP et IDH

PIB$/hab. : indice qui mesure ce que peut acheter un habitant d'un pays quelconque aux États-Unis.
PPP$/hab. : indice qui mesure ce que peut acheter un habitant d'un pays quelconque dans son propre pays.
IDH : indice de développement humain, qui prend en compte l'espérance de vie, le revenu par habitant en PPP$, le taux de scolarisation ainsi que le pourcentage de personnes qui savent lire et écrire.

De nombreux habitants des pays riches vivent pourtant dans une extrême pauvreté.

Des pauvres chez les riches

Dans les pays occidentaux, plus de 100 millions de personnes vivent dans la pauvreté. Malgré la richesse des États la misère et l'exclusion sociale n'ont donc pas disparu, les États-Unis connaissant même une augmentation du nombre des pauvres.

Un indice de pauvreté humaine

Mis au point par le PNUD (Programme des Nations unies pour le développement) en 1998, un indice de pauvreté humaine adapté aux pays développés (IPH-2) est créé ; il a pour critère l'espérance de vie, le niveau d'instruction, le chômage à long terme et le revenu des ménages. Ce calcul montre les bons résultats de la Suède (6,7 % de pauvres), de la Norvège (7,5 %) et des Pays-Bas (8,5 %), et les mauvais du Royaume-Uni (15,1 %), de l'Irlande (15,3 %) et des États-Unis (15,8 %). La France est dans la moyenne, avec 11,1 % de pauvres.

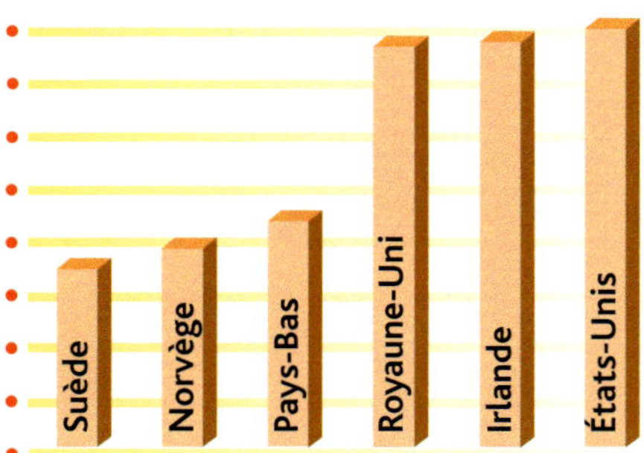

L'indice de pauvreté humaine des pays développés (classement selon le PNUD).

Des enfants dans le besoin

Selon un rapport de l'UNICEF, plus de 47 millions d'enfants vivant dans les pays riches sont dans le besoin. Les pays les plus concernés sont les États-Unis, l'Italie et le Royaume-Uni (près de 1 enfant sur 5 est pauvre), tandis que dans les pays nordiques, au système de protection sociale efficace, les taux de pauvreté enfantine sont beaucoup plus bas : 1 enfant sur 20 au Danemark, 1 enfant sur 38 en Suède.

Pauvreté en France : des personnes démunies fouillent les restes du marché de Rungis, près de Paris.

Une situation qui évolue

Depuis 1995, dans la plupart des pays européens, les riches sont devenus plus riches, en raison de la montée des revenus financiers. Mais dans le même temps, les pauvres sont devenus moins pauvres, grâce à des formes renforcées de redistribution. Au contraire, aux États-Unis, l'écart entre les plus riches et les plus pauvres s'est accru de façon sensible au cours des 10 dernières années.

Misère et droits de l'homme

Né d'un père polonais et d'une mère espagnole, le père Joseph Wresinski (1917-1988) s'est consacré toute sa vie à la lutte contre la pauvreté et l'exclusion. Il crée « Aide à toute détresse » (ATD) qui deviendra le mouvement ATD quart-monde. Il rédige un rapport sur la grande pauvreté adopté par le Conseil économique et social de la République française le 11 février 1987. Le 17 octobre 1987, une grande manifestation regroupe 100 000 personnes à Paris pour faire reculer la misère et respecter les droits de l'homme. Car « là où des hommes sont condamnés à vivre dans la misère, les droits de l'homme sont violés ». Le 17 octobre a été reconnu par les Nations unies en 1992, comme la Journée mondiale du refus de la misère.

Joseph Wresinski, créateur de « ATD quart-monde ».

Emmaüs

L'abbé Pierre se bat depuis les années 1950 pour aider les plus défavorisés. Lors d'un appel mémorable passé au cours de l'hiver 1954, où plusieurs personnes sans domicile sont mortes de froid à Paris, il crée un mouvement d'entraide qui va devenir Emmaüs puis Emmaüs international. Dans les diverses communautés, les membres vivent du seul fruit de leur travail de récupération, et rendent service aux plus nécessiteux.
De nombreuses associations locales travaillent dans cet esprit aussi bien en Europe qu'en Asie, Afrique et Amérique.

L'artiste Michel Colucci, dit « Coluche », qui a mis en place les Restos du cœur, à destination des plus démunis.

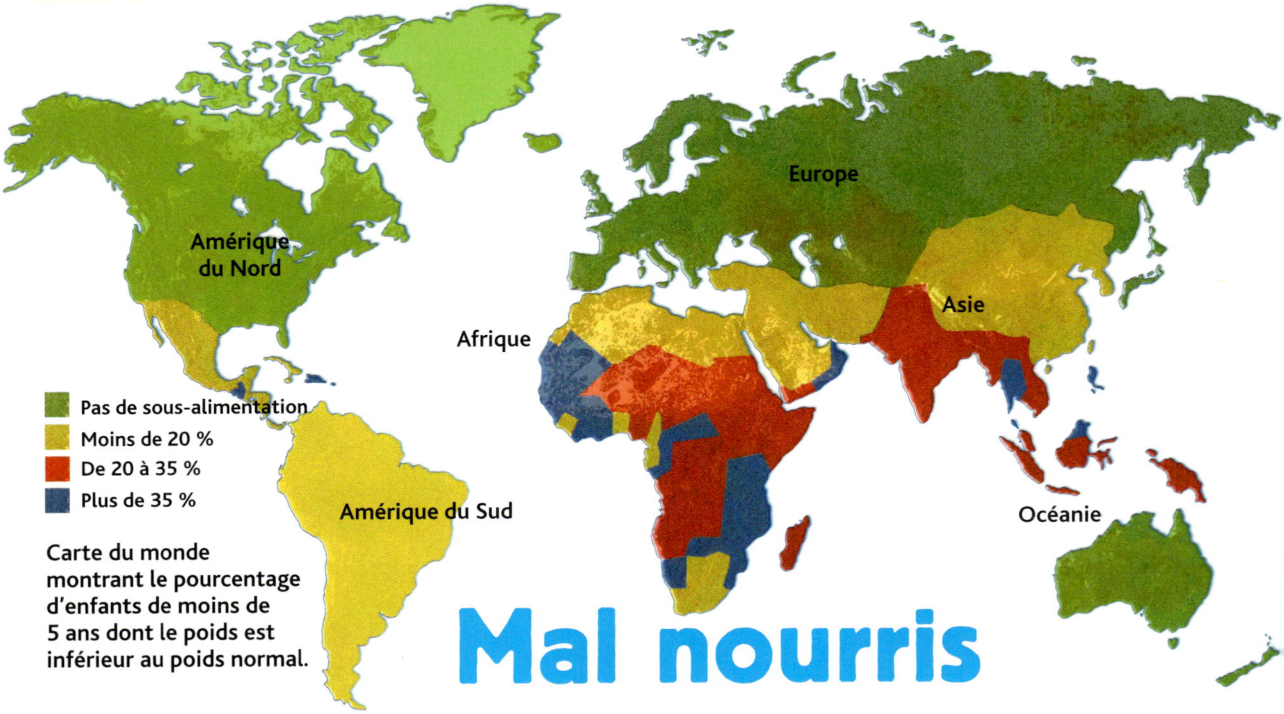

Carte du monde montrant le pourcentage d'enfants de moins de 5 ans dont le poids est inférieur au poids normal.

Mal nourris et misérables

De nombreux habitants des pays les plus pauvres sont mal nourris, mal soignés et analphabètes. L'indice de pauvreté humaine rend compte de cet état de fait scandaleux.

MALNUTRITION ET SOUS-ALIMENTATION

La malnutrition est un trouble causé par un mauvais équilibre alimentaire, le plus souvent par manque de protéines, vitamines ou minéraux. La sous-alimentation est une insuffisance globale d'apports énergétiques (en calories).

Trop peu ou mal nourris

La famine a heureusement disparu de la plupart des zones pauvres de la planète, sauf dans les pays touchés par les guerres. Cependant, alors que la majorité des habitants des pays développés mangent à leur faim, certains souffrent de malnutrition. Un homme sur sept (soit 800 millions de personnes, situées surtout en Afrique subsaharienne et dans le monde indien) ne dispose pas d'une alimentation suffisamment riche en calories. La sous-alimentation touche 160 millions d'enfants de moins de 5 ans.

Des maladies nombreuses

Près de 800 millions de personnes n'ont pas accès aux soins médicaux, et les pays pauvres manquent cruellement de médicaments, de dispensaires et de professionnels de santé. Les maladies infectieuses ou parasitaires (diarrhée, paludisme, tuberculose, sida) y tuent chaque année des millions de personnes. La mortalité infantile est souvent importante et l'espérance de vie n'atteint que 50 ans alors qu'elle s'élève à 74 ans dans les pays développés. Les inégalités devant la vie (et la mort) sont donc considérables à la surface de la Terre.

Enfant du Burkina Faso se nourrissant de mangue, fruit riche en vitamine A.

Privés d'instruction

Les adultes qui ne savent ni lire ni écrire représentent 45 % de la population en Afrique subsaharienne, et 50 % en Asie du Sud. Au total, 850 millions d'adultes sont analphabètes (dont 570 millions de femmes). La scolarisation montre les mêmes disparités puisque dans les pays en voie de développement, 110 millions d'enfants ne sont pas scolarisés dans l'enseignement primaire.

Enfants Wâyapi dessinant (Guyane française).

IPH et pauvreté

L'IPH-1 est l'indice de pauvreté humaine adapté aux pays en développement. Il estime le pourcentage de la population qui subit trois types de privations : faible durée de vie, absence d'éducation et privation d'accès à l'eau, la nourriture et la santé.
Cet indice se concentre donc sur les personnes les plus démunies d'un pays : l'IPH-1 dénombre plus de 50 % de pauvres dans sept pays (Niger, Sierra Leone, Burkina Faso, Éthiopie, Mali, Cambodge, Mozambique) et 35 % dans une quarantaine d'autres pays.

L'impact sur les enfants

La sous-alimentation des enfants provoque des problèmes de santé graves : enfants amaigris aux muscles inexistants, arrêt de la croissance et difficultés à faire face aux maladies. Les privations entraînent aussi des difficultés intellectuelles et de l'apathie : l'enfant en état de sous-alimentation est triste, il manque de vivacité et réussit mal à l'école.

Afrique subsaharienne

Ensemble des pays situés au sud du Sahara et comprenant la Mauritanie, le Mali, le Niger, etc.

De nombreuses populations du Sud n'ont pas accès à l'eau courante, ce qui rend la vie quotidienne difficile.

Du travail...

À la surface de la Terre, les hommes travaillent très différemment : beaucoup d'habitants des pays en voie de développement sont agriculteurs tandis que ceux des pays développés (longtemps travailleurs de l'industrie) s'activent aujourd'hui dans les services.

Une paysanne sénégalaise sarcle une parcelle de sorgho, au moyen d'une petite houe.

Un monde de paysans

Dans les pays pauvres, la plus grande partie de la population travaille la terre au rythme des saisons pour se nourrir, et cette agriculture produit surtout des céréales. En Afrique, les travaux se font à la main avec quelques outils très simples comme la houe. En Asie, la culture du riz nécessite elle aussi un énorme travail manuel. Cette agriculture traditionnelle produit trop peu de nourriture, ce qui entraîne le départ de nombreux jeunes vers la ville.

Le temps de travail

Sept pays se distinguent par un temps de travail à l'année particulièrement élevé : république de Corée (2 447 heures annuelles par travailleur), Sri Lanka (2 288), Hong-Kong et Chine (2 287), Bangladesh (2 301), Malaisie (2 244), Thaïlande (2 228). En Europe, le temps de travail est de 1 840 heures par an en Estonie ou en Hongrie, de 1 568 heures en France.

Ouvriers de l'industrie

Dans les pays développés, l'utilisation des tracteurs et des machines comme les moissonneuses-batteuses a permis de produire toujours plus avec de moins en moins de travailleurs : c'est ainsi que de nombreux paysans ont quitté la terre et sont venus augmenter la population ouvrière dans l'industrie. Ce mouvement, commencé au XIXe siècle, s'est poursuivi jusqu'aux années 1970. Désormais, en raison des fabrications à la chaîne automatisées et du départ de nombreuses industries dans les pays à bas salaires, la population ouvrière des pays développés est en diminution constante.

Ouvriers travaillant dans une industrie d'assemblage électronique.

L'essor des services

Ces dernières années, l'essor impressionnant des activités de services a entraîné le développement d'une classe moyenne représentant 70 % des personnes qui travaillent dans les pays industrialisés. En même temps, le travail des femmes s'est déplacé de la famille à l'extérieur. Au cours de la seconde moitié du XXe siècle, les femmes ont occupé massivement les emplois des pays développés.

Courtiers à la Bourse de Tokyo : comme beaucoup d'autres Asiatiques, les Japonais ont un temps de travail très élevé.

LES SERVICES

Les activités des hommes qui répondent à un besoin, mais ne produisent pas de biens matériels sont des services : les transports, l'activité des médecins, les spectacles, l'aide aux personnes à domicile, l'enseignement, etc.

Chômage des jeunes

Les statistiques du BIT (Bureau international du travail) montrent qu'environ 186 millions de personnes dans le monde sont à la recherche d'un emploi, soit 6,2 % de la population active totale du monde. Les plus touchés par le chômage (avec un taux considérable de 14,4 %) sont les jeunes de 15 à 24 ans, qui représentent à eux seuls 88,2 millions de chômeurs.

Jeunes chômeurs en Asie.

MOURIR AU TRAVAIL ?

Chaque année, 270 millions de personnes sont victimes d'accidents du travail, 160 millions contractent des maladies professionnelles, et 2 millions en meurent. D'autre part, certains travailleurs, soumis à une activité trop intense, deviennent anxieux ou dépressifs. L'épuisement professionnel peut aller jusqu'à provoquer des problèmes psychiatriques, tandis que le *karoshi* (mort par surmenage) frappe les « fous de travail », heureusement peu nombreux.

Enfants indiens forcés de travailler dans les mines.

Esclaves d'aujourd'hui

Les anciennes pratiques d'esclavage et de servage de type féodal n'ont pas disparu de notre monde : les membres les plus vulnérables des sociétés humaines sont souvent victimes d'oppression et d'exploitation.

Esclaves trokosi au Ghana : la femme porte autour du cou la corde rituelle des esclaves.

L'esclavage

Bien qu'il soit de plus en plus rare dans le monde contemporain, l'esclavage subsiste encore dans les quelques pays déchirés par des conflits armés, comme le Liberia, la Sierra Leone ou le Soudan. C'est ainsi que des milliers de personnes appartenant à l'ethnie des Dinkas, ont été enlevées par des milices au sud du Soudan et réduites en esclavage pendant les années 1990-2000. En mai 1999, le gouvernement soudanais a dû mettre en place un organisme chargé de libérer les personnes victimes d'enlèvement et de travail forcé.

Droits de l'homme

« Nul ne sera tenu en esclavage ni en servitude ; l'esclavage et la traite des esclaves sont interdits sous toutes leurs formes. »
Déclaration universelle des droits de l'homme (10 décembre 1948).

Le travail forcé

Il y a travail forcé lorsqu'une personne est contrainte par la force d'effectuer une tâche qu'elle ne souhaite pas réaliser. La Birmanie est un des pays où la loi autorise le travail forcé. Nombreux y sont les travailleurs non rémunérés, ne recevant que très peu de nourriture, d'eau et de temps de repos. Dans bien des cas, ils sont enchaînés pour la nuit, et soumis aux mauvais traitements de leurs gardiens. En mars 1997, cette situation a conduit le Conseil des ministres européens à prendre des sanctions économiques contre la Birmanie.

Crime contre l'humanité

Le 21 mai 2001, le texte d'une loi reconnaissant « la traite négrière transatlantique et l'esclavage qui en a résulté en tant que crime contre l'humanité » a été adopté par la représention nationale française à l'initiative de Christiane Taubira, député de Guyane.

Travail forcé en Europe

Certaines affaires récentes ont montré que les pays développés n'étaient pas à l'abri du travail forcé : attirés par la perspective d'un travail bien rémunéré, des migrants s'endettent pour venir en Europe. Mais une fois arrivés sur place, ils sont souvent isolés par la barrière linguistique et peu au courant des lois du pays d'accueil, ce qui les rend vulnérables : des patrons sans scrupules peuvent alors les contraindre à travailler sans les payer, en les privant de liberté et de passeport.

Le servage pour dettes

La servitude pour dettes enchaîne des centaines de milliers de travailleurs à leur employeur et à leur lieu de travail, en raison de prêts obtenus par eux ou leurs parents. Le mécanisme en est simple : des personnes très pauvres obtiennent un prêt et sont contraintes de rembourser en travail cette somme. Mais les intérêts du prêt sont très élevés, le coût des outils est déduit de leur salaire, tandis que nourriture et boissons leur sont vendues au prix fort. La dette, qui augmente sans cesse, devient ainsi impossible à rembourser.

Regroupement d'esclaves Dinkas, au Soudan (1998).

Enfants de la rue à Quito (Équateur). Ces enfants travaillent pour vivre dès l'âge de 7 ans en devenant cireurs de chaussures, vendeurs de journaux, etc.

Enfants maltraités

La misère ou la violence des adultes contraignent des millions d'enfants à travailler dans des conditions pénibles, à vivre seuls dans les rues ou à devenir soldats.

Le travail des enfants

Les experts du Bureau international du travail (BIT) estiment à 250 millions le nombre d'enfants qui travaillent dans le monde (dont la moitié à plein temps) ; en Amérique latine, 1 enfant sur 5 travaille ; en Asie, un sur 4 ; en Afrique ,1 sur 3. Le dénuement des familles et l'inadaptation de l'école expliquent cette situation : l'école est souvent trop chère, et son enseignement paraît bien loin des préoccupations des familles. Les maîtres, mal payés, doivent faire face à des classes surchargées de 80 à 100 élèves, ce qui rend leurs conditions de travail difficiles.

De graves conséquences

Les enfants travailleurs sont soumis aux accidents, à l'épuisement et aux maladies liées à leur activité, comme la silicose des enfants mineurs ou les intoxications des travailleurs de l'industrie. Le travail des enfants est un scandale, car il prive des millions d'entre eux de leur enfance. C'est aussi une aberration économique : il interdit toute formation, et retentit donc sur le développement du pays.

ONG

Les organisations non gouvernementales (ONG) sont des associations nationales ou internationales qui n'ont pas pour but de gagner de l'argent mais qui mettent en place des actions humanitaires d'urgence et qui réalisent des projets de développement ou de sauvegarde de l'environnement.

Enfants des rues

Selon l'UNICEF (Fonds des Nations unies pour l'enfance), il y aurait 60 millions d'enfants livrés à eux-mêmes dans les grandes villes et qui vivent de petits boulots, mais tombent souvent dans la spirale de la drogue, de la délinquance et de la prostitution. Ils sont estimés à 8 millions au Brésil, 5 millions dans l'ex-Empire soviétique, et 4,5 millions en Asie. Lorsqu'ils survivent à leur existence dangereuse (la moitié meurent au bout de quatre ans), ils deviennent des adultes analphabètes et sans qualification, ce qui les empêche de sortir de la misère. De nombreuses ONG collaborent avec les autorités locales pour les héberger dans des centres d'accueil et les former.

« *Children have the right to be taken seriously* » (les enfants ont le droit d'être pris au sérieux). Ce slogan illustrant les droits des enfants a été peint par des enfants de la rue vivant en foyer (Afrique du Sud).

Enfants soldats

Près de 300 000 enfants sont engagés dans les forces armées du monde, dont 200 000 ont moins de 15 ans. La majorité de ces enfants soldats se trouvent en Afrique ou en Amérique centrale. Recrutés souvent de force, les garçons connaissent les dangers des combats ; les filles sont réduites à un esclavage sexuel, la plupart étant contaminées par le virus du sida. L'UNICEF met en place des programmes de réinsertion et de soutien psychologique pour les jeunes qui ont vécu cette expérience traumatisante.

Le boycott, une solution ?

Dans les pays développés, certains proposent de boycotter (c'est-à-dire de ne plus acheter) les produits fabriqués par les enfants. Or 90 % du produit du travail des enfants du tiers-monde est destiné au marché local, ce qui rend le boycott peu efficace. Des classes installées sur les lieux mêmes du travail permettent d'améliorer l'instruction de ces enfants, en attendant que des mesures plus énergiques soient prises contre ce véritable fléau.

Groupe d'enfants palestiniens, dans un camp de réfugiés.

Des femmes à part

Dans la plupart des sociétés, la situation des femmes est inférieure à celle des hommes : leur taux d'alphabétisation est plus faible, leur travail moins reconnu, et elles sont souvent les victimes de violences multiples.

Partout dans le monde, les femmes assument souvent l'essentiel du travail du foyer et la garde des enfants.

Affiche chinoise conseillant la famille à enfant unique, pour limiter la croissance de la population.

Des femmes manquantes

En Europe comme aux États-Unis, le nombre de femmes dépasse celui des hommes (105 femmes pour 100 hommes). Dans certains pays d'Asie et d'Afrique du Nord, ce rapport s'inverse (94 femmes pour 100 hommes en Chine, par exemple). En Chine, les parents, qui n'ont l'autorisation d'avoir qu'un seul enfant, choisissent parfois l'avortement tant qu'ils n'ont pas de garçon. Ailleurs, le manque d'attention dont les femmes sont victimes en matière de santé et de nutrition, explique ces résultats. Le nombre de « femmes manquantes » est estimé à 44 millions en Chine et à 100 millions dans le monde.

Trafics de femmes

Les trafics de femmes aux fins de travail forcé, de mariage forcé ou de prostitution atteignent tous les pays du monde. Ainsi, l'Europe occidentale est la destination privilégiée d'un trafic de femmes en provenance des Balkans et d'Europe orientale, tandis que les États-Unis sont chaque année le lieu de destination de 50 000 femmes et enfants qui sont employés dans l'industrie du sexe et le travail domestique.

Exclusions

Les femmes des pays pauvres souffrent d'un taux d'analphabétisme supérieur à celui des hommes et sont souvent maintenues à la maison par leur travail domestique, rarement reconnu et jamais payé.
Leur ignorance les empêche souvent de prendre en charge le contrôle de leurs grossesses et leur santé.
Dans les pays développés, elles sont loin d'avoir les mêmes salaires ou le même nombre de représentants politiques que les hommes.

Violences diverses

Dans le monde, 1 femme sur 5 est victime de mauvais traitements ou de viol. La proportion de femmes battues atteint 35 % en Égypte et 40 % en Inde. Pour trop de femmes, y compris dans les pays développés, le foyer est un lieu de terreur. Aux États-Unis, dans de nombreux États, les prisonnières enceintes sont même enchaînées et leurs chaînes maintenues lors de l'accouchement !

Les mutilations sexuelles féminines ont souvent pour prétexte la religion, comme pour ce groupe de jeunes villageoises africaines, réunies pour une véritable cérémonie.

Construction d'une route au Vietnam : les femmes cassent les cailloux, et les hommes surveillent !

Mutilations sexuelles

Les mutilations sexuelles féminines sont répandues dans de nombreux pays d'Afrique du Nord-Est. Ces pratiques barbares traditionnelles sont réalisées au nom d'arguments religieux : celles qui ne se soumettent pas à ce rite sont mises à l'écart. Pourtant, ces pratiques ont des conséquences catastrophiques pour les femmes : hémorragies, accouchements difficiles et même danger de mort.

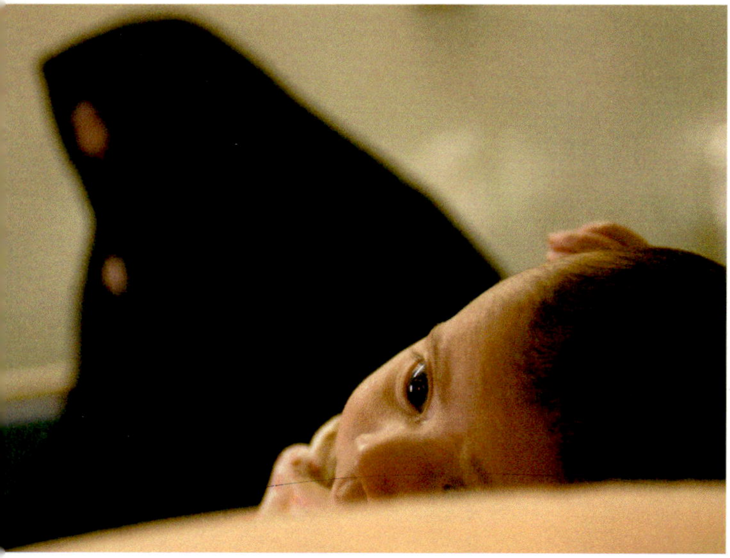

Fléaux sanitaires

Le fléau des maladies infectieuses et parasitaires a régressé dans le monde entier. Pourtant, chaque année, des êtres humains disparaissent à cause de gastro-entérites infectieuses, du paludisme ou du sida.

Enfant irakien souffrant de dysenterie.

Une amélioration très nette

Un enfant qui naît aujourd'hui dans un pays en développement a une espérance de vie moyenne de 62 ans, alors que celle-ci atteignait à peine 46 ans il y a un demi-siècle. Mais cette vision moyenne cache des évolutions très diverses : c'est ainsi que la mortalité infantile au cours des 40 dernières années, a été divisée par 4 en Asie de l'Est, par 3 en Amérique latine et Asie du Sud-Est, par 1,2 seulement en Afrique subsaharienne.

Fléau de la diarrhée

Selon l'Organisation mondiale de la santé (OMS), des millions d'adultes et d'enfants meurent chaque année en raison de la pollution de l'eau, et de l'environnement. Le manque d'hygiène, et en particulier la pollution de l'eau provoque la diarrhée (ou gastro-entérite infectieuse) qui entraîne 20 millions de morts par an. La quasi-totalité du monde rural tropical ou subtropical boit de l'eau insalubre, vit en état de diarrhée chronique et a bien peu d'accès aux soins.

Bactéries et parasites

Les bactéries et les parasites se sont habitués aux traitements destinés à les éliminer ; c'est ainsi que le parasite responsable du paludisme est devenu résistant à la chloroquine. Voilà pourquoi on observe la réémergence de maladies infectieuses que l'on croyait disparues.

Recherche de larves d'anophèles dans un bassin domestique au Sahara algérien.

Le paludisme

Le paludisme est la maladie la plus ancienne et la moins bien contrôlée de la zone intertropicale. L'agent de la maladie est un parasite microscopique du genre *Plasmodium*, transmis par un moustique, l'anophèle. La maladie se manifeste par de violents accès de fièvre accompagnés de frissons intenses, se reproduisant tous les 3 ou 4 jours. On compte dans le monde 400 millions d'accès de fièvre par an. La forme la plus grave, due à *Plasmodium falciparum*, provoque 2 millions de morts chaque année, principalement chez les enfants d'Afrique.

L'agent de propagation du paludisme est l'anophèle.

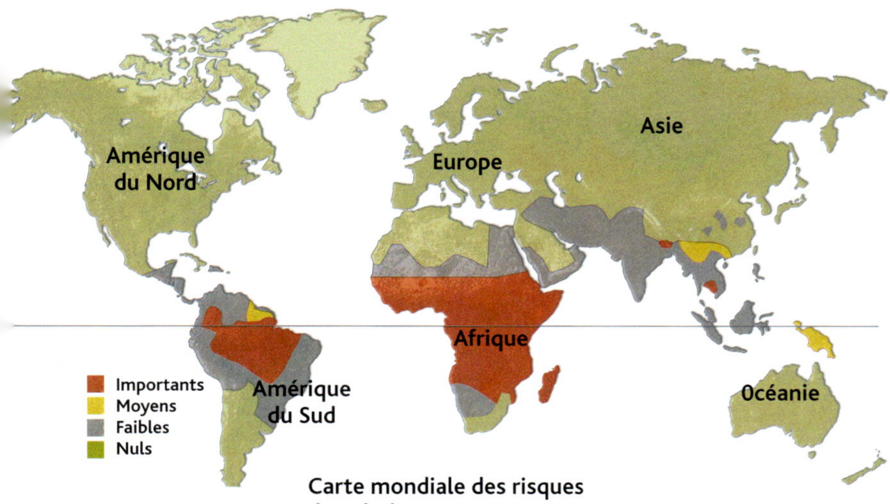

Carte mondiale des risques de paludisme.

Médicaments génériques

Pour améliorer l'accès aux médicaments des pays en développement, un accord a été signé à Doha fin 2001. Il prévoit qu'en cas d'urgence sanitaire, il leur est possible de fabriquer des médicaments génériques, copies des médicaments de l'industrie pharmaceutique protégés par des brevets. Malheureusement, les États-Unis bloquent ce compromis depuis décembre 2002, en le réduisant à trois maladies : sida, tuberculose et paludisme.

L'épidémie de sida

L'épidémie mondiale de sida concerne 40 millions de personnes et en tue 3 millions par an. Les premiers cas de la maladie ont été décrits en 1979, le virus a été isolé en 1983 (VIH, virus de l'immunodéficience humaine). La contamination se fait par relation sexuelle ou transmission sanguine. L'épidémie reste galopante en Afrique subsaharienne et s'aggrave en Asie : les programmes de prévention sont dramatiquement insuffisants, tandis que la distribution très imparfaite de médicaments antirétroviraux ne permet pas le blocage de l'épidémie.

Détail d'un mur peint commandé par le ministère de la Santé d'Afrique du Sud pour sa campagne contre le sida. Le slogan est « *Let's combat AIDS together* », soit « Ensemble, combattons le sida ».

Les plantes qui soignent

Depuis la nuit des temps, les plantes médicinales sont à la base de toutes les médecines. Les médicaments modernes sont souvent préparés à partir de leurs principes actifs. Ce sont encore aujourd'hui les seuls remèdes utilisés dans beaucoup de pays pauvres.

Au marché de la grande mosquée de Delhi (Inde), un médecin traditionnel fait de la publicité pour ses graines et plantes qui soignent.

Du saule à l'aspirine

Depuis 500 ans avant notre ère, les Chinois, les Grecs ou les Amérindiens utilisent l'écorce de saule pour faire baisser la fièvre et calmer la douleur. En 1829, un pharmacien français, Leroux, isole la substance active de l'écorce de saule et la nomme salicine. On découvre alors que l'organisme transforme la salicine en acide salicylique, qui a pour propriété de faire tomber la fièvre et de calmer la douleur. En 1893, la firme Bayer réalise la synthèse de l'acide acétylsalicylique (ou aspirine) qui démode l'utilisation de l'écorce de saule et devient un des médicaments les plus vendus au monde.

Renaissance

L'acide acétylsalicylique agit contre la fièvre plus rapidement mais moins longtemps que l'écorce de saule ; de plus, il provoque une irritation de l'estomac et empêche le sang de coaguler. Pour éviter ces inconvénients, on réutilise aujourd'hui l'écorce de saule en pédiatrie pour abaisser la fièvre, en association avec des plantes qui favorisent la sudation.

Fruits et feuilles du rauwolfia.

Quinquina et quinine

Depuis des millénaires, les Amérindiens utilisent une infusion d'écorce de quinquina jaune pour lutter contre le paludisme. Lors de la conquête du Pérou, les Espagnols découvrent l'efficacité de ce remède. La légende affirme même que l'épouse du vice-roi du Pérou, la comtesse de Chinchon, fut guérie en 1639 de la maladie au moyen de ce remède. La réputation de la poudre d'écorce de quinquina se répandit ensuite en Europe, où elle guérit de la fièvre Louis XIV enfant. En 1820, les pharmaciens français Pelletier et Caventou isolent le principe actif de l'écorce de quinquina, la quinine. Ce médicament, un des meilleurs contre le paludisme, est obtenu aujourd'hui par synthèse chimique.

Feuilles et fleurs du quinquina.

Rythme cardiaque

L'écorce de quinquina contient aussi de la quinidine, substance amère qui a la capacité de diminuer la fièvre et de régulariser le rythme cardiaque. La quinidine permet de traiter les palpitations et les tachycardies, en association avec des sédatifs chimiques ou naturels, comme l'aubépine ou la valériane.

Le rauwolfia

Ce petit arbuste originaire des Indes, assez analogue à un laurier-rose, a des racines que l'on utilise depuis des siècles aussi bien contre les morsures de serpents que pour faire dormir les enfants et soigner la folie. En 1952, des chimistes suisses décrivent un nouveau calmant extrait du *Rauwolfia serpentina* : la réserpine. Cette substance est utilisée aujourd'hui dans des traitements contre l'hypertension et en psychiatrie.

De nombreux médicaments actuels sont fabriqués à partir de principes actifs tirés de plantes médicinales.

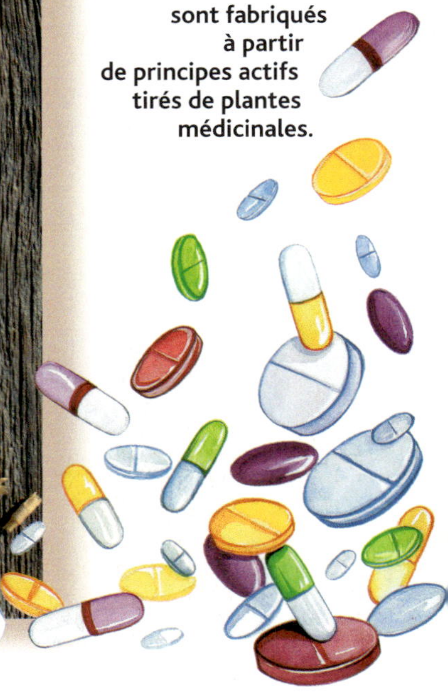

Institutions internationales

Après la Seconde Guerre mondiale, tous les pays ont jugé nécessaire d'organiser le monde pour le maintenir en paix. C'est le rôle assigné à l'ONU (Organisation des Nations unies) et aux multiples institutions internationales.

L'ONU et les multiples organisations internationales qui lui sont affiliées ont la lourde tâche d'organiser le monde pour le maintenir en paix.

Un système complexe

L'assemblée générale de l'ONU discute de toute question relative à la paix. Chaque État membre dispose d'une voix, quelle que soit sa taille ou son poids économique. Mais le rôle de l'assemblée n'est que consultatif. L'institution la plus puissante de l'ONU est le Conseil de sécurité, qui a pour rôle de maintenir la paix et peut utiliser la force. Il dispose de 5 membres permanents (États-Unis, Chine, France, Royaume-Uni et Russie) et de 10 membres élus pour 2 ans par l'assemblée générale.

ONU : Organisation des Nations unies
FMI : Fonds monétaire international
OMC : Organisation mondiale du commerce
OIT : Organisation internationale du travail

Casques bleus des Nations unies en Bosnie.

L'ONU en crise

En 2003, et pour la première fois depuis 1945, les États-Unis ont bafoué l'avis de la majorité des membres du Conseil de sécurité en déclenchant la guerre d'Irak. Cette application du « droit du plus fort » est lourde de menaces pour l'avenir du droit international. C'est pourquoi Kofi Annan, secrétaire général de l'ONU, a estimé que le Conseil de sécurité devrait être rendu plus représentatif, pour que ses décisions apparaissent plus légitimes et soient désormais respectées.

La Banque mondiale et le FMI

Le Fonds monétaire international (FMI) et la Banque mondiale ont pour vocation de conseiller les États financièrement fragiles et de leur accorder des prêts. Au début des années 1990, le FMI a encouragé les pays en voie de développement à abaisser leurs barrières douanières, ce qui a provoqué de nombreuses crises, des pays fragiles se trouvant ainsi fortement déstabilisés.

L'organisation du commerce mondial

L'Organisation mondiale du commerce (OMC) a été créée pour résoudre les conflits commerciaux entre les États. Cette véritable institution cumule les pouvoirs : elle décide de ce que doit être le commerce international, en rédige les lois, et les fait appliquer. Elle dispose d'un tribunal pour juger des entraves au commerce qu'elle estime injustifiées. L'OMC possède donc des pouvoirs exorbitants et peut décider de punir les États qui ne respectent pas ses décisions en leur imposant d'énormes amendes.

Le monde du travail

L'Organisation internationale du travail (OIT) réunit les représentants des gouvernements, des employeurs et des travailleurs, pour recommander des normes internationales sur la législation du travail, de manière à ce que les travailleurs soient correctement payés et protégés. Malheureusement, pour attirer les entreprises et les inciter à s'installer sur leur sol, de nombreux pays mettent en avant leurs faibles salaires et leurs lois sociales peu développées. Cela ne facilite pas le travail de l'OIT pour une meilleure protection et des salaires plus élevés.

Grand auditorium de l'immeuble de l'ONU à New York.

OMC ET ENVIRONNEMENT

Les règles de l'OMC sont établies pour faciliter le commerce, et ont de ce fait des effets négatifs sur l'environnement : c'est ainsi que les pays qui pêchent le thon avec des filets dérivants (qui causent la mort des dauphins) ont gagné leur procès contre le décret américain qui refusait l'importation des thons pêchés selon cette technique ! La menace de sanctions de l'OMC peut donc être un frein à l'adoption de lois sur l'environnement.

La dette des pays du Sud

De nombreux pays du Sud ont contracté des dettes importantes auprès des prêteurs internationaux. Le poids de cette dette a des effets catastrophiques sur l'environnement.

Marche de protestation contre le FMI, accusé par les manifestants de provoquer la mort des pays pauvres et endettés, du fait des conditions très rigoureuses imposées pour le remboursement.

Ordre de grandeur

La dette des pays riches s'élève au total à 45 000 milliards de $. Celle des pays pauvres à 2 500 milliards de $, soit dix fois moins environ. L'annulation complète de la dette des pays pauvres ne représenterait donc qu'une goutte d'eau dans les finances mondiales, et ne ferait courir aucun risque au système financier global.

La politique du FMI

Le FMI est chargé de veiller sur la stabilité du système monétaire international. Le nombre de voix y est déterminé par le poids économique des participants, et les décisions sont donc toujours prises par les pays les plus riches. Les crédits donnés par le FMI sont accompagnés de conditions très rigoureuses exigeant que le pays emprunteur fasse tout pour que ses dépenses soient équilibrées par des recettes équivalentes : suppression des barrières douanières, réduction des salaires des fonctionnaires, diminution des dépenses publiques dans les secteurs de la santé, l'enseignement, l'aide sociale, privatisation des services publics, promotion des exportations.

Dette comparée des pays riches et pauvres.

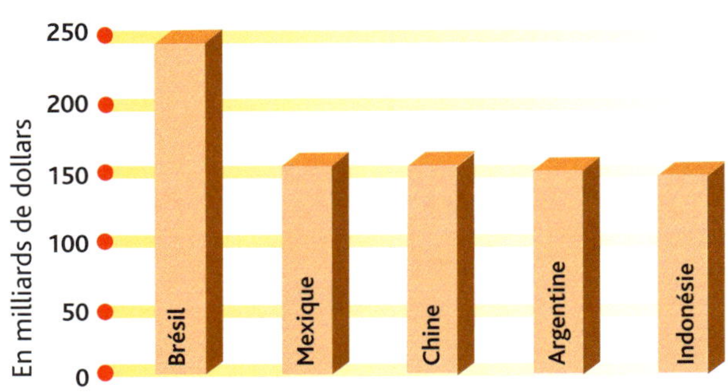

Les pays les plus endettés.

Des conséquences désastreuses

Le FMI, en imposant aux pays endettés de supprimer les droits de douane, rend les productions locales plus chères que beaucoup de produits importés. C'est le cas, en particulier, des produits agricoles des pays riches, qui sont vendus bien au-dessous de leur coût réel, car ils sont fortement subventionnés. De ce fait, le pays endetté est contraint d'acheter le même produit à l'étranger. À moins que, pour diminuer les prix des produits locaux, le gouvernement ne diminue les salaires des producteurs et n'abaisse les conditions de sécurité.

Les produits locaux vendus sur les petits marchés sont concurrencés par les produits importés et subventionnés, beaucoup moins chers.

EXORBITANT

Les taux de la dette changent et ne dépendent que des prêteurs, leur fournissant des revenus exorbitants : c'est ainsi que la Zambie a dépensé 150 millions de dollars de plus pour le service de sa dette que ce qu'elle a dépensé pour l'éducation en 2004 ! L'annulation d'une partie de la dette décidée par les pays riches en juin 2005 est donc une simple question d'équité.

Un pillage généralisé

Les pays qui ont une dette importante ont un besoin immédiat de devises. Or les seules ressources des pays du Sud sont les matières premières et les produits agricoles. Tous se retrouvent donc en concurrence sur les marchés mondiaux, ce qui entraîne un effondrement des prix. Le seul moyen de maintenir un revenu constant, c'est d'encourager les paysans à produire plus pour l'exportation en abandonnant leurs cultures vivrières et en défrichant les forêts. Les pays les plus endettés sont donc ceux où la déforestation est la plus importante. Ainsi la dette est-elle directement responsable d'une grande partie de la déforestation pratiquée dans les pays les plus pauvres.

Poche de déforestation à Madagascar.

Ouverture d'un grand restaurant McDonald's à Pékin (1990).

Des firmes mondiales

Le XXe siècle a été marqué par une énorme augmentation de la taille des firmes multinationales. Beaucoup d'entre elles sont aujourd'hui aussi puissantes que certains États.

Une expansion continue

Créées au cours du XXe siècle, les firmes comme Ford, General Motors, Coca-Cola, ou IBM s'agrandissent rapidement. Pour arriver à vendre à l'étranger, malgré les protections douanières de l'époque, elles créent des filiales à l'étranger. Dans les années 1980, ces contraintes douanières cessent. Les multinationales modifient aussitôt leur fonctionnement, en profitant de la faiblesse du coût des transports et des facilités de communication : elles deviennent alors « nomades » en choisissant leurs fabricants dans le monde entier. C'est ainsi que Carrefour, Benetton ou Nike font réaliser leurs produits par des fabricants extérieurs. Puis les firmes y apposent leur marque et les vendent dans tous les pays.

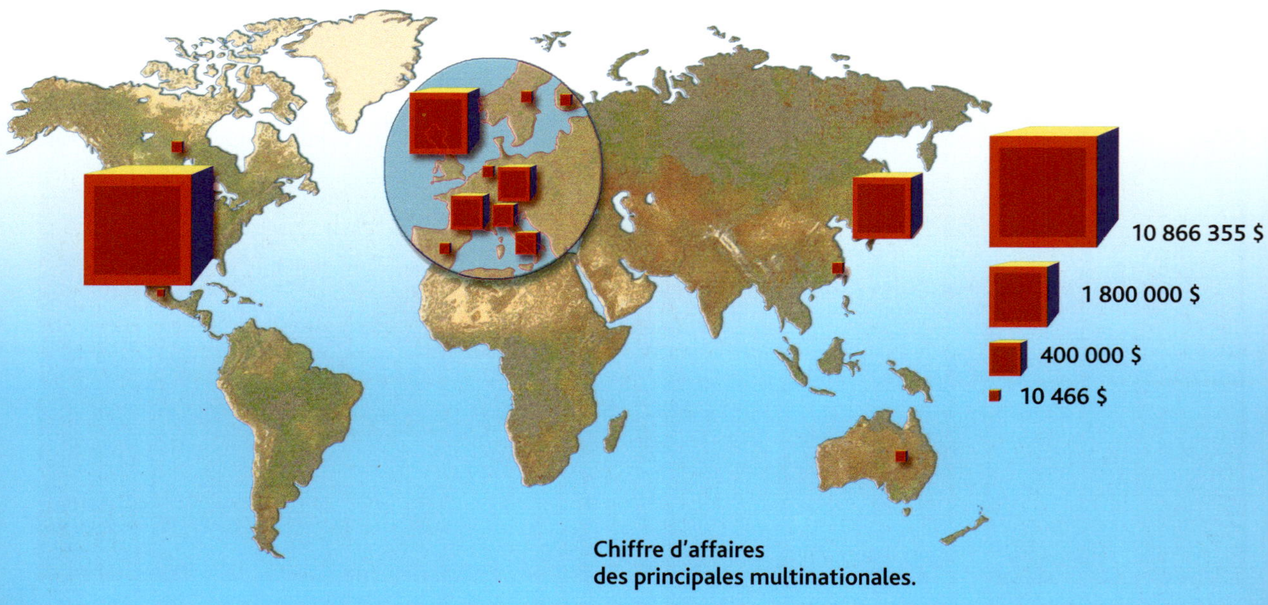

Chiffre d'affaires des principales multinationales.

Un poids économique énorme

Les multinationales ont globalement un poids très important : le chiffre d'affaires de General Motors est du même ordre que le produit intérieur brut (PIB) de l'Indonésie, celui de Toyota est comparable au PIB de l'Afrique du Sud, celui d'IBM au PIB du Portugal, etc. Les firmes sont si puissantes qu'elles peuvent choisir l'implantation de leurs nouvelles usines en faisant jouer la concurrence entre les États. Elles organisent ainsi librement le travail dans le monde, en choisissant de produire dans de nombreux pays émergents, mais en maintenant le pouvoir de décision et la maison-mère dans le pays développé d'origine.

Femme en costume traditionnel devant une publicité Coca-Cola, au Népal.

Une grande liberté

Comme elles sont simplement soumises aux lois des États où elles sont implantées, les multinationales choisissent souvent d'installer leurs chaînes de fabrication dans des pays où la main-d'œuvre est bon marché, mais aussi où les lois de protection des salariés ou de l'environnement sont peu développées. Cela leur permet de produire à meilleur marché.

Le pouvoir des consommateurs

Malgré leur puissance, les multinationales sont soumises au contre-pouvoir croissant des consommateurs. C'est ainsi que le film documentaire *The Big One* de Michael Moore a dénoncé les conditions de travail chez les fabricants de Nike, entraînant la réaction immédiate de la firme et la suppression du travail des enfants sur ses chaînes de fabrication d'Indonésie.

Marche contre l'exploitation des enfants par les multinationales, organisée par un collectif d'associations aux Philippines.

Affiche créée en 1918 pour promouvoir l'action de la Croix-Rouge.

Les ONG

La Croix-Rouge, première des organisations non gouvernementales (ONG), est apparue en 1864. Depuis cette date, les ONG se sont multipliées et renforcées. Elles sont aujourd'hui les partenaires des États, des institutions internationales et des firmes multinationales.

La Croix-Rouge

Le 24 juin 1859, une bataille meurtrière oppose à Solferino les troupes franco-piémontaises aux Autrichiens. Le Suisse Henri Dunant improvise des secours et soigne sans distinction les soldats des deux camps. En 1863, se crée un Comité international de secours aux militaires blessés (qui deviendra le Comité international de la Croix-Rouge ou CICR). En 1864, une conférence diplomatique adopte la « convention de Genève pour l'amélioration du sort des blessés en campagne » et l'emblème de la croix rouge sur fond blanc.

Montée en puissance

Les ONG sont aujourd'hui 50 000 environ. Elles représentent une puissance financière considérable : les plus riches, comme World Vision, Care ou Oxfam, disposent d'un budget annuel supérieur à 500 millions de dollars. D'abord créées et animées par des volontaires bénévoles, les ONG se sont professionnalisées afin d'assurer leur action partout dans le monde. Leur présence dans les divers médias et leur excellente connaissance du terrain les rendent irremplaçables.

ONG et ONU

Les ONG sont présentes à l'ONU depuis sa fondation en 1945. Leur influence s'est accrue à la suite de la famine africaine de 1984-1985 et de la Conférence mondiale sur les femmes de 1985. Elles ont depuis réussi à faire reconnaître leur rôle quasi officiel lors du Sommet de la planète Terre, en juin 1992, à Rio de Janeiro.

Charrette transportant des semences pour les distribuer aux villageois de la part de l'organisation Oxfam, au Cambodge.

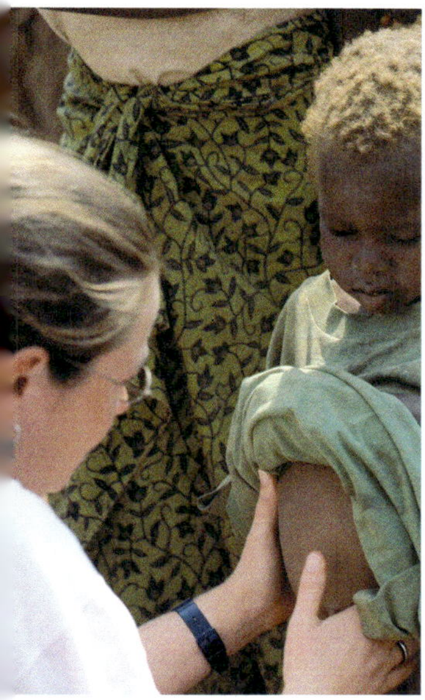

Un médecin examine un enfant malade.

De la santé à l'écologie

Médecins sans frontières est une association dont 2 500 membres (médecins, chirurgiens, infirmières…) partent en mission, pour aider médicalement les populations en danger. Greenpeace, la « multinationale verte », mène ses actions dans le domaine de l'environnement, en luttant pour la protection de la planète et son désarmement. Les manifestations de cette organisation sont à la fois spectaculaires et non violentes, évitant toute destruction ou toute atteinte aux personnes. Amnesty International œuvre pour les droits de l'homme et cherche à obtenir la libération de tous les prisonniers d'opinion de la planète. L'organisation milite contre la peine de mort, la torture et autres traitements dégradants.

Mobilisation générale

Le tsunami qui a frappé les côtes d'Asie le 26 décembre 2004, faisant des centaines de milliers de victimes, a entraîné une mobilisation sans précédent des ONG du monde entier. C'est ainsi que Médecins du monde, Médecins sans frontières et la Croix-Rouge ont pris en charge les soins de santé d'urgence, Care international a assuré la rémunération de journaliers déblayant les débris et la distribution de bateaux aux pêcheurs, Handicap International la prise en charge à long terme des handicapés, Frères des hommes et Emmaüs international la reconstruction, etc.

Des actions « phare »

Les ONG sont à la base de l'élaboration d'un droit international différent de celui qui aurait résulté d'un simple rapport de force entre États. On leur doit la Convention sur l'interdiction des mines antipersonnel (1999), la création de la Cour pénale internationale et l'adoption d'un accord sur la production et l'exportation de médicaments génériques par les pays du Sud.

Action de Greenpeace en mer de Behring.

Le village planétaire

Les États, organisations internationales, multinationales et ONG ne sont pas les seuls à agir sur l'évolution du monde : les mafias, les organisations terroristes, les acteurs sociaux, les syndicats, et les citoyens en réseaux influencent profondément le fonctionnement politique et économique de la planète.

Mouvements sociaux

Les forums sociaux de Porto Alegre ou Bombay ont permis de faire connaître au monde entier les mouvements sociaux internationaux. Ces lieux de rencontres et de réflexion, regroupant des travailleurs du monde entier, visent à lutter contre un monde jugé comme uniquement préoccupé par le commerce des biens matériels. Les participants rêvent de fonder un monde plus juste, où l'humain serait véritablement au centre des préoccupations politiques. Ces forums sont l'expression d'une tentative pour mieux maîtriser la mondialisation.

Des activités illégales

L'absence de règles financières concernant les mouvements de capitaux a permis à des activités illégales de se développer et de prendre une ampleur planétaire : la moitié des mouvements financiers mondiaux passe par les « paradis fiscaux », des pays où la surveillance des mouvements d'argent et de leur provenance est très réduite. Ce qui permet à de nombreuses organisations criminelles d'étendre leurs activités. La fraude fiscale des individus très riches ou des entreprises multinationales, mais aussi la corruption des hommes politiques sont aussi facilitées.

Syndicalisme mondial

Le mouvement syndical mondial encore balbutiant vise à jouer un rôle dans la mondialisation. La Confédération internationale des syndicats libres (CISL) rassemble 233 organisations issues de 152 pays et possède 150 millions d'adhérents. Les FSI (Fédérations syndicales internationales) regroupent ceux qui relèvent d'un même secteur d'activité. La CISL et les FSI tentent de développer des accords qui s'imposeraient à toute une branche d'activité au niveau mondial. C'est ainsi qu'un accord a été signé en juillet 2000 dans le domaine du transport maritime.

Les militants de Greenpeace se tiennent la main pendant une manifestation antinucléaire, lors du troisième Forum Social Mondial de Porto Alegre (Brésil), le 26 janvier 2003.

Les réseaux

De simples internautes, mais aussi des experts, des terroristes, etc. sont reliés par Internet et peuvent joindre leurs actions pour aboutir à des actions collectives mondialisées aux effets spectaculaires. C'est ainsi que les attentats du 11 septembre 2001 ont été coordonnés par courrier électronique, et que de nombreuses manifestations sont préparées puis diffusées sur Internet.

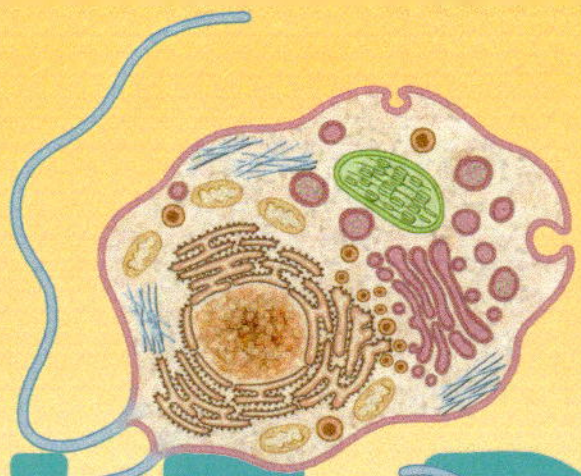
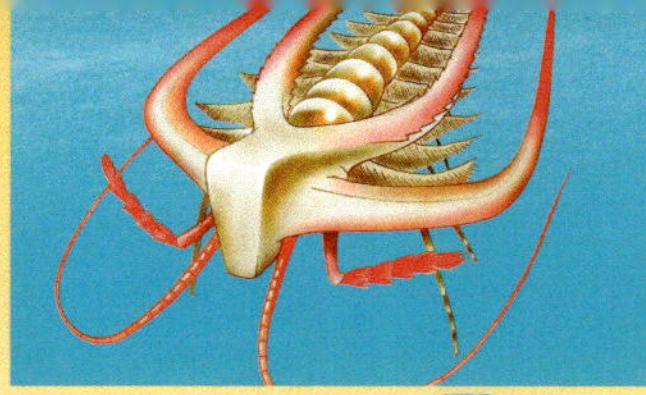
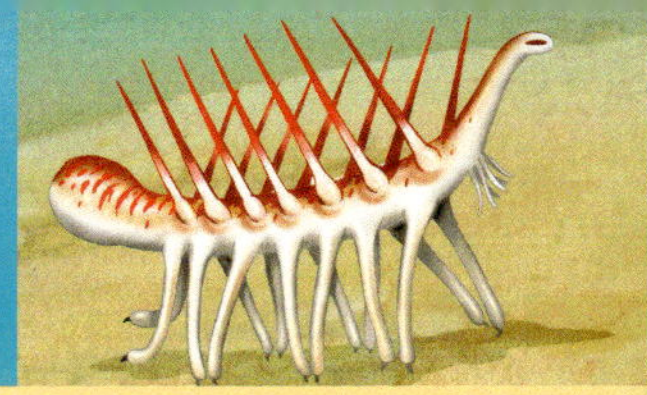
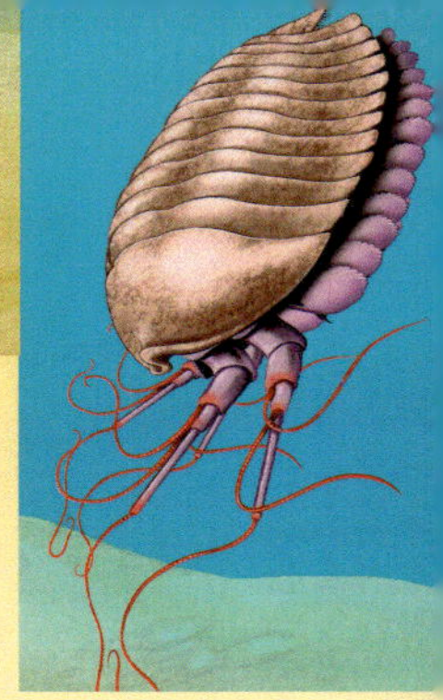

LE PASSÉ DE LA TERRE

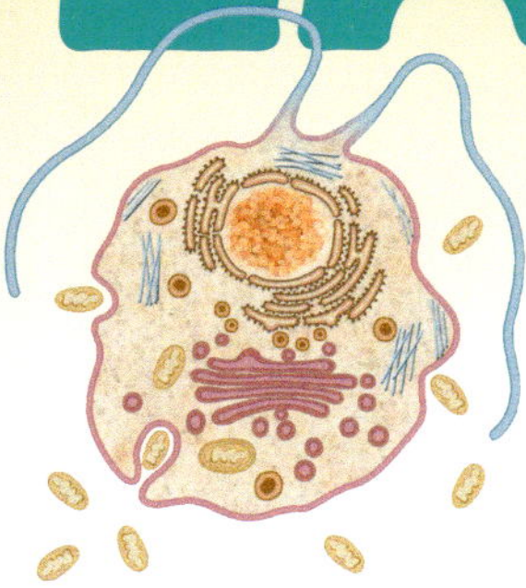

L'histoire longue et agitée de la Terre et de ses habitants montre que la vie ne s'est pas contentée de subir passivement les changements du milieu, qu'ils soient progressifs ou catastrophiques. Elle a très tôt modifié profondément la planète.

Le règne des bactéries

Les premières formes de vie apparues très tôt sur la Terre primitive (il y a 3,8 milliards d'années) sont des organismes microscopiques constitués d'une cellule sans noyau, les bactéries. Leur présence va profondément transformer la surface et l'atmosphère de la planète.

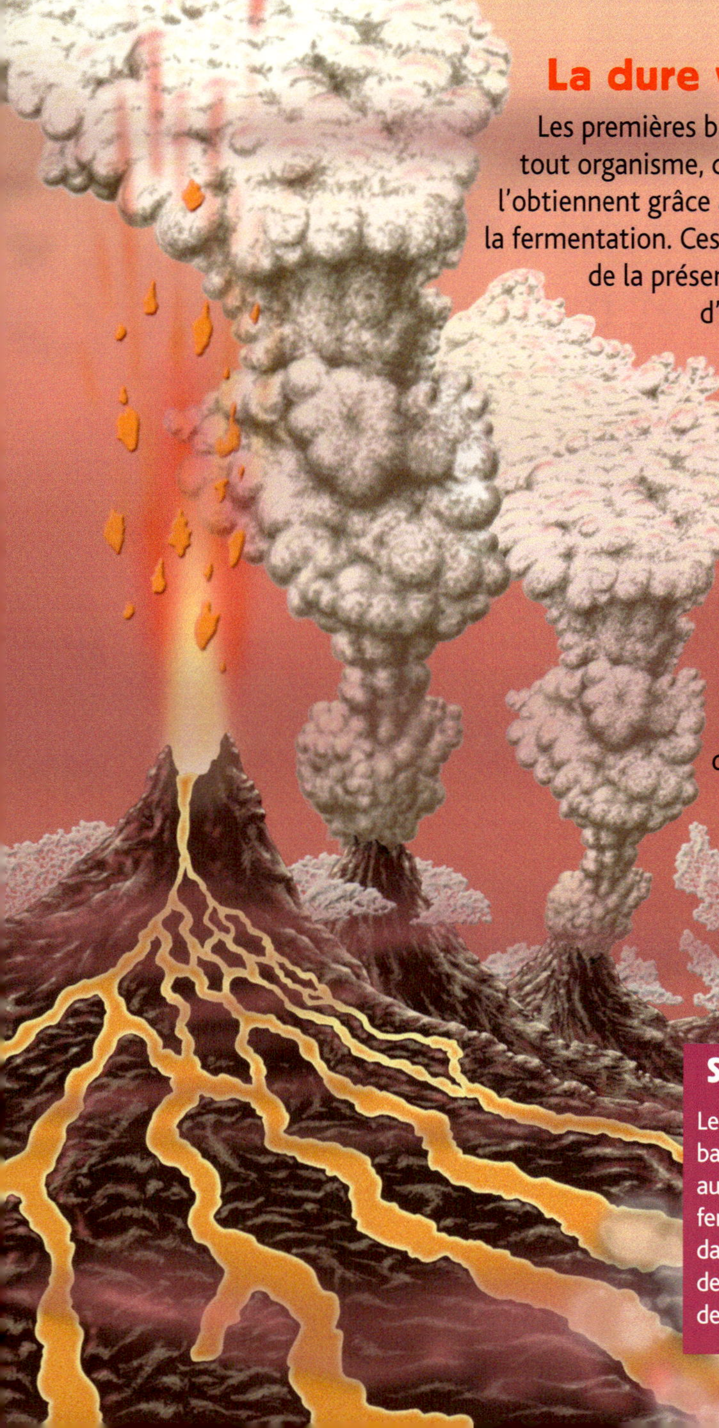

La dure vie des premières bactéries

Les premières bactéries apparues sur Terre ont besoin, comme tout organisme, d'énergie pour vivre et se reproduire. Elles l'obtiennent grâce à un procédé de décomposition des sucres : la fermentation. Ces bactéries sont donc dépendantes de la présence de glucose, de fructose, de cellulose ou d'amidon dans le milieu où elles se développent : si ces éléments viennent à disparaître, c'est la fin. D'autre part, le Soleil représente un danger mortel pour ces premiers occupants de la Terre. En effet, la lumière solaire a tendance à briser leur matériel héréditaire (ADN), qui conditionne leur reproduction. Seules survivent les bactéries qui restent dans l'eau ou la boue et échappent ainsi à l'exposition solaire. D'autres types de bactéries nommées méthanogènes produisent de grandes quantités de méthane et règnent sur les deux premiers milliards d'années de l'histoire de la vie.

Survivances

Les bactéries fermentatives, descendant des premières bactéries présentes sur Terre, subsistent encore aujourd'hui partout où des substances peuvent fermenter et où l'eau et l'oxygène sont rares : dans les marais, les boues des lacs, les trous d'eau de mer alimentés par la marée... et l'intestin des animaux.

Réalise une fermentation alcoolique

La fermentation alcoolique est connue des hommes depuis la nuit des temps.

- Un récipient
- 1 kg de raisin
- Une bougie

1 Écrase le raisin grossièrement, et laisse dans le liquide obtenu les peaux des grains, qui sont recouvertes d'une pellicule blanchâtre de micro-organismes (des levures).

2 Maintiens le récipient entre 20 et 30 °C. Au bout de 2 heures à température ambiante, un dégagement de bulles indique la formation d'un gaz qui éteint la bougie : le dioxyde de carbone. La fermentation a aussi pour effet d'élever la température et de transformer les sucres en alcool.

Bactéries sulfureuses

De nouvelles bactéries apparaissent ensuite, qui apprivoisent la lumière de différentes manières : en se glissant sous le sable qui absorbe les UV et laisse passer la lumière visible, ou bien en acquérant des pigments (sorte de bronzage qui les protège du Soleil), ou en développant des mécanismes de réparation de leur ADN endommagé. Ces bactéries sulfureuses utilisent la lumière du Soleil pour obtenir de l'énergie et du soufre à partir de l'hydrogène sulfuré, très abondant dans l'atmosphère ancienne de la Terre : c'est une forme de photosynthèse. Ces bactéries vont peu à peu épuiser tout l'hydrogène sulfuré disponible.

Le secret de l'éternité

Il y a 2,3 milliards d'années, apparaissent les premières cyanobactéries (ou algues bleues) qui réalisent leur photosynthèse avec une autre source d'hydrogène, quasi illimitée sur Terre : l'eau ! Cette photosynthèse « nouvelle » permet d'obtenir de l'oxygène, de la matière organique et de l'énergie à partir d'eau et de dioxyde de carbone. Les cyanobactéries se développent alors massivement dans tous les milieux et libèrent de l'oxygène en quantité très importante.

Paysage probable de la Terre il y a 2 milliards d'années : une brume rougeâtre, due à l'activité des bactéries méthanogènes, recouvre la terre et les océans.

La photosynthèse

Processus par lequel les bactéries ou les plantes vertes utilisent la lumière pour se développer et acquérir de l'énergie.

Les algues bleues et l'oxygène

La libération d'oxygène par les bactéries va modifier à jamais le devenir de la Terre et de ses occupants.

Des amas de cyanobactéries fabriquant des stromatolithes survivent sur quelques sites de la Terre, comme à Shark Bay, en Australie.

L'arrivée de l'oxygène

Les cyanobactéries (ou algues bleues) libèrent par photosynthèse de l'oxygène, produit très réactif et agressif. Pendant des dizaines de millions d'années, l'oxygène rejeté par les cyanobactéries se combine rapidement aux gaz de l'atmosphère comme l'hydrogène ou avec des composants métalliques comme le fer : la Terre se met alors à « rouiller ». Mais lorsque toutes les substances pouvant réagir avec l'oxygène sont épuisées, celui-ci s'accumule dans l'atmosphère.

STROMATOLITHES
Les stromatolithes (du grec *stroma* : tapis, et *lithos* : pierre) sont des constructions calcaires formées par des cyanobactéries dans les eaux marines chaudes.

Un bouleversement planétaire

Il y a 2 milliards d'années, la teneur de l'atmosphère en oxygène commence à monter : elle passe de 0,000 01 % (quantité négligeable) à 21 % ! Cette augmentation progressive constitue la plus grande crise de l'environnement qu'ait jamais connue la Terre : de nombreuses espèces de bactéries meurent. En effet, exposés à la lumière et à l'oxygène, les organismes inadaptés sont détruits.

Lorsque l'oxygène est apparu sur Terre, il a réagi avec le fer, formant des oxydes de fer responsables de la couleur rouge de certains sols.

La réaction du vivant

Pour survivre, la seule réaction possible des communautés bactériennes (et elle s'observe encore actuellement en cas de stress) est d'augmenter la « sexualité » entre individus : les échanges de gènes fournissent des possibilités plus grandes d'adaptation à un nouvel environnement. De nouvelles bactéries résistantes à l'oxygène apparaissent alors et se multiplient, remplaçant celles qui ne le supportent pas.

« Sexualité » des bactéries

Les bactéries échangent entre elles des matériaux génétiques nommés plasmides, qui leur permettent de s'adapter aux variations de leur environnement. C'est ainsi qu'une bactérie résistante à un antibiotique peut transmettre cette capacité à une autre qui en était dépourvue.

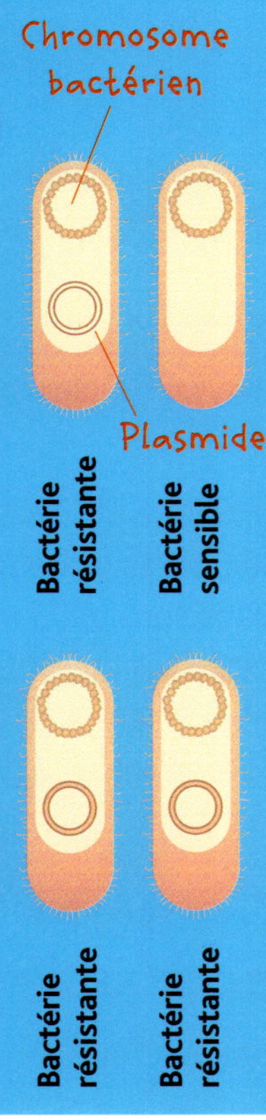

L'invention de la respiration

Certaines cyanobactéries mutantes inventent alors la respiration. C'est un moyen ingénieux pour canaliser la très forte instabilité de l'oxygène et en tirer beaucoup d'énergie. En effet, la fermentation aboutit, à partir d'une molécule de sucre décomposée, à deux molécules d'énergie appelées ATP (adénosine triphosphate). À partir de la décomposition de ce même sucre, la respiration permet d'obtenir 36 molécules d'ATP ! La communauté des cyanobactéries dispose d'une part de la photosynthèse qui produit de l'oxygène, d'autre part de la respiration qui en consomme !

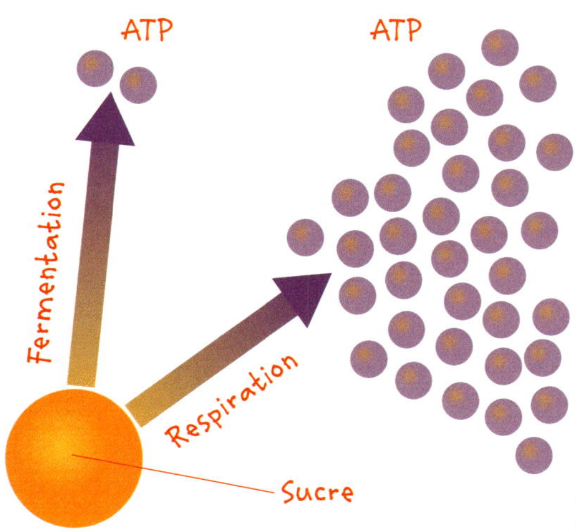

Comparaison de la production de molécules d'énergie par fermentation et par respiration.

Le bouclier d'ozone

Lorsque la quantité d'oxygène dans l'atmosphère a été suffisante, un bouclier d'ozone O_3 s'est formé par action du Soleil sur l'oxygène stratosphérique ; ce bouclier protège la Terre des ultraviolets.
Cette protection permettra, bien plus tard, aux plantes puis aux animaux de sortir de l'eau et de rejoindre la terre ferme.

Courbe de la concentration en oxygène de l'atmosphère terrestre.

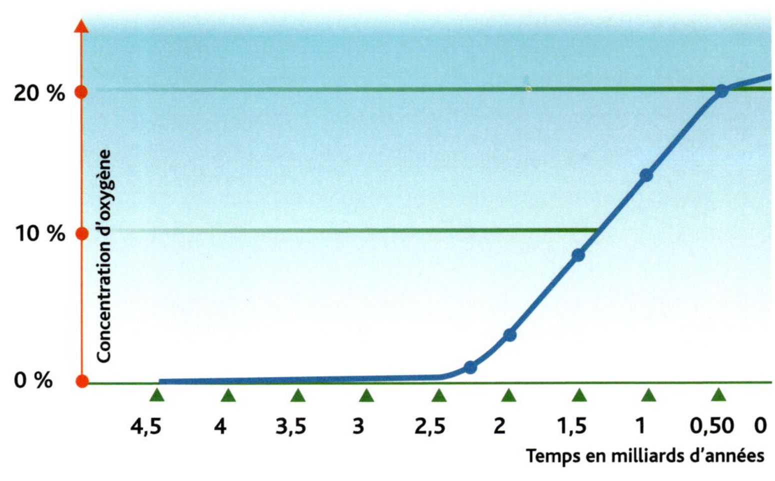

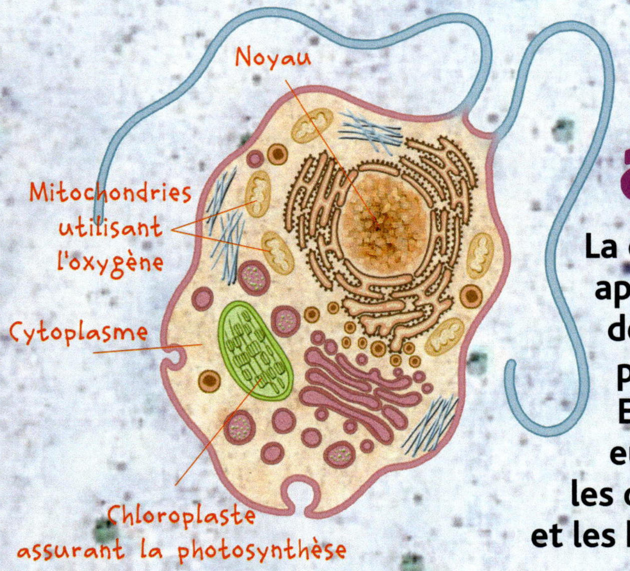

La cellule à noyau

La cellule à noyau (ou cellule eucaryote) apparaît lorsque plusieurs bactéries ayant des aptitudes différentes s'associent pour le plus grand bénéfice de toutes. Et ce sont des milliards de cellules eucaryotes assemblées qui composent les organismes végétaux, animaux et les hommes.

Cellule à noyau d'une algue verte. Les cellules à noyau sont au moins 10 fois plus grosses et beaucoup plus complexes que les cellules sans noyau.

La cellule, avec ou sans noyau ?

La cellule procaryote (sans noyau, comme les bactéries) contient un chromosome circulaire qui baigne dans un liquide, le cytoplasme. La cellule eucaryote comporte plusieurs chromosomes abrités dans un noyau. Dans son cytoplasme se trouvent des mitochondries : petits organites qui utilisent l'oxygène ; dans les cellules végétales, on note en plus la présence des chloroplastes où s'effectue la photosynthèse.

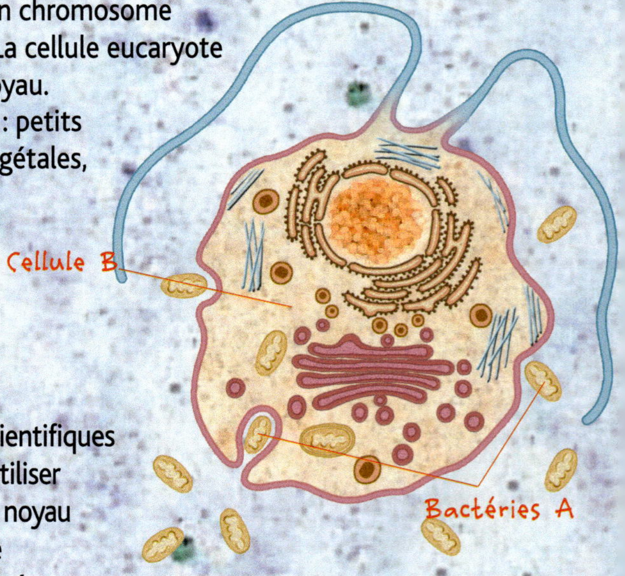

Agression d'une grosse cellule incapable d'utiliser l'oxygène (B) par plusieurs bactéries qui savent le faire (A). Cette « agression » finit par se transformer en collaboration : les bactéries A qui ont pénétré dans B deviennent des mitochondries qui protègent B de l'oxygène, tandis que la cellule B nourrit toutes les mitochondries de ses déchets.

Coopérer pour utiliser l'oxygène

Pour expliquer l'évolution des cellules eucaryotes, les scientifiques proposent le scénario suivant : une bactérie A, qui sait utiliser l'oxygène, s'attaque à une cellule B qui possède déjà un noyau mais ne sait pas utiliser l'oxygène. La bactérie A pénètre à l'intérieur de B pour profiter d'un milieu riche et protégé. Mais si l'agression est trop forte, B meurt, entraînant A avec elle, et tout le monde disparaît ! Au cours du temps, les seules bactéries « agresseurs » qui réussissent à survivre sont les moins « virulentes », c'est-à-dire celles qui coopèrent avec les cellules envahies (on parle alors de relation symbiotique, ou d'échange mutuel). Ainsi, l'« agresseur » A qui se trouve à l'intérieur de la cellule B utilise l'oxygène et en tire de l'énergie : il empêche donc l'oxygène de détruire B et lui fournit de l'énergie. En échange, la cellule B, bien protégée, nourrit A de ses déchets. C'est cette collaboration entre les deux ennemis d'hier qui donne finalement naissance à la cellule à noyau : les anciens agresseurs de la cellule sont devenus des mitochondries, à la fois inoffensives et indispensables.

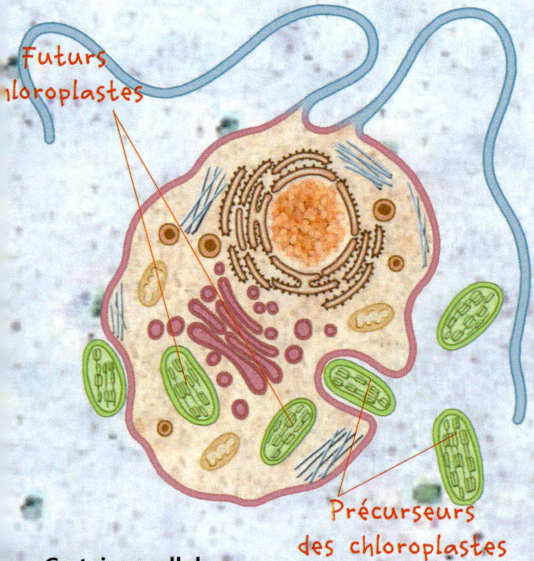

Certaines cellules à noyau ont absorbé des bactéries capables de réaliser la photosynthèse sans les détruire : ces bactéries, devenues les chloroplastes, ont permis à ce nouvel ensemble d'utiliser la lumière solaire pour fabriquer de la matière organique : la cellule végétale était née.

Les cellules végétales

À peu près 100 millions d'années après la formation des premières cellules à noyau, certaines d'entre elles absorbent des bactéries réalisant la photosynthèse. Mais ces bactéries résistent à la digestion et leurs pigments (qui captent la lumière) restent actifs, établissant un nouvel équilibre à bénéfices mutuels. Ces bactéries sont devenues les chloroplastes, présents dans toutes les cellules végétales, et qui leur permettent d'effectuer la photosynthèse.

Organismes de grande taille

La nouvelle cellule à noyau a contribué à la naissance de multiples organismes formés d'un très grand nombre de cellules : les animaux, les végétaux et les champignons. Les cellules végétales sont extrêmement importantes pour l'équilibre du vivant. En effet, les chloroplastes qu'elles renferment fournissent à la biosphère nourriture et oxygène grâce à la réalisation de la photosynthèse. Si tous les mammifères mouraient en un instant, les autres organismes (insectes, oiseaux...) continueraient de fertiliser les plantes. En revanche, si les plantes disparaissaient brusquement, la production de nourriture sur la planète s'arrêterait et tous les animaux, y compris les mammifères, en mourraient certainement.

Fermier russe se relaxant, allongé dans une meule de foin. Le fermier, la vache et l'herbe sont tous formés de l'assemblage de milliards de cellules à noyau.

L'explosion cambrienne

Longtemps formée d'organismes à une seule cellule, la vie devient pluricellulaire et explose en formes et plans d'organisation très variés au cours du cambrien : de – 550 à – 505 millions d'années.

***Anomalocaris*, la terreur des mers du cambrien, peut atteindre 1 m. Il est doté d'une bouche circulaire et de deux appendices destinés à agripper ses proies et à les diriger vers sa bouche.**

La faune d'Ediacara

Les tout premiers animaux dont on retrouve la trace, fossilisés, sont appelés les animaux d'Ediacara. Leur apparition a lieu peu après la dernière glaciation globale, à la fin du précambrien (entre – 700 et – 570 millions d'années). Ce sont des animaux plats et mous (sans squelette). Alors que la Terre se réchauffe, la nourriture en eaux peu profondes est rare. Dans ces conditions, les relations symbiotiques sont très répandues : par exemple l'animal abrite dans ses tissus une algue photosynthétique et la protège, tandis que celle-ci libère des substances nutritives (issues de la photosynthèse) pour son hôte. Pour une efficacité maximale de cette symbiose, il faut que l'animal expose une grande surface de son corps au soleil : plus il est plat, et mieux c'est !

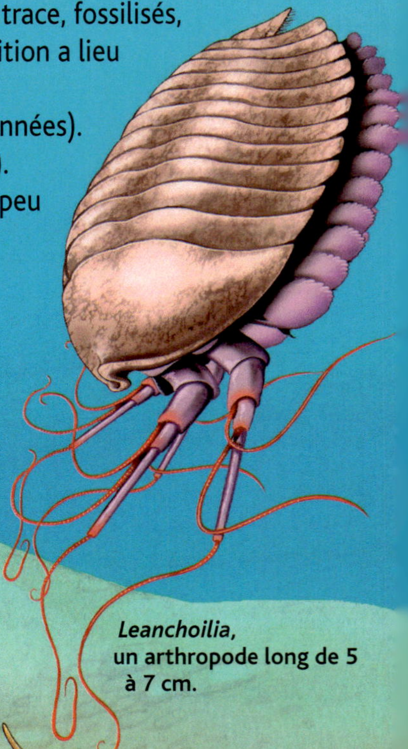

***Leanchoilia*, un arthropode long de 5 à 7 cm.**

L'apparition du squelette

Au début du cambrien, il y a 550 millions d'années, la composition chimique des océans change et la nourriture marine devient importante. La concentration en calcium et en phosphore augmente considérablement dans l'eau. Le calcium pouvant être toxique pour la cellule, celle-ci se met à le stocker à l'extérieur des parois cellulaires où il s'accumule. De cette manière, ces masses dures – initialement des déchets – sont utilisées comme soutien, points d'attache des muscles et donc comme squelette externe. On voit alors apparaître dans les fossiles une toute nouvelle gamme de pièces anatomiques : tubes, coquilles, piquants qui constituent les parties minéralisées de nouveaux animaux.

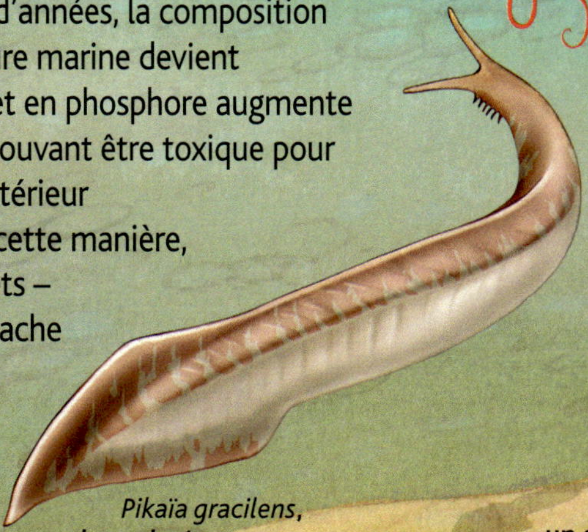

***Pikaïa gracilens*, long de 4 cm, l'ancêtre des cordés.**

***Dinomischus*, un animal de 1 cm porté sur une tige, et dont les orifices de la bouche et de l'anus sont situés au fond du calice.**

Le foisonnement de la vie

On trouve des animaux très variés, présentant des plans d'organisation très différents les uns des autres dans les archives fossiles. Tous les plans d'organisation anatomique des différents règnes actuels (bactéries, protistes, champignons, plantes et animaux) sont apparus au cambrien, et beaucoup d'animaux ayant des plans d'organisation très différents se sont éteints. Parmi ceux-ci, on trouve *Wiwaxia* : 3 mm à 5,5 cm de long, en forme de coquille de noix recouverte de plaques et de quelques piquants, ou *Hallucigenia*, un curieux animal possédant un tronc étroit pourvu de sept paires de pattes flexibles et surmonté de sept paires d'épines dorsales ! Cette abondance d'espèces peut s'expliquer en partie par le fait que l'espace écologique était alors quasiment vide : la Terre était à conquérir, et c'est le seul moment où autant de niches écologiques étaient disponibles.

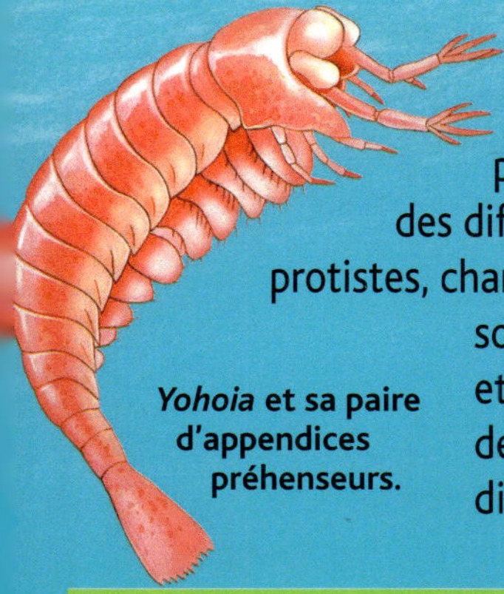

***Yohoia* et sa paire d'appendices préhenseurs.**

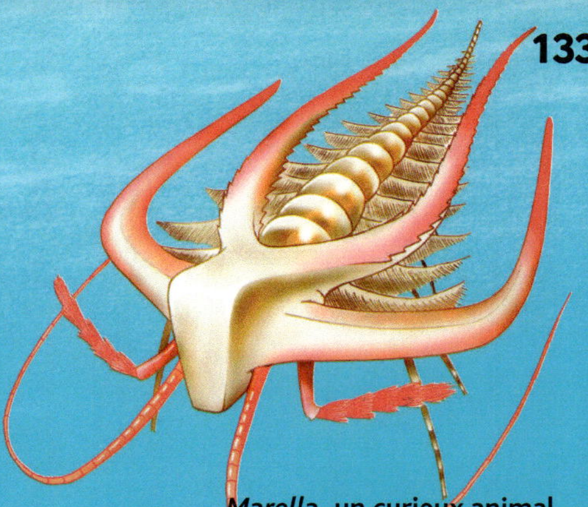

***Marella*, un curieux animal de 5 à 19 mm de long.**

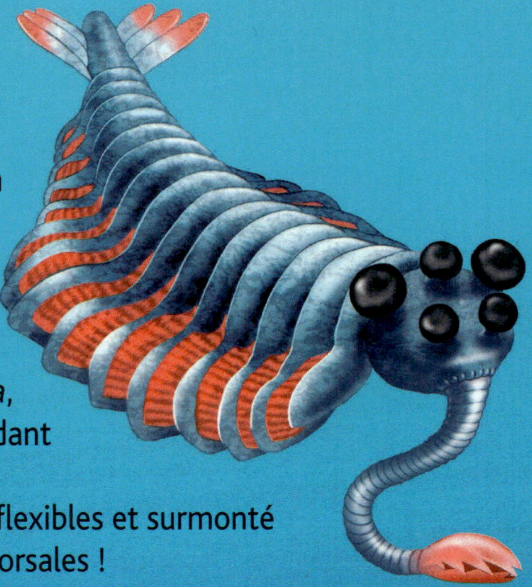

***Opabinia* est muni de 5 yeux et d'une trompe terminée par une pince.**

Et si cela s'était déroulé autrement

Durant l'explosion du cambrien, de nombreuses espèces n'ont pas survécu alors qu'elles étaient bien adaptées à leur milieu. Il y a donc certainement une part de hasard dans la survie d'une espèce. Par exemple, les mammifères n'ont pris leur essor – après avoir été 100 millions d'années sous la coupe des dinosaures – qu'en raison de l'élimination brutale de ces derniers et non parce que les mammifères étaient mieux adaptés. On peut donc penser que d'autres animaux auraient pu survivre après la fin du cambrien. Si cela avait été le cas, le monde n'aurait certainement pas le même visage aujourd'hui !

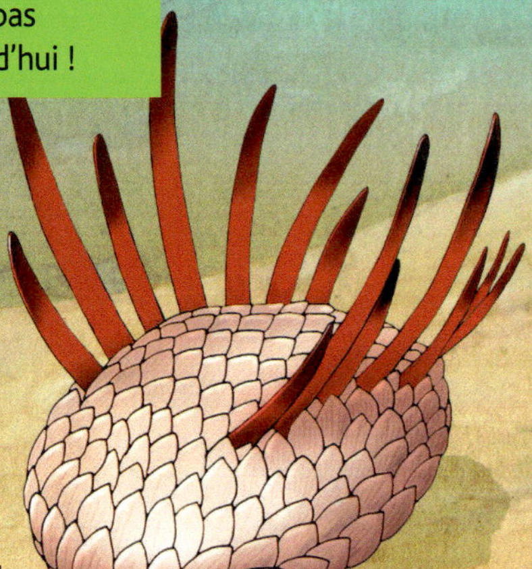

***Wiwaxia*, long de 3 mm à 5,5 cm, est couvert de sortes d'épines et rampait sans doute sur le sol marin.**

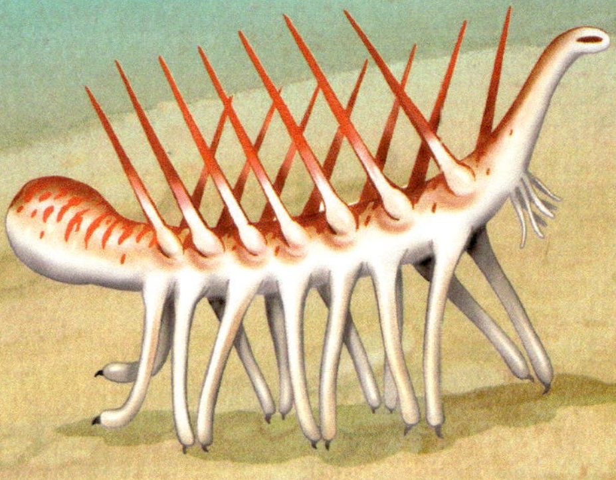

***Hallucigenia*, long de 5 mm à 3 cm, est un animal qui se déplace sur 7 paires de pattes flexibles et est protégé par 7 paires d'épines dorsales.**

Algue fixée sur un rocher périodiquement recouvert par la marée.

Les plantes

Avant la conquête de la terre ferme par les plantes, il nous est difficile d'imaginer la Terre telle qu'elle était alors : pas d'humus, pas de sol, et uniquement des roches nues !

Sortie de l'eau

Il y a 430 millions d'années, la couche d'ozone est assez dense pour protéger les êtres vivants de l'agression des UV. Cette période correspond à un assèchement global, la mer recule et, sur le littoral, les algues vertes vont se retrouver piégées dans des mares, des lagunes et vont survivre. La première plante véritable munie de vaisseaux apparaît il y a 420 millions d'années : c'est une plante dressée (contrairement aux algues vertes), de 5 cm de haut, terminée par une fourche à deux dents. C'est donc une tige qui ne comporte ni racines ni feuilles. La photosynthèse s'effectue à l'intérieur de celle-ci. Cette première plante se nomme *Cooksonia*.

DE TRÈS VIEILLES GRAINES

Certaines graines conservent leur capacité de vie durant de nombreuses années. On a retrouvé des graines de lotus qui ont germé après 1 000 ans d'attente ! On connaît même des graines de lupin vieilles de 10 000 ans qui ont réussi à germer !

La conquête de la terre

Les plantes développent ensuite des feuilles, ce qui augmente considérablement leur surface d'échange : la photosynthèse s'effectue donc de manière plus efficace à l'intérieur des feuilles. Les plantes multiplient également le nombre de vaisseaux présents dans la tige, permettant l'absorption d'une plus grande quantité d'eau. La compétition pour la lumière les pousse à grandir de plus en plus. La terre se couvre alors de végétation. Il y a 380 millions d'années apparaissent les vrais arbres : prêles, lycopodes et fougères géantes, tous aujourd'hui disparus.

Terre nue, il y a 500 millions d'années.

Première plante dressée, *Cooksonia* apparaît il y a 420 millions d'années.

Les conifères inventent la graine

Au permien (– 280 millions d'années), la Terre se refroidit énormément, et les écosystèmes sont pris dans les glaces. Les espèces adaptées à un climat chaud et humide comme les prêles ou les lycopodes disparaissent. Les conifères, eux, résistent grâce à la création de la graine. En effet, la graine est un ovule fécondé (un embryon) qui stoppe sa croissance et passe à un état de vie ralentie, le temps que les conditions deviennent favorables à sa germination. C'est probablement ce qui explique la domination de la Terre par les conifères durant toute cette période. De plus, ce sont les premiers arbres totalement indépendants du milieu aquatique pour leur reproduction : leur spermatozoïde (grain de pollen) n'est pas nageur.

Les plantes à fleurs

Il y a 100 millions d'années, lorsque les plantes à fleurs apparaissent dans les régions tropicales, le transport du pollen par le vent était la règle. Ces plantes vont développer un nouveau moyen de transport en utilisant les insectes. Elles produisent un nectar que les insectes récoltent ; au cours du repas, ils se frottent contre le pollen qui se fixe sur leurs poils. Chargé de pollen, l'insecte, en butinant d'autres fleurs, permettra leur fécondation. Autre particularité des plantes à fleurs : la dispersion de leurs graines. En effet, les graines de leurs fruits, consommés puis digérés par des insectes, des oiseaux ou autres animaux, sont dispersées sur de longues distances, contrairement aux graines des conifères qui tombent sur place, au pied de l'arbre.

Les premiers vrais arbres (prêles, lycopodes et fougères géantes) datent de 380 millions d'années.

Une forêt de conifères, les « inventeurs de la graine », il y a 280 millions d'années.

L'ère des poissons

Après la carapace et la coquille, l'évolution « invente » la colonne vertébrale chez les poissons. Beaucoup vont coloniser la mer, et d'autres partir à la conquête de la terre déjà occupée par les plantes.

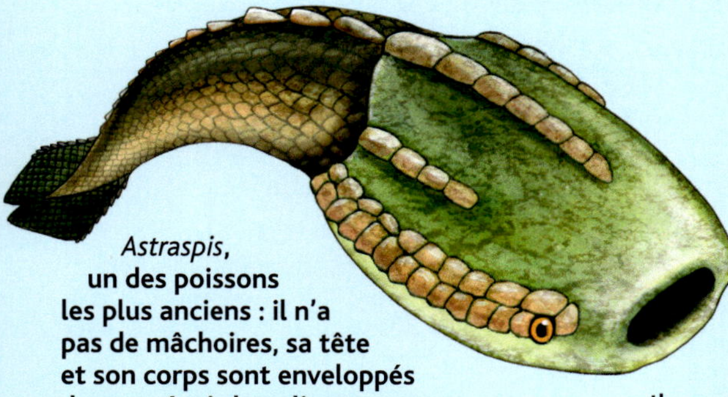

***Astraspis*, un des poissons les plus anciens : il n'a pas de mâchoires, sa tête et son corps sont enveloppés dans un épais bouclier osseux, et il nage grâce à des battements latéraux de sa queue.**

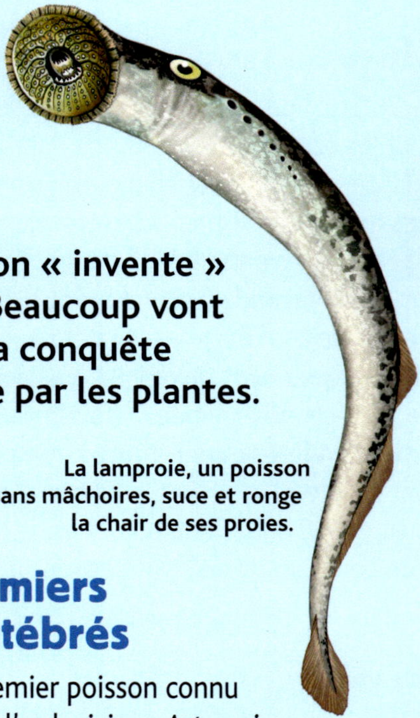

La lamproie, un poisson sans mâchoires, suce et ronge la chair de ses proies.

Premiers vertébrés

Le premier poisson connu date de l'ordovicien : *Astraspis*. Il mesure 10 cm de long et ne possède ni mâchoires (il est dit « agnathe ») ni nageoires ! Il est couvert de grandes plaques osseuses ovales sur le dos et sur le ventre qui le protègent des prédateurs. Il nage près du fond, se nourrit en aspirant l'eau et en retenant les particules alimentaires grâce à ses fentes branchiales. Les seuls représentants actuels des agnathes sont les lamproies et les myxines. Elles ont une bouche en ventouse et se nourrissent en s'attaquant au flanc des poissons (elles rongent leur chair).

Apparition de la mâchoire

Au dévonien, un groupe de poissons, les placodermes, développent des mâchoires à partir des arcs branchiaux. Ces arcs sont des structures osseuses constituées de deux parties articulées qui permettent d'ouvrir plus largement les fentes branchiales : le poisson peut capter plus d'eau et donc plus d'oxygène. C'est un de ces arcs qui migre vers l'avant et donne naissance à une mâchoire articulée. Cette importante innovation permet aux placodermes d'attraper et de maintenir leur proie tout en la consommant. Certains placodermes atteignent de grandes tailles (10 mètres) et sont certainement les prédateurs les plus redoutables du dévonien. Pourtant, aucun n'a survécu à cette période.

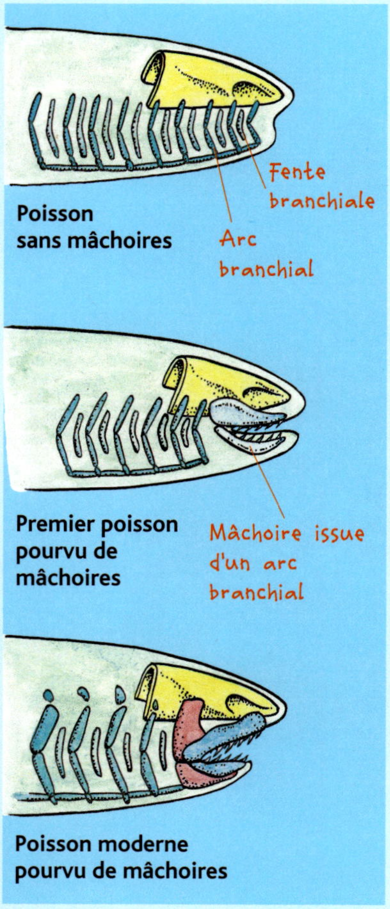

La mâchoire apparaît à partir d'une transformation des arches osseuses qui soutiennent la région des branchies.

Les poissons cartilagineux

Ils se développent au dévonien. Le squelette de ces poissons est constitué d'une substance ferme et flexible : le cartilage. Leur peau est dépourvue de carapace. De nouvelles nageoires apparaissent : une paire de nageoires pectorales et une paire de nageoires pelviennes qui contribuent à leur équilibre pendant la nage. Les poissons cartilagineux sont représentés par les requins, les raies et les chimères. La plupart sont des prédateurs, mais d'autres, comme le requin baleine, se nourrissent uniquement de plancton.

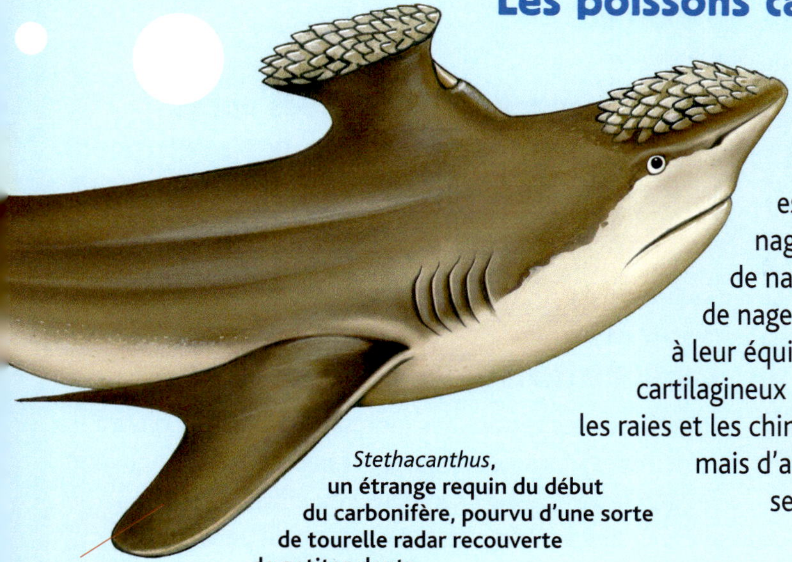

Stethacanthus, **un étrange requin du début du carbonifère, pourvu d'une sorte de tourelle radar recouverte de petites dents.**

Les poissons osseux

Les poissons osseux se sont différenciés en eau douce. En effet, en eau douce, l'oxygène est souvent peu abondant, et les premiers poissons osseux ont développé des poches ressemblant à des poumons pour compléter l'action des branchies et ainsi mieux respirer. Chez la plupart des poissons, cet organe, appelé « vessie natatoire », permet de maintenir la position et de déterminer la profondeur à laquelle ils se situent (en réglant la quantité de gaz présente dans la vessie), ce qui constitue un avantage. Les poissons osseux ont donc reconquis les mers et ont connu une extrême diversification : ce sont les poissons les plus nombreux (thon, sardine…).

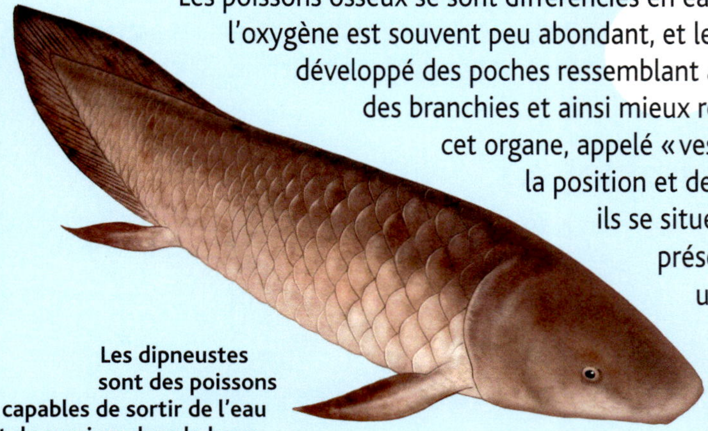

Les dipneustes sont des poissons capables de sortir de l'eau et de survivre dans la boue.

Des nageoires articulées

Certains poissons osseux – les dipneustes – sont capables de s'adapter à des conditions difficiles en sortant de l'eau : ils arrivent à survivre dans la boue pendant 3 ans ! Cependant, leurs nageoires non articulées ne peuvent leur permettre que des mouvements désordonnés lorsqu'ils se retrouvent à terre.

Les crossoptérygiens, eux, possèdent des nageoires articulées leur permettant de se mouvoir plus aisément et peut-être de s'ancrer au sol dans des eaux peu profondes.

Le cœlacanthe, un crossoptérygien, possède 4 nageoires articulées.

Sortir de l'eau

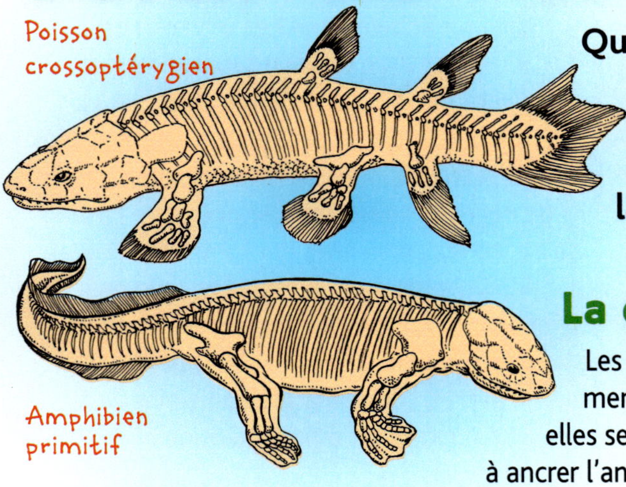

Des pattes issues des nageoires : un faible développement des nageoires articulées transforme un poisson crossoptérygien en amphibien primitif.

Quelques millions d'années après les plantes, les animaux s'aventurent hors de l'eau. Les amphibiens puis les reptiles vont investir la terre ferme.

La création des pattes

Les premiers tétrapodes (animaux possédant quatre membres) sont aquatiques. À quoi des pattes peuvent-elles servir dans l'eau ? On pense qu'elles servaient à ancrer l'animal dans une eau boueuse, en lui permettant de s'immobiliser pour guetter ses proies. Peut-être aussi les pattes ont-elles remplacé les nageoires anales et dorsales afin de garantir un meilleur équilibre dans l'eau. Ce n'est que quelques millions d'années plus tard que les pattes assureront la locomotion sur la terre ferme.

La sortie de l'eau des amphibiens

Pourquoi sortir de l'eau ? Pour trouver de nouvelles ressources – végétaux, petits insectes – et peut-être pour échapper aux prédateurs marins. Mais se retrouver sur terre n'est pas simple : il faut extraire l'oxygène de l'air, lutter contre le dessèchement et soutenir le poids du corps (le corps flotte dans l'eau). À la fin du dévonien, *Ichthyostega* est l'un des premiers tétrapodes à tenter cette aventure. Il mesure 1 mètre de long, possède des poumons et 7 doigts à chaque patte ! À partir de ce moment, les amphibiens se répandent largement sur terre, mais restent dépendants de l'eau pour leur reproduction : c'est dans l'eau que les œufs sont pondus et fécondés avant de se transformer en têtards qui ne rejoindront la terre qu'à l'âge adulte.

Un des premiers amphibiens, *Ichthyostega*, vivait au Groenland à la fin du dévonien. Il mesure 1 m de long, possède 4 membres, une tête séparée du corps par un cou et une queue en forme de nageoire.

L'œuf des reptiles

Au début du carbonifère, les reptiles apparaissent et « inventent » l'œuf. Cette création leur permettra de conquérir la terre, puisqu'ils n'auront plus besoin d'eau pour assurer leur reproduction. En effet, l'œuf est un système complet qui contient l'embryon, le sac vitellin et l'allantoïde. L'embryon puise sa nourriture dans le sac vitellin et rejette les déchets dans l'allantoïde. La coquille retient les liquides et laisse passer les gaz nécessaires à sa respiration. Ainsi les reptiles peuvent se reproduire à terre où ils pondent leurs œufs et le jeune reptile, à la sortie de l'œuf, est petit mais déjà formé comme un adulte : il n'a plus qu'à grandir.

Le *Dimetrodon* capte la chaleur du Soleil. grâce à son importante « voilure ».

SANG CHAUD, SANG FROID

La température interne des reptiles n'est pas constante comme celle des mammifères, mais varie en fonction de leur environnement. Quand il fait froid, ils sont engourdis et peu actifs ; leur dynamisme revient par temps chaud. Un reptile comme *Dimetrodon* (pesant 250 kg) a développé une « voilure ». On pense que cette grande surface de peau exposée au soleil lui permettait d'augmenter rapidement sa température interne. Il a été estimé que 3 heures suffisaient pour augmenter sa température de 5 °C, alors qu'il lui en aurait fallu 12 sans voilure !

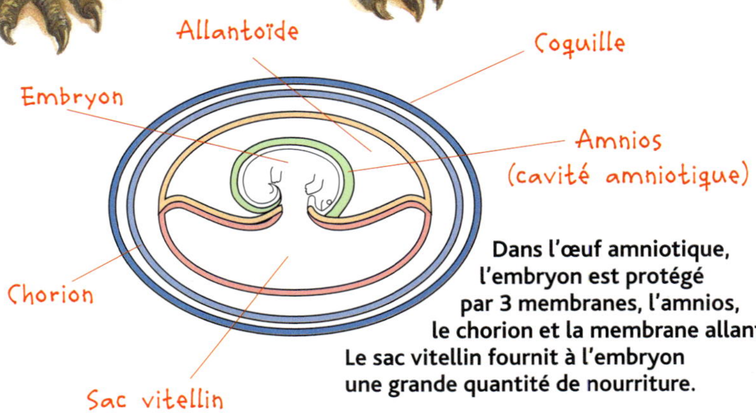

Dans l'œuf amniotique, l'embryon est protégé par 3 membranes, l'amnios, le chorion et la membrane allantoïque. Le sac vitellin fournit à l'embryon une grande quantité de nourriture.

Extinction du permien

La plus grande extinction qu'ait connue la planète a eu lieu il y a 250 millions d'années : 90 % des espèces marines et plus de 66 % des familles de reptiles et d'amphibiens ont alors disparu.

Le retour de la Pangée

Cette extinction, d'une ampleur considérable, touche les espèces marines et les espèces terrestres : amphibiens et reptiles, insectes et végétaux. Plusieurs événements sont probablement à l'origine de cette extinction massive. Au début du permien, tous les blocs de continents se rassemblent pour former à nouveau un continent unique, la Pangée II. Le niveau de la mer baisse, les habitats sont modifiés et le climat devient instable. De violentes éruptions volcaniques (trapps) libèrent de fortes quantités de dioxyde de carbone dans l'atmosphère, ce qui renforce l'instabilité climatique. Puis, à la fin du permien, le niveau des mers remonte, les continents sont inondés d'une eau pauvre en oxygène et les habitats côtiers détruits.

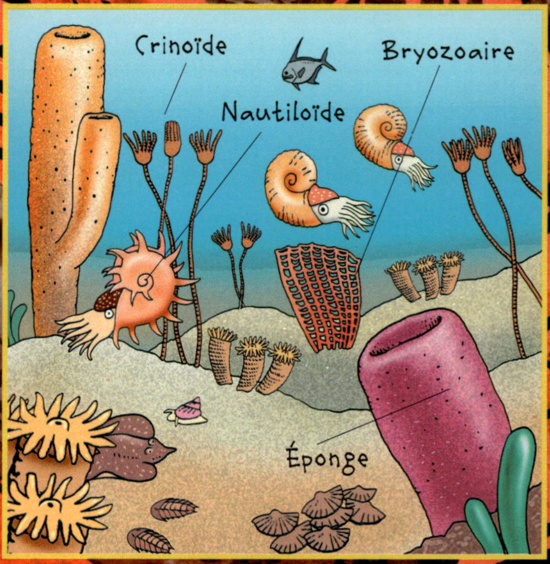

Au milieu du permien, les mers sont peuplées essentiellement d'animaux immobiles. Les poissons et les trilobites y sont rares.

Les espèces marines

À cette époque, le paysage sous-marin est très différent de celui que nous connaissons. En effet, beaucoup d'animaux, fixés sur les fonds marins (coraux, bryozoaires), se nourrissent en filtrant la matière organique contenue dans l'eau. Les animaux mobiles sont peu nombreux (escargots, bivalves, poissons). Le retrait de la mer affecte fortement les espèces qui ne peuvent se déplacer.

Les espèces terrestres

Il est possible que la forte diminution d'oxygène atmosphérique soit une des raisons de la disparition des amphibiens et des reptiles. Il se peut aussi que de très violentes éruptions volcaniques aient déclenché un « hiver nucléaire » : les cendres projetées dans l'atmosphère obscurcissent le ciel, la nuit règne, la température diminue, la photosynthèse ne s'effectue plus ; sans photosynthèse les plantes meurent, entraînant la mort des vertébrés et des insectes qui s'en nourrissaient. La réaction en chaîne se poursuivant, les espèces disparaissent massivement.

Au crétacé, après l'extinction du permien, l'océan prend un aspect moderne : les organismes mobiles comme les bivalves, les gastéropodes et les poissons y sont nombreux.

ET SI CETTE EXTINCTION N'AVAIT PAS EU LIEU...

La faune terrestre va mettre 10 millions d'années à surmonter cette extinction massive : il en faudra 20 à la faune marine. Il ne s'agit pas d'un retour au passé, car le paysage aquatique a évolué irréversiblement : les espèces mobiles (poissons, calmars, escargots) ont largement supplanté les espèces fixées (oursins, coraux). Quant à la vie sur terre, les conséquences en sont moins bien connues.

Une cellule d'*Emiliania huxleyi* recouverte de coccolithes (1/100 de mm).

Minuscule *Emiliania*

***Emiliania huxleyi* est une algue unicellulaire microscopique vivant dans les océans. Malgré sa petite taille et sa simplicité apparente, elle est capable d'influencer profondément le fonctionnement de la planète.**

Une algue qui fabrique du calcaire

Le calcaire, sous sa forme habituelle, possède une structure bien particulière : ses cristaux se présentent sous forme de losanges. *Emiliania*, elle, fabrique des cristaux de calcaire en forme d'écailles ovales : les coccolithes.

Toujours en groupe

Emiliania, qui fait partie du plancton, flotte à la surface de la mer et utilise l'énergie lumineuse du Soleil pour se développer grâce à la photosynthèse. Quand les conditions sont favorables, cette algue peut se multiplier de façon explosive et former des floraisons géantes de plusieurs milliers de kilomètres carrés que l'on peut observer depuis un satellite. Lorsqu'elles meurent, les cellules de ces ensembles coulent pour atteindre les fonds océaniques. Elles s'y accumulent et forment ainsi le plus grand puits de calcaire de la planète.

Emiliania est un biominéral : une algue recouverte d'écailles ovales de calcaire qu'elle crée.

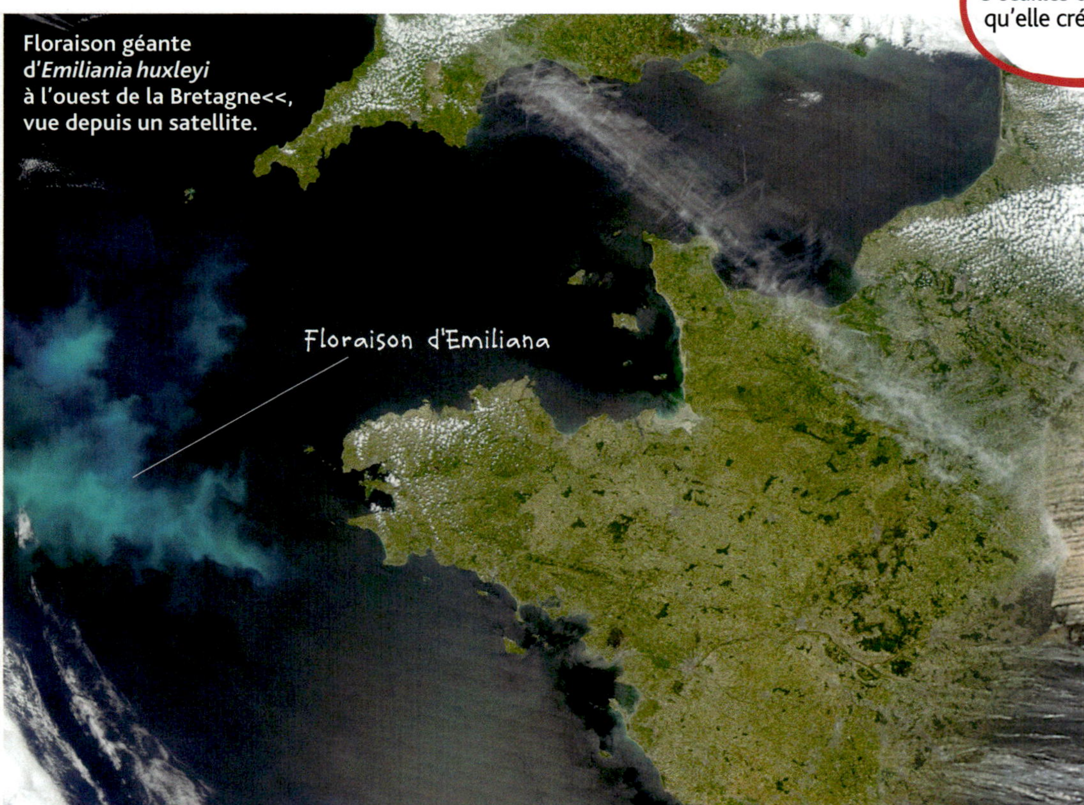

Floraison géante d'*Emiliania huxleyi* à l'ouest de la Bretagne<<, vue depuis un satellite.

En plein soleil, *Emiliania* produit beaucoup de DMS.

Lorsque les nuages apparaissent, *Emiliania* rejette moins de DMS.

Ce faisant, les nuages se dissipent et la température remonte…

La température de l'océan

Lorsque l'ensoleillement est fort, une floraison d'*Emiliania* rejette dans son environnement d'importantes quantités d'un gaz : le diméthylsulfure (DMS). Celui-ci est transformé par le Soleil en acide sulfurique, entraînant la formation (par condensation des gouttelettes d'eau) de nuages au-dessus de l'océan. Ces nuages empêchent le rayonnement solaire d'atteindre la surface de l'eau, provoquant ainsi son refroidissement. Cette algue est donc bien capable de réguler la température de l'océan.

Le climat de la Terre

Emiliania, présente dans tous les océans de la Terre, a une action sur le climat. En effet, elle puise du carbone dans son environnement pour former son squelette calcaire : en fixant le CO_2 elle diminue donc l'effet de serre. Mais les coccolithes accumulées sur les fonds océaniques et qui sont entraînées vers le manteau terrestre sont chauffées à très haute température et enrichissent les laves volcaniques en carbone. Ce carbone, restitué à l'atmosphère sous forme de CO_2, augmente l'effet de serre.

Falaise d'Étretat : le calcaire déposé par *Emiliania* pendant des centaines de millions d'années.

Le règne des dinosaures

Après de timides débuts, les dinosaures connaissent un succès extraordinaire, certains atteignant des tailles incroyables. Ils vont régner sur la Terre durant 150 millions d'années.

Les reptiles toujours présents

Bien que les reptiles soient très fortement touchés par l'extinction massive de la fin du permien, certains, comme les reptiles cynodontes, apparaissent à cette période. Ils vont connaître un grand succès et dominer la faune jusqu'au milieu du trias : ils sont représentés par de nombreuses formes de carnivores et d'herbivores... Leur particularité réside dans l'apparition d'un palais secondaire rigide qui sépare la bouche des conduits nasaux et leur permet ainsi de respirer et manger en même temps (ce qui n'est pas le cas pour les autres reptiles qui doivent manger en apnée).

Des dinosaures herbivores de grande taille ont occupé la Terre pendant des millions d'années.

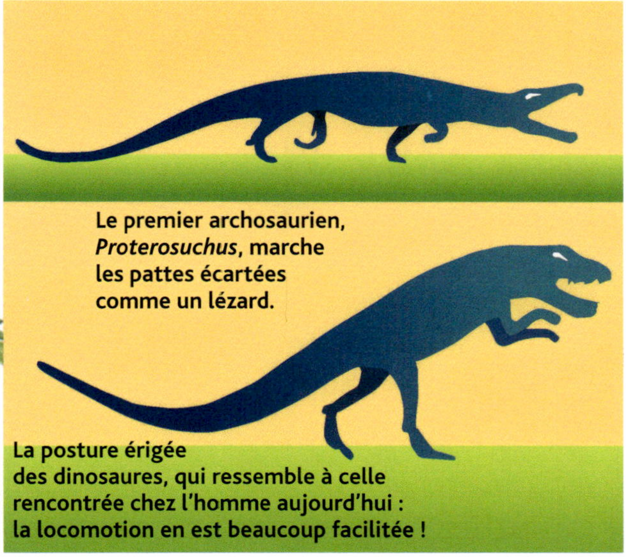

Le premier archosaurien, *Proterosuchus*, marche les pattes écartées comme un lézard.

La posture érigée des dinosaures, qui ressemble à celle rencontrée chez l'homme aujourd'hui : la locomotion en est beaucoup facilitée !

La posture particulière des archosauriens

Les archosauriens apparaissent également à la fin du permien. Le premier archosaurien connu est *Proterosuchus* : il mesure 1 mètre de long et marche sur des membres étalés comme un lézard. Au milieu du trias, les archosauriens se divisent en deux lignées : les ornithodires (ptérosaure, dinosaures et ultérieurement oiseaux) et les crocodilotarciens (ancêtres des crocodiles) et évoluent notamment au niveau de la posture. En effet, la plupart des reptiles marchent sur les membres écartés, les articulations sont soumises à rude épreuve et doivent résister à la tendance à plier. C'est comme si ces animaux faisaient ce que l'on nomme en gymnastique des « pompes » pour pouvoir se déplacer ! Les archosauriens, eux, acquièrent une posture érigée ou semi-érigée : leurs membres sont placés verticalement sous le corps, le poids est directement transmis par les membres jusqu'au sol. La locomotion est ainsi plus facile et bien plus efficace !

La suprématie des dinosaures

Il y a 220 millions d'années, la majorité des reptiles disparaît. Les causes de cette extinction massive sont certainement liées à d'importantes modifications climatiques. En effet, au début du trias, le climat est chaud et humide ; au milieu de cette période il devient sec, voire semi-désertique. Les dinosaures, se déplaçant plus facilement que les reptiles, peuvent se procurer une végétation qui s'est raréfiée ; sans compter qu'ils peuvent atteindre celle qui est située en hauteur et qui est inaccessible aux reptiles. La disparition de ces derniers crée un vide que les dinosaures vont s'empresser de combler, pour devenir les animaux dominants des 150 millions d'années qui suivent !

L'extinction crétacé/tertiaire

Les dinosaures se sont éteints brusquement, il y a 65 millions d'années. La chute d'une météorite couplée à un volcanisme extrêmement violent ont entraîné des incendies et le soulèvement dans l'atmosphère de particules qui ont très longtemps obscurci le ciel. Baisse de la température et diminution de la luminosité ont pour conséquence l'arrêt de la photosynthèse : les dinosaures herbivores sont morts les premiers de faim et de froid, puis, faute de proies, les carnivores se sont à leur tour éteints.

Les climats de la Terre

Le climat de la Terre a fortement changé au cours de sa longue histoire. Des phases glaciaires, dont certaines ont transformé notre planète en « boule de neige », ont alterné avec des périodes interglaciaires beaucoup plus chaudes.

La Terre « boule de neige »

La Terre semble avoir été presque totalement prise par les glaces à plusieurs reprises au précambrien. Un froid terrible s'installe alors, et la glace gagne du terrain. Les surfaces très claires – comme la glace – réfléchissent plus la lumière solaire que les autres, cela entraîne un refroidissement supplémentaire de la planète, qui entretient à son tour la progression des glaces. Le phénomène s'amplifie et toute la planète gèle. Dès lors, la photosynthèse s'arrête, l'absorption du CO_2 par les êtres vivants ne s'effectue plus et l'océan s'appauvrit en oxygène.

L'effet Milankovitch

On observe de très grands cycles glaciaires d'une durée d'environ 100 000 ans, suivis de 10 000 ans d'âge interglaciaire. Ces phases sont en partie liées à la manière dont la Terre tourne sur elle-même et autour du Soleil. En effet, les variations de l'orbite et de l'inclinaison de la Terre dans son mouvement autour du Soleil provoquent des variations périodiques de la chaleur reçue par la surface, qui seraient à l'origine des phases glaciaires et interglaciaires. C'est ce que l'on appelle l'effet Milankovitch.

Séracs du glacier Moreno, dans le parc national des glaciers (Argentine).

Les phases interglaciaires : des fièvres planétaires ?

James Lovelock, un scientifique anglais, examine les événements d'un point de vue autre que celui de l'homme. Il pense ainsi que les ères glaciaires représenteraient l'état normal d'une planète d'âge moyen en bonne santé, et les brèves périodes de chaleur seraient l'expression d'un état maladif, de « fièvre ». Car pendant 3,8 milliards d'années, la vie a maintenu une température « confortable » malgré le réchauffement du Soleil en absorbant le CO_2 (et donc en diminuant l'effet de serre).

La santé par le froid

Ces dernières dizaines de millions d'années, le rayonnement solaire a atteint un niveau tel que le maintien d'une température « normale » exige une absorption encore plus importante de CO_2. C'est pourquoi la Terre est beaucoup plus froide qu'au carbonifère : en période de glaciation, le niveau de la mer diminue alors d'une centaine de mètres, ce qui dégage une surface émergée de la taille de l'Afrique, rapidement conquise par les plantes. Il en résulte une diminution de l'effet de serre et donc de la température de la Terre. Malheureusement le rejet de CO_2 lié à l'utilisation des combustibles fossiles par les hommes contrecarre cette extraction du CO_2 menée par les autres êtres vivants.

Le scientifique James Lovelock, inventeur de l'hypothèse Gaïa **(voir p. 157).**

Changements de climat

1 Fabrique une toupie avec une rondelle de liège de 1 cm d'épaisseur que tu transperces par une pique à cocktail coupée en deux.

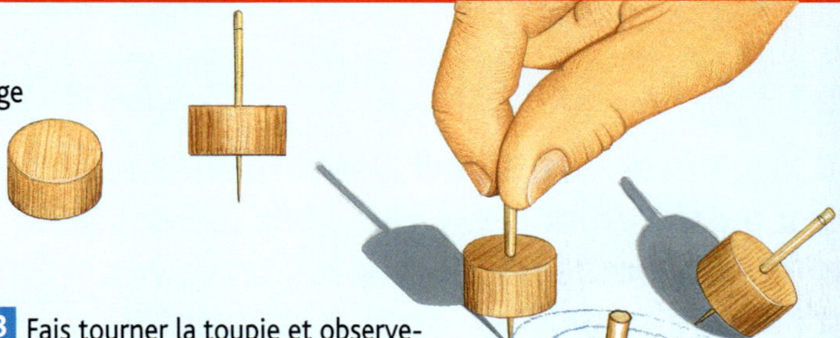

2 La toupie représente la Terre qui tourne sur son axe tout en se déplaçant autour du Soleil.

3 Fais tourner la toupie et observe-la attentivement : son axe fait des cercles de plus en plus grands, ce mouvement s'appelant la précession.

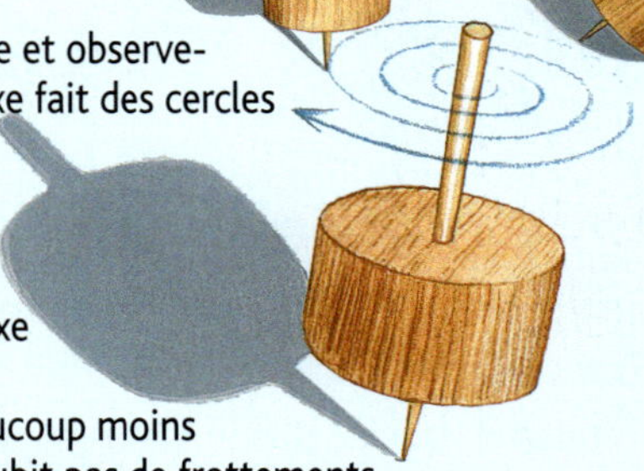

Quand la Terre en fait de même, elle penche son axe vers le Soleil, d'un côté ou de l'autre, et cela change le climat. Heureusement, les changements sont beaucoup moins importants sur Terre qu'avec la toupie : la Terre ne subit pas de frottements et elle est stabilisée par la présence de la Lune.

Le navire *Beagle*, sur lequel Charles Darwin fait un voyage de 5 ans autour du monde.

Un regard nouveau

Au XIXe siècle, la plupart des hommes sont persuadés que Dieu a créé en un seul jour tous les animaux. Cette vision naïve sera bouleversée par les travaux de Charles Darwin, commencés au cours d'un voyage autour du monde.

La création du monde

Les idées chrétiennes sur la création du monde sont largement répandues dans la société de cette époque. Dans le milieu scientifique, elles sont relayées par Cuvier, défenseur de la théorie du créationnisme, qui veut que Dieu ait créé toutes les espèces animales indépendamment les unes des autres, et que celles-ci restent inchangées. Pourtant, Lamarck défend une autre théorie très minoritaire, celle d'une transformation progressive des espèces : la vie apparaît sous forme d'êtres simples qui progressent et se complexifient au cours des nombreuses générations successives.

Enfin, Darwin vint…

Charles Darwin naît le 12 février 1809 en Grande-Bretagne, au sein d'une famille aisée de médecins. Il entreprend des études de médecine à Édimbourg et les suit pendant deux ans, sans grand enthousiasme ; puis il s'oriente vers la prêtrise avant de rencontrer Henslow, un professeur de botanique qui lui communique sa passion pour l'étude de la nature. En 1831, sur sa recommandation, il est engagé comme naturaliste sur le *Beagle* pour faire un tour du monde d'exploration scientifique. Au début du voyage, ses idées sur la nature sont encore « créationnistes ». Le voyage durera 5 ans et bouleversera complètement sa vision du monde.

Quatre des espèces de « pinsons » des Galapagos étudiés par Darwin : la forme du bec diffère de l'une à l'autre.

Charles Darwin teste la vitesse de déplacement d'une tortue-éléphant aux Galapagos.

Un travail colossal

Durant son voyage, Darwin a rédigé 770 pages de journal, 1 383 pages de notes sur la géologie et 368 pages sur la zoologie ! Il a collecté 1 529 échantillons d'espèces conservées dans l'alcool, 3 907 peaux et os conservés à sec et une petite tortue vivante des Galapagos.

Deux cadeaux importants

Lors de chaque escale, Darwin collecte des spécimens de la faune et de la flore, et envoie régulièrement des échantillons à Henslow. Celui-ci lui fait parvenir deux livres de Lyell, l'un sur la géologie, l'autre sur la répartition géographique de la faune et de la flore. Lyell y montre que les milieux changent, et que deux milieux semblables situés sur des continents distincts, abritent des espèces tout à fait différentes, et pourtant également adaptées à leur environnement. Ces deux livres viennent confirmer les observations quotidiennes de Darwin en lui montrant que les milieux de la Terre et les espèces qui y vivent sont loin d'être fixes.

Dragon des Galapagos.

Les îles Cook, dans le Pacifique Sud, des îles volcaniques colonisées par les plantes.

Expériences en série

Down House

La maison de Down House joue un grand rôle dans l'œuvre de Darwin : c'est là qu'il étudie, aidé de sa famille, la pollinisation par les insectes, les croisements des pigeons, les populations de vers de terre, etc.

Au retour de son grand voyage sur le *Beagle*, Darwin entame de nombreuses expériences scientifiques pour préciser, compléter et affiner ses nouvelles idées sur les espèces vivantes, leurs migrations et leurs transformations.

Le retour en Angleterre

Quelques années après son voyage à bord du *Beagle*, en 1842, Darwin s'installe dans une grande maison, à Down House, avec sa femme et ses enfants. Il fréquente les sociétés scientifiques et Down House devient le lieu de rencontre d'un cercle d'amis et de collègues. Son activité se déroule à un rythme effréné, et il multiplie les travaux et les expériences sur les vertébrés, les plantes et les insectes. Ce faisant, il adopte une attitude scientifique, en essayant de découvrir les lois qui régissent la nature.

Transport et germination d'une graine

- Une bouteille d'eau de 1,5 litre
- Une bassine
- 220 g de sel
- 1 noix de coco
- 1 noyau d'avocat

1 Remplis et vide la bouteille d'eau 4 fois dans la bassine de manière à ce qu'elle contienne 6 litres d'eau.

2 Verse 220 g de sel dans l'eau et mélange : tu obtiens une eau salée comme l'eau de mer.

3 Mets la noix de coco dans l'eau et laisse-la baigner quelques jours : tu constates qu'elle flotte et peut donc être transportée dans les mers sur de multiples kilomètres ! Si tu plonges le noyau d'avocat dans l'eau, tu vois vite qu'il coule : toutes les graines ne flottent pas.

4 Sors la noix de coco et laisse-la dans un endroit chaud et sec : dans quelques jours, elle va germer.

Migrations maritimes

Pour expliquer la colonisation par les plantes des îles volcaniques surgies brusquement loin de la terre ferme, beaucoup pensaient que d'anciens ponts de terre – disparus depuis – avaient relié ces îles au continent. Peu convaincu par ces explications, Darwin étudie tous les moyens par lesquels les semences peuvent être transportées. Pour ce faire, il met à contribution ses enfants ainsi que ceux des écoles voisines, en leur fournissant des dizaines de bouteilles d'eau salée contenant des graines, en leur demandant de les observer régulièrement. Certaines graines coulent, mais d'autres résistent au-delà de toute prévision : elles germent après 80 jours d'immersion, et pour certains grains de poivre, après 5 mois !

Les pigeons dont Darwin se servit à Down House, lors de ses travaux sur l'origine des espèces.

Transports ailés

Mais Darwin ne s'arrête pas là, il essaie d'envisager d'autres moyens par lesquels les graines peuvent être transportées, par des oiseaux par exemple : ses expériences lui montrent qu'un échantillon de boue d'étang compte les graines de plus de 500 espèces de plantes ! Il serait bien étonnant qu'aucun oiseau se posant sur une île ne laisse tomber de cette boue riche en graines ! Il démontre également que les graines contenues dans les excréments des oiseaux germent sans difficulté. Il prouve ainsi que les graines peuvent facilement gagner les îles, sans qu'il soit nécessaire d'imaginer d'anciens ponts de terre.

Transformation des espèces

Darwin étudie ensuite de manière approfondie les espèces domestiques et les moyens par lesquels les éleveurs ou les horticulteurs les transforment pour leur propre utilité. Par exemple, en sélectionnant les chevaux anglais les plus rapides et en les croisant sur de multiples générations, on obtient des chevaux de course bien plus rapides que leurs ancêtres. Cette sélection artificielle due à l'action de l'homme ne serait-elle pas analogue à une sélection naturelle qui serait exercée par la pression du milieu ?

Cheval de trait (haut) et pur-sang taillé pour la course (bas) : l'effet spectaculaire de la sélection menée par les éleveurs de chevaux.

La théorie de l'évolution

Surnommé le « Newton du brin d'herbe » pour sa compréhension et son approche scientifique du monde vivant, Darwin va révéler au monde entier sa théorie sur la sélection naturelle dans l'ouvrage *L'Origine des espèces* paru en 1859.

La lutte pour l'existence

Comme il naît souvent plus d'individus qu'il n'en peut vivre du fait des ressources en nourriture limitées, Darwin suppose qu'il doit y avoir lutte pour l'existence soit avec d'autres individus de la même espèce, soit avec des individus d'espèces différentes, soit avec les conditions physiques de la vie. La lutte pour l'existence d'un individu est sa capacité à vivre et à laisser des descendants. À un niveau plus global, c'est la lutte d'une espèce avec les autres espèces (lutte pour l'espace, la lumière, la nourriture...).

Portrait de Charles Darwin à l'âge mûr.

La sélection naturelle

Or les individus d'une même espèce présentent toujours de petites différences. Si l'une de celles-ci permet à un individu de mieux s'adapter à son milieu, c'est cet individu qui se reproduira le plus et qui transmettra sa différence à ses descendants. Dans cette « lutte pour l'existence », la sélection naturelle ne « retiendra » que les espèces les mieux adaptées à leur milieu, comme le font chaque jour les éleveurs de chevaux de course qui ne retiennent pour la reproduction que les chevaux les plus rapides.

Reconstitution du fossile d'un éléphant nain de Sicile (80 cm de haut). L'absence de grand carnivore et le milieu montagneux ont avantagé les individus de petite taille.

L'évolution aujourd'hui : les formes de la phalène du bouleau sombre et claire.

Un exemple de sélection naturelle

Il existe deux variétés de la phalène du bouleau. La forme normale est claire tachetée de noir, et l'autre, beaucoup plus rare, est entièrement noire. Ce papillon dort sur des troncs d'arbres argentés. Les papillons clairs sont donc moins visibles et moins attrapés par les oiseaux que les papillons noirs. Au cours de la révolution industrielle, la pollution par la fumée a noirci tous les troncs d'arbres. Les papillons clairs devenus plus visibles ont donc été chassés, et la population de papillons noirs a pris le dessus : elle représentait 98 % de la population de phalènes à la fin du XIXe siècle.

UNE THÉORIE SCANDALEUSE

La théorie de *L'Origine des espèces* affirme que la multitude d'espèces que nous observons aujourd'hui est le fruit de transformations successives d'espèces antérieures moins nombreuses dues à la pression du milieu. Elle a été accueillie avec beaucoup d'ironie, parce qu'elle contredisait les représentations fournies par l'Église, et parce qu'on en a déduit (à tort) que l'homme « descendait du singe ». De là, les multiples caricatures de Darwin représenté avec un visage ou un corps de singe.

Caricature de Charles Darwin, parue en 1879.

Le foisonnement des espèces

Toutes les espèces qui habitent la Terre sont étroitement liées entre elles. Chacune a sa place au sein de la biosphère et joue un rôle primordial dans une ou plusieurs chaînes alimentaires.

Les premières Terriennes

Les bactéries font peur car on les tient pour responsables de bien des maladies. N'oublions pourtant pas que sans les bactéries, il n'y aurait pas de vie sur Terre ! En effet, en favorisant l'exploitation de l'énergie solaire grâce à la photosynthèse, elles sont à l'origine de la richesse en oxygène de notre atmosphère. De plus, certaines bactéries (les clostridies et les azobacters) fixent l'azote de l'air, constituant essentiel de toute vie, et le rendent assimilable par les plantes. Sans ces bactéries, les plantes, et donc aucun organisme supérieur, ne pourraient survivre !

Des insectes et des plantes

Les insectes représentent le groupe le plus important du vivant. Certains exemples d'interactions des plantes avec les insectes montrent la finesse des relations qui peuvent exister entre les êtres vivants. Ainsi, on sait que certains plants de maïs attaqués par des chenilles émettent un signal gazeux qui attire alors les guêpes destructrices de ces chenilles. Certains arbres et plantes se défendent et sécrètent des substances toxiques (tanins) à un stade donné de la consommation de leurs feuilles. C'est pourquoi la coccinelle du Mexique découpe un cercle dans la feuille qu'elle s'apprête à manger, en ne laissant que quelques points d'attache. Elle s'installe au milieu du cercle et broute tranquillement : l'information passe mal à travers la feuille découpée, et celle-ci met plus longtemps à devenir toxique.

Bousier

L'introduction, à la fin du XVIIIe siècle, de vaches en Australie a provoqué une catastrophe. En effet, les insectes bousiers d'Australie étaient adaptés aux excréments de kangourous mais pas aux bouses de vaches. Résultat : les bouses, privées de recycleurs, ont recouvert les prairies. Il fallut donc importer des bousiers européens pour rétablir la situation !

Des loups face à un troupeau de cerfs, dans le parc du Yellowstone (États-Unis).

Un écosystème rétabli grâce au loup

Au début du xxe siècle, les loups sont exterminés dans le parc du Yellowstone, aux États-Unis. Les grands cervidés comme les wapitis n'ayant plus de prédateur voient leur population énormément augmenter. De ce fait, ils font disparaître de nombreuses espèces de plantes et d'arbres, notamment en dévorant toutes les jeunes pousses. Ce qui entraîne la disparition des castors qui se nourrissaient de ces pousses… En 1995, la réintroduction du loup dans le parc régule rapidement la population de wapitis. Des réactions en chaîne se produisent alors : les jeunes arbres repoussent, la végétation foisonne de nouveau, les castors réapparaissent, et le reboisement permet la stabilisation des rives des rivières.

Chauve-souris

Pour se repérer dans l'obscurité, les chauves-souris émettent des ultrasons et écoutent leur réflexion sur des obstacles (écholocation). Les fleurs de *Vexillum* (une fleur d'Amérique centrale qui a besoin de la chauve-souris pour transporter son pollen) réfléchissent les ondes émises par les chauves-souris selon un large cône d'incidence. La fleur signale ainsi clairement sa présence à la chauve-souris qui la distingue des feuilles ou des autres parties du végétal.

Gaïa, la déesse Terre

En 1979, le scientifique anglais James Lovelock propose de considérer la Terre comme un être unique qu'il nomme Gaïa. Dans la mythologie grecque, Gaïa est la déesse de la Terre.

Comme le séquoia protégé par son écorce, la Terre possède une mince couche d'organismes vivants protégés par l'atmosphère.

Une vision globale

James Lovelock remarque que la température, la composition de l'atmosphère, la salinité des océans de la Terre sont restées constantes et favorables à la vie depuis des millions d'années. La Terre a pourtant connu de nombreuses perturbations, comme des épisodes de volcanisme intensif ou des chutes de météorites. Lovelock présente donc la Terre comme un tout dans lequel les animaux, les végétaux, les roches, l'atmosphère, les océans sont indissociables comme les différentes parties d'un organisme vivant, qu'il nomme Gaïa.

Le séquoia et la Terre

Pour éclairer sa théorie, Lovelock compare Gaïa à un séquoia, arbre gigantesque d'Amérique du Nord qui peut vivre 3 000 ans. Cet arbre est constitué à plus de 97 % de bois mort. Seule une couche périphérique de cellules vivantes située au-dessous de l'écorce le fait vivre. La Terre est également formée d'une masse énorme de matières mortes et porte une mince couche d'organismes vivants protégés par l'atmosphère.

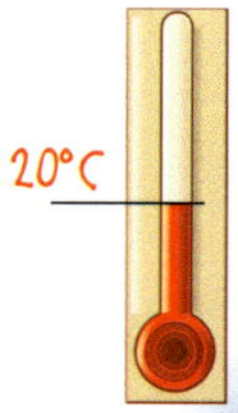

Lorsque l'intensité solaire est faible, les pâquerettes sombres sont avantagées, car elles absorbent mieux le rayonnement. Elles produisent plus de graines et couvrent la surface d'un tapis sombre qui réchauffe la planète.

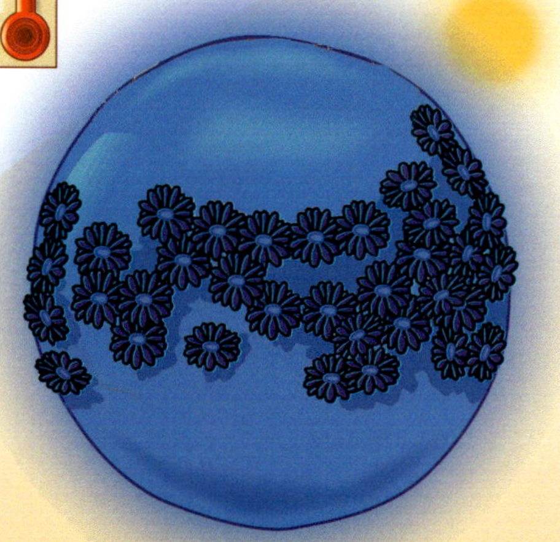

Lorsque le soleil devient un peu plus actif, ce sont les pâquerettes blanches qui se multiplient à l'équateur, car elles supportent mieux le rayonnement. Les noires sont repoussées vers les tropiques.

LE TAUX D'OXYGÈNE

Si l'atmosphère ne comporte que 15 % d'oxygène, rien ne brûle. En revanche, au-dessus de 25 %, le bois, même mouillé, prend feu spontanément. La concentration d'oxygène de l'atmosphère actuelle est stabilisée au taux de 21 %. Comment ? Certainement au moyen de la photosynthèse qui a tendance à produire un surplus d'oxygène. De gigantesques incendies se déclenchent alors régulièrement ; ils forment un écran de fumée et diminuent ainsi photosynthèse et concentration d'oxygène.

La planète Floréale

Les oppositions à Gaïa étant très vives, Lovelock souhaite expliquer comment les êtres vivants peuvent agir sur leur milieu sans qu'il y ait calcul ou intention de leur part. Il invente alors une planète imaginaire qu'il nomme Floréale, planète semblable à la Terre qui ne porte que deux sortes de graines de fleurs : des graines de pâquerettes sombres et claires.

LA TEMPÉRATURE

On sait que le Soleil a accru sa luminosité de 25 % depuis l'origine de la vie sur Terre. Or la température de notre planète n'a pas augmenté proportionnellement à cette luminosité croissante. Cela est certainement dû, au moins en partie, à une régulation par les organismes vivants.

L'ATOUT DIVERSITÉ

Si l'on choisit d'utiliser plus de 2 teintes de pâquerettes, on obtient une meilleure régulation de la température de Floréale. La diversité est donc un atout majeur.

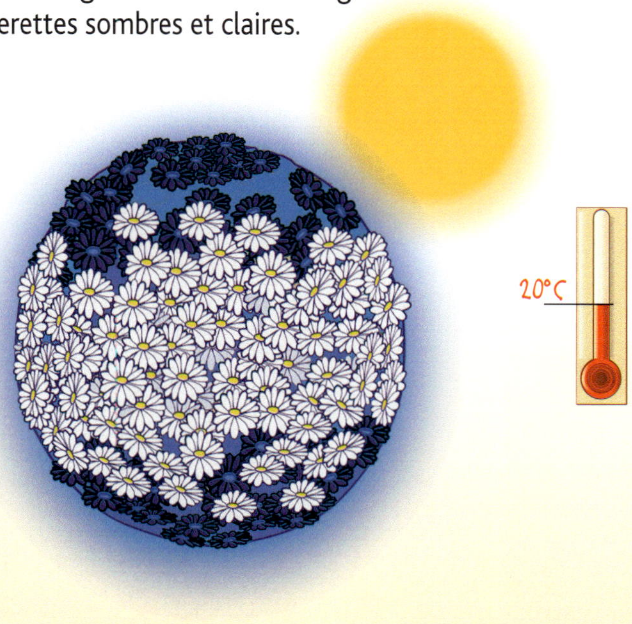

Avec un soleil encore plus actif, les pâquerettes blanches sont très avantagées et occupent une grande partie de la surface. Les noires sont repoussées à proximité des pôles.

Finalement, le partage entre pâquerettes sombres et claires permet de maintenir la température de surface de Floréale à un niveau optimal.

UN MARIAGE CHAOTIQUE

Aujourd'hui, les hommes semblent maîtriser totalement la planète en occupant tous ses milieux. Pourtant, leur survie dépend toujours directement de la bonne santé des écosystèmes de la Terre, qu'un comportement imprudent de l'espèce pourrait détériorer.

Des primates à Cro-Magnon

En quelques millions d'années d'évolution, les primates vont donner naissance à l'homme tel que nous le connaissons aujourd'hui. Cette évolution est marquée par l'augmentation du volume du cerveau, la fabrication d'outils, la production du feu et la maîtrise du langage.

La planète des singes

Il y a 32 millions d'années (Ma), les singes pullulent dans les arbres de la forêt équatoriale. Leurs yeux orientés vers l'avant leur assurent une excellente vision. À la faveur d'un recul de la forêt il y a 10 Ma, de grands singes pratiquent de plus en plus la marche sur leurs pattes arrière ou bipédie. Au début de l'ère quaternaire, il y a 2,5 Ma, certains de ces grands singes de savane gagnent en habileté : ce sont les premiers hommes, des bipèdes au gros cerveau qui fabriquent des outils.

Paysage de forêts et de savane d'Afrique de l'Est, Il y a 1,5 million d'années. Au premier plan, *Homo habilis*.

Pour faire du feu, les premiers hommes ont utilisé la friction (en haut) ou la percussion (en bas).

À la découverte du monde

Les hommes quitteront leur berceau africain pour découvrir le monde. Entre – 2 Ma et – 1 Ma, ils colonisent l'Europe et l'Orient, puis apprennent à utiliser et à fabriquer le feu. De – 130 000 ans à – 30 000 ans, l'homme de Neandertal, chasseur habile adapté au froid, règne sur l'Europe. En – 40000, apparaît Cro-Magnon, l'homme moderne qui coexiste pendant 10 000 ans avec Neandertal. On doit à Cro-Magnon de nombreuses inventions techniques, comme l'aiguille, le harpon et le propulseur, et les toutes premières œuvres d'art. L'impact de l'homme sur l'environnement se traduit (déjà !) par la disparition du mammouth, chassé trop efficacement.

Le propulseur permet de lancer une sagaie à plus de 150 km/h.

Les hommes de Neandertal pratiquent une chasse organisée, en faisant tomber le gibier dans des précipices.

Et le langage ?

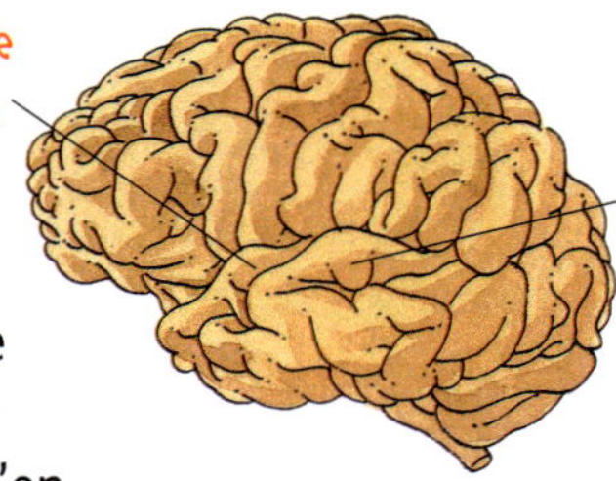

Pour parler, il faut un larynx à la forme particulière et un cerveau susceptible de le contrôler. Impossible de savoir quelle était la conformation des larynx des premiers hommes : il n'en reste rien. En revanche, les os du crâne conservent l'empreinte du cerveau. Or on trouve bien sur les crânes des premiers hommes l'empreinte des deux zones qui correspondent au langage : les aires de Broca et de Wernicke. Les premiers hommes étaient donc aptes au langage. Mais parlaient-ils ? Mystère...

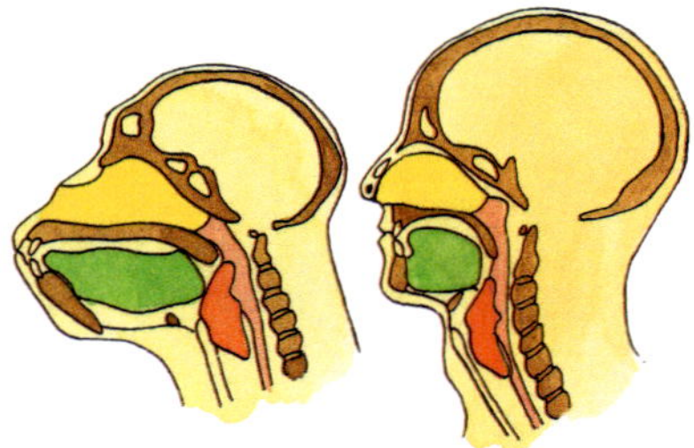

Le larynx des chimpanzés est très différent de celui des humains d'aujourd'hui.

Bipédie et taille du cerveau

La bipédie a une conséquence importante sur la durée de la grossesse des femelles : la station debout entraîne une pression forte de la tête du bébé vers le bas, ce qui provoque une naissance prématurée. Le bébé trop précoce, « mal fini », nécessite des soins de la part de ses parents (nourrissage, surveillance) plus longtemps. En contrepartie, son cerveau peut continuer à se développer après la naissance ; un crâne de trop grand volume rendrait l'accouchement difficile.

Progrès des outils

Il y a 2,3 Ma, les premiers hommes organisent des « ateliers » où ils fabriquent des outils de pierre (tranchoirs) en frappant un galet avec une pierre dure. Vers – 1,6 Ma, apparaissent de nouveaux outils en forme d'amande : les bifaces. Plusieurs centaines de milliers d'années plus tard, les néandertaliens inventent la « taille Levallois » pour fabriquer des outils spécialisés : racloirs, pointes, outils à dents, couteaux. Cro-Magnon met au point de nouvelles techniques de taille, et invente l'aiguille à coudre en os qui permet la fabrication d'outres, de tentes et de vêtements.

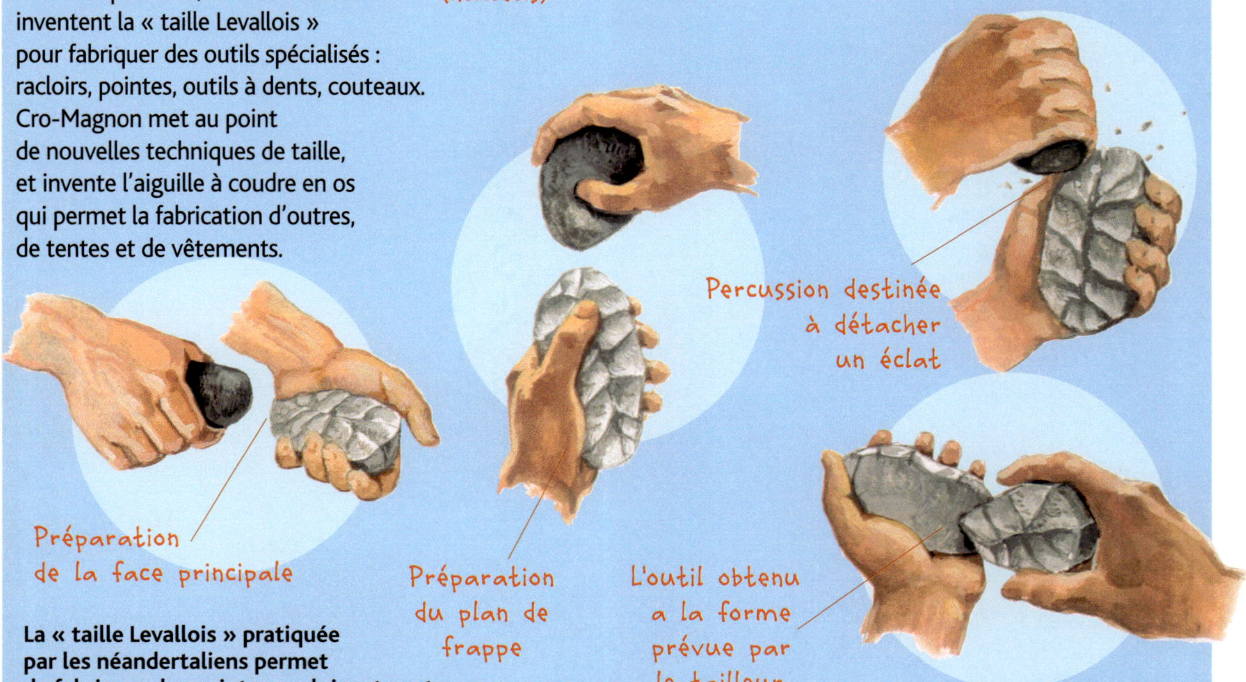

La « taille Levallois » pratiquée par les néandertaliens permet de fabriquer des pointes, racloirs et couteaux.

L'agriculture et l'élevage

Au début du Néolithique, les hommes qui étaient des nomades chasseurs-cueilleurs deviennent des agriculteurs-éleveurs. Ils commencent alors à modifier de manière spectaculaire la planète, en supprimant le cinquième de toute la végétation sauvage pour exercer leurs nouvelles activités.

PARTOUT DANS LE MONDE

Dans plusieurs régions différentes du monde, les hommes ont eu l'idée de domestiquer les plantes et les animaux de leur région. En Amérique, la culture du maïs à partir de la téosinte (une plante sauvage) s'est réalisée plus de 4 000 ans avant J.-C. Les premiers villages n'apparaissent qu'ensuite, avant la domestication des lamas, des dindons et des cochons d'Inde. Au IIIe millénaire avant J.-C., en Éthiopie, on cultive le sorgho : il gagne ensuite l'ensemble de l'Afrique. En Asie, le porc et la poule sont domestiqués en Chine, le buffle en Indonésie. Le riz est cultivé depuis plus de 7 000 ans en Chine et en Indonésie.

Villages du « Croissant fertile »

À l'est de la Méditerranée, s'étend une région en forme de croissant, riche en prairies et en forêts. Le climat agréable favorise la pousse des céréales comestibles et le gibier est abondant. Du coup, les nomades décident de s'y fixer, et construisent les premiers villages. Leurs maisons aux murs d'argile sont bâties sur des fondations de pierre. Le toit de branches recouvertes d'argile est posé sur des poutres en bois.

Des chasseurs rapportent leur gibier au village.

Les débuts de l'agriculture

Les hommes commencent à semer de façon systématique une partie des graines récoltées dans la nature. Ils préparent pour cela le sol avec des pics en bois, et utilisent pour la récolte des faucilles au tranchant de silex ou d'obsidienne. D'année en année, le simple fait de ressemer les grains les plus gros arrivés à maturité au même moment sélectionne des variétés de plus en plus adaptées à la culture, et de plus en plus éloignées de la plante sauvage.

La céramique

Pour le stockage des graines et des semences, rendu nécessaire par l'importance des récoltes, il faut disposer de récipients étanches et sûrs. C'est au VIIᵉ millénaire avant J.-C. que la céramique fait son apparition, avec les premières poteries chauffées à 800 °C. La cuisson s'effectue dans des trous creusés dans la terre et recouverts de branchages. La cuisson dans des fours permettra bientôt d'atteindre 1 000 °C et d'obtenir de véritables céramiques, à la fois solides et... jolies.

Cuisson des poteries dans le sol, au moyen de branches enflammées recouvrant les vases.

L'élevage

Au Moyen-Orient, l'élevage apparaît vers – 8 000 ans. Les chèvres et les moutons sont les deux premières espèces domestiquées : ils se nourrissent de plantes que les humains ne consomment pas, grandissent vite et sont faciles à surveiller en troupeaux. Un millénaire après, les hommes commencent à élever les aurochs et les sangliers. Une sévère sélection aboutira aux bovins et aux porcs.

Le village néolithique de Charavines (Dauphiné) avec ses maisons à structure de bois et murs de torchis.

L'empreinte des dieux

Les religions accompagnent les hommes lorsqu'ils agissent sur leur environnement. Elles peuvent les inciter à soumettre la nature, ou bien aider au maintien d'une harmonie avec l'Univers.

Religions de la nature

L'homme des sociétés traditionnelles (Afrique, Océanie, etc.), adepte de l'« animisme », place l'esprit partout : dans les pierres, le vent, les animaux. Pour lui, les morts sont toujours vivants et agissants. Le chamanisme, religion qui existe en Sibérie, chez les Indiens d'Amérique et en Corée, distingue le monde concret du monde des esprits. Le chaman est en rapport avec les esprits par l'intermédiaire de songes, de visions ou d'extases. Ces diverses religions tendent à respecter un environnement peuplé par les esprits.

Seattle, chef indien

« La terre n'appartient pas à l'homme ; l'homme appartient à la terre. Cela, nous le savons. Toutes choses se tiennent, comme le sang qui unit une même famille. Toutes choses se tiennent. »

La voix des arbres

« Saviez-vous que les arbres parlent ?
Ils le font pourtant !
Ils se parlent entre eux
et ils vous parleront si vous écoutez.
L'ennui avec les Blancs,
c'est qu'ils n'écoutent pas !
Ils n'ont jamais écouté les Indiens,
aussi je suppose
qu'ils n'écouteront pas les autres voix
de la nature.
Pourtant, les arbres m'ont beaucoup
appris :
tantôt sur le temps,
tantôt sur les animaux,
tantôt sur le Grand Esprit. »
Tangata Mani

Vue sur le mont Akoo-Yet en Californie, montagne sacrée des Indiens Ajuma.

Bouddhisme et respect de la vie

Du fait de sa croyance en la réincarnation (nous avons été ou nous serons des animaux, au cours d'autres vies successives, en fonction de nos actes), le bouddhisme affirme l'interdépendance de tous les êtres et donc le respect absolu de toute vie, quelle que soit la créature concernée.

Religions de la Bible

La Bible place la création sous la responsabilité de l'homme : il est le maître de la nature, et la Terre lui est donnée pour qu'il la mette en valeur. Pendant tout le Moyen Âge, les divers ordres religieux vont donc assécher les marais, défricher les forêts, implanter les cultures, modifiant ainsi profondément les paysages de tout l'Occident. Pour les protestants, c'est Dieu qui permet la réussite du travail humain, lequel sacralise l'homme. L'argent gagné doit être réinvesti pour produire encore plus de richesse, le but étant le partage et le bien commun. Le protestantisme a donc favorisé l'installation de la société industrielle.

Monastère et son cloître. L'action des divers ordres religieux au Moyen Âge a profondément modifié les paysages de tout l'Occident.

François d'Assise, l'écologiste

« Loué sois-tu, mon Seigneur,
pour sœur notre mère la Terre
Qui nous porte et nous nourrit,
Qui produit la diversité
des fruits,
Et les fleurs diaprées
et les herbes. »

Protestants et nature

En même temps que leur action en faveur du développement industriel, les réformés manifestent un grand intérêt pour la nature, considérée comme l'œuvre de Dieu. Arrivant en Amérique, ils délimitent des espaces protégés, dont le premier parc naturel : le Yellowstone en 1872.

Un pays gagné sur la mer

Moulins de polders de la province de Zuich (Hollande). Ces moulins à vent permettent le drainage des eaux.

Les Pays-Bas sont un des exemples les plus remarquables de l'influence des activités des hommes sur leur milieu. Depuis le XIIIe siècle, les populations n'ont cessé de construire des digues et de drainer pour gagner des terres sur la mer, les polders.

Le delta du Rhin et de la Meuse

La majeure partie du territoire hollandais est formée par l'embouchure du Rhin et de la Meuse se jetant dans la mer. Pendant plus d'un million d'années, ces fleuves ont rempli leur delta de sable et d'argile provenant des montagnes situées en amont. Il y a 3 000 ans, de petites dunes de sable commencèrent à se former le long des côtes. Derrière ces dunes, s'installa une région vaseuse transformée en un grand marécage où d'énormes quantités de tourbe (débris végétaux) s'accumulèrent peu à peu.

Une agriculture méthodique

Pour arriver à cultiver un milieu formé de tourbe, il faut impérativement drainer le sol, c'est-à-dire en enlever l'eau. Les premiers occupants creusent donc des tranchées de drainage pour abaisser le niveau des eaux. La tourbe en provenance des tranchées est mélangée au purin, puis étendue sur les champs, ce qui permet de cultiver des céréales et d'élever des moutons. Mais le drainage a pour effet de contracter la tourbière, ce milieu semblable à une éponge et formé à 80 % d'eau. Si bien que les terres s'enfoncent régulièrement, ce qui oblige à drainer davantage et à construire des digues pour éviter l'envahissement par la mer.

LE PAYS DE LA TOURBE

Lorsque la quantité de plantes qui poussent sur place ou qui sont apportées par les fleuves est suffisamment importante, les micro-organismes chargés de les détruire lorsqu'elles meurent ne peuvent y parvenir complètement. L'accumulation humide des restes de plantes non décomposées et de mousses – les sphaignes – forme alors de la tourbe. En Hollande, la couche de tourbe peut atteindre 6 m de hauteur. Ces gigantesques matelas imbibés d'eau constituent un milieu hostile, mais la croissance de la population observée au XIIIe siècle et le manque de terres cultivables a rendu leur exploitation inévitable.

Pendant plusieurs siècles, les Hollandais ont récolté de la tourbe pour se chauffer.

Révolution du moulin à vent

À partir du XVe siècle, la pompe à eau actionnée par le moulin à vent draine plus efficacement les eaux. Des moulins à vent plus perfectionnés et plus puissants, utilisant des vis d'Archimède, remplacent peu à peu les premiers et se généralisent au XVIIe siècle. Ce drainage amélioré permet de transformer les polders en pâturages et de pratiquer un élevage rentable. Le fromage de Hollande se développe donc grâce aux moulins à vent.

De l'âge d'or à aujourd'hui

Au XVIIe siècle, la Hollande connaît une période de grande prospérité, et la tourbe est alors le combustible le plus utilisé : son transport très économique se fait par le réseau de canaux. Malheureusement, cette exploitation inconsidérée entraîne l'érosion puis la destruction de la région. Des lois sont votées pour enrayer ces destructions, mais ce n'est qu'au XIXe siècle que la détérioration du paysage est enfin ralentie. Aujourd'hui, la région est drainée par un système complexe de pompes électriques, établissant un nouvel équilibre écologique dont l'homme fait partie intégrante.

Coupe des Pays-Bas il y a 1 000 ans.

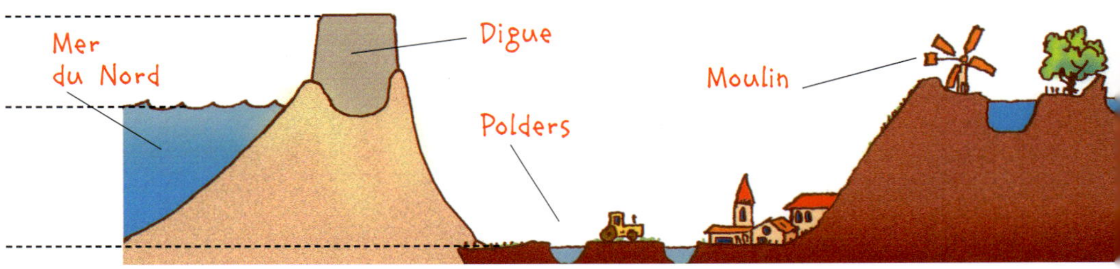

Coupe des Pays-Bas aujourd'hui.

Fabrique un moulin à vent

- Du papier résistant
- 1 perle de plastique
- Des ciseaux
- 1 bâton
- 1 épingle à tête

1 Découpe un carré de 20 cm de côté dans du papier résistant.

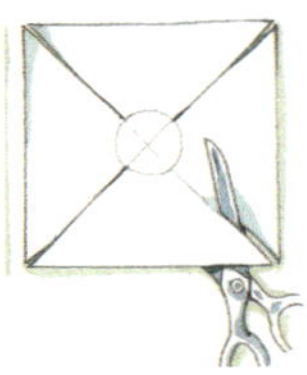

2 Coupe le carré à partir de chaque coin en te dirigeant vers le centre et en t'arrêtant à 2 cm de celui-ci.

3 Replie les pointes de chaque section vers l'intérieur.

4 Garde les 4 pointes au milieu en y insérant une épingle à tête.

5 Mets la perle entre le bâton et le papier. Au moindre souffle de vent, ton moulin à vent se met à tourner.

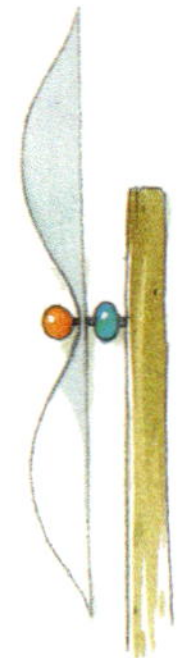

Explorateurs du monde

L'exploration systématique de la planète s'est menée à l'époque de la Renaissance. Elle permet la découverte de l'Amérique par les Européens, et entraîne pour le monde entier un profond changement bioculturel.

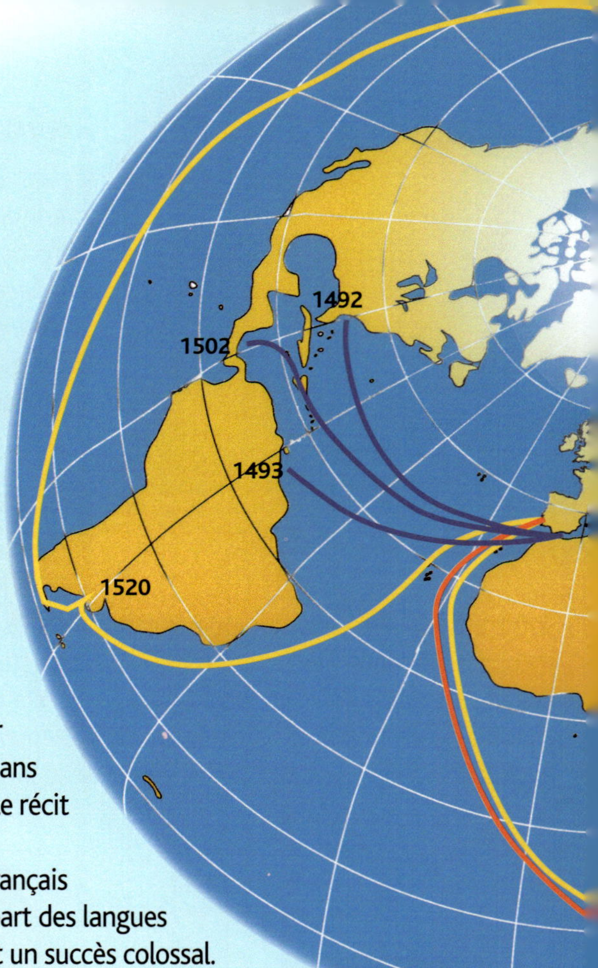

Les routes d'Orient

En 1271, un jeune Vénitien, Marco Polo, entreprend un immense voyage en Asie et atteint la cour de l'empereur mongol Koubilaï. Il y reste 17 ans et rentre à Venise en 1295. Le récit de ses aventures, *Le Livre des merveilles*, écrit en français et traduit dans la plupart des langues européennes, obtient un succès colossal. De nombreux échanges ont alors lieu, permettant d'importer d'Asie en Europe papier-monnaie, poudre à canon et imprimerie. En 1368, ces échanges s'interrompent avec la fin de l'Empire mongol.

Marco Polo est le plus célèbre voyageur d'Europe, grâce au succès du *Livre des merveilles* qui retrace ses aventures.

Explorations portugaises

Au XVe siècle, les Portugais, sous l'impulsion du prince Henri le Navigateur, entreprennent l'exploration systématique des côtes ouest de l'Afrique. En 1487, Barthélemy Diaz double le cap de Bonne-Espérance. En 1498, Vasco de Gama atteint Calicut, sur la côte de l'Inde. Ces découvertes entraînent un flux nouveau de marchandises de l'Asie vers l'Europe : les centres du commerce et de la civilisation se déplacent de la Méditerranée à l'Atlantique.

Le prince Henri le Navigateur, surnommé « le croisé des mers ».

Sagres, centre d'exploration

Pendant 40 ans, le prince Henri le Navigateur installe son quartier général à Sagres, à la pointe ouest du Portugal. Il y regroupe les cartographes les plus célèbres de l'époque, ainsi que les constructeurs de navires, les marins, les voyageurs et les savants les plus prestigieux. Toutes les nationalités s'y côtoient et une bibliothèque regroupe les récits des grands voyageurs, dont *Le Livre des merveilles*. C'est à Lagos, tout près de Sagres, qu'est mise au point la caravelle, petit vaisseau de 20 m de long, à faible tirant d'eau, capable de remonter au vent efficacement.

Découverte de l'Amérique

Le Génois Christophe Colomb, parti vers l'ouest pour atteindre les Indes, aborde en 1492 les côtes d'un continent inconnu qu'il prend pour le Japon. Ses successeurs comprennent qu'il s'agit d'un nouveau monde, dominé par les civilisations aztèque et inca. Très vite, les Espagnols vont passer de la découverte à la conquête. Les conquistadores Cortés au Mexique et Pizarro au Pérou anéantissent brutalement ces anciennes civilisations.

La boussole, instrument inventé en Chine, est utilisée par tous les grands navigateurs.

La caravelle est un bateau petit mais très efficace, parce qu'il est capable de bien remonter au vent.

Tragiques conséquences

La rencontre entre Européens et Amérindiens a eu de nombreuses répercussions : bovins, porcs et chevaux passent en Amérique où ils se mettent à proliférer, tandis que le maïs, la tomate ou le dindon font le trajet inverse et sont introduits en Europe. Mais la conséquence la plus tragique fut la disparition des populations locales : le travail forcé des Indiens et l'importation (involontaire) de maladies nouvelles font passer la population autochtone du continent américain de 20 % de la population mondiale à 2 % à peine en un siècle.

Le compas magnétique comporte une rose des vents à 32 directions solidaire d'une aiguille aimantée. Il permet à l'homme de barre de maintenir le cap.

Galilée, savant italien qui, grâce à sa lunette, découvre le relief de la Lune et les satellites de Jupiter.

Découvreurs de l'Univers

Le passage de l'observation à l'œil nu à l'observation instrumentale constitue l'un des plus grands progrès de l'histoire. À la Renaissance, la mise au point du télescope et du microscope ouvre aux hommes des perspectives nouvelles sur l'Univers.

L'invention du télescope

La lunette fut inventée par hasard dans l'atelier d'un opticien hollandais de Middelburg : Hans Lippershey. Deux enfants jouant constatèrent que si l'on regardait à travers deux lentilles, l'une divergente et l'autre convergente, on voyait un paysage considérablement grossi. L'opticien se lança aussitôt dans la fabrication de télescopes et, très vite, la fameuse lunette se diffusa dans toute l'Europe.

Galilée et sa lunette

En 1609, Galilée fabrique une lunette de grossissement 9 puis la perfectionne pour atteindre le grossissement de 30. Il la pointe ensuite vers le ciel et découvre des merveilles : la surface rugueuse de la Lune, les milliards d'étoiles de la Voie lactée, et les quatre satellites de Jupiter. Il publie en 1610 *Le Messager céleste*, une brochure de 24 pages qui dévoile au public ses découvertes. Galilée prend désormais parti pour le système de Copernic en raisonnant par analogie : Jupiter tourne autour de la Terre et possède quatre satellites qui gravitent à proximité. De la même manière, la Terre tourne autour du Soleil et possède un satellite : la Lune.

Dessin de Copernic sur sa nouvelle théorie : le Soleil prend la place de la Terre au centre de l'Univers.

La révolution de Copernic

Depuis l'Antiquité, les hommes considèrent que la Terre est immobile, plantée au centre de l'Univers. Pourtant Copernic (1473-1543), influencé par un souci d'harmonie, préfère imaginer un système différent : la Terre, loin d'être immobile, tourne autour du Soleil, qui demeure fixe au centre de l'Univers. Cette idée, qui va à l'encontre de ce que nous observons, fut exposée dans l'ouvrage *De revolutionibus*.

Le microscope et ses pionniers

Antonie Van Leeuwenhoek, un drapier hollandais passionné par le microscope et ses applications.

Le microscope fut sans doute inventé par Zacharie Jansen, un lunetier de Middelburg. En 1665, paraît la *Micrographia* de Robert Hooke (1635-1703), qui va éveiller l'intérêt de toute l'Europe savante pour les merveilles de l'infiniment petit. Antonie Van Leeuwenhoek (1632-1723) sera le pionnier de cette nouvelle science. Ce drapier hollandais, qui utilisait des verres grossissants pour examiner ses marchandises, fabriquera en tout quelque 550 lentilles dont la meilleure grossissait 500 fois. Ses découvertes donnèrent lieu à 190 lettres adressées à la Royal Society de Londres. Simple amateur, il fut élu membre de cette société savante en 1680.

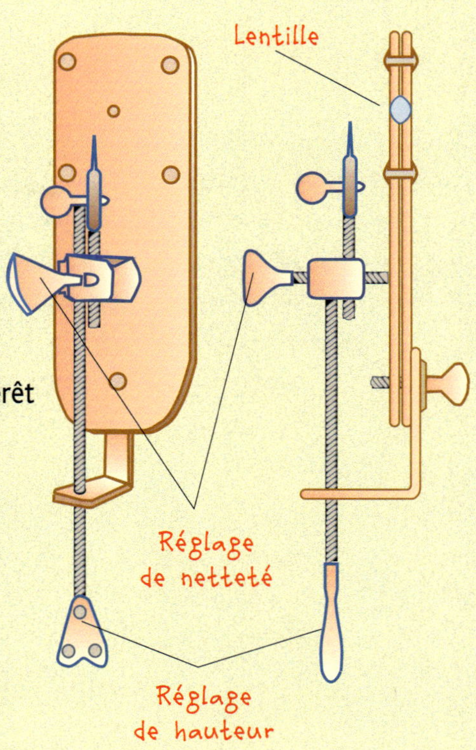

Microscope d'Antonie Van Leeuwenhoek au VIIe siècle.

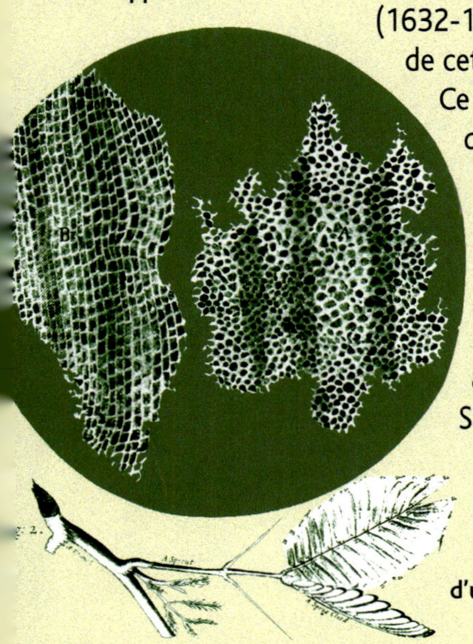

Cellules végétales observées par Robert Hooke au moyen d'un des premiers microscopes.

Fabrique une lunette astronomique

- Un bouchon de liège percé d'un trou
- 2 tubes de carton, dont l'un coulisse exactement dans l'autre
- La lentille d'un compte-fils ou une loupe de philatéliste
- Une autre lentille de distance focale 20 à 30 cm
- Pâte à modeler ou ruban adhésif

1 Fixe la lentille du compte-fils dans le bouchon percé d'un trou : c'est l'oculaire.

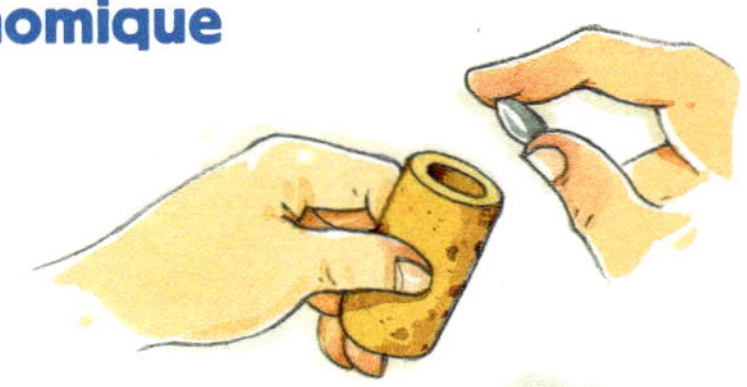

2 Fixe ce bouchon dans le tube de carton de plus petit diamètre, au moyen de la pâte à modeler ou du ruban adhésif.

3 Fixe de la même façon l'autre lentille à l'extrémité du tube le plus gros. Il suffit ensuite d'enfoncer l'un des tubes dans l'autre pour rendre les images nettes, et observer ainsi les détails de la surface de la Lune.

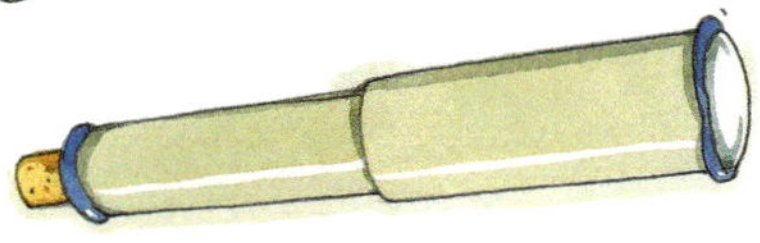

L'écologiste voyageur

Depuis la Renaissance, de nombreux voyageurs et scientifiques parcourent le monde pour découvrir des plantes et animaux encore inconnus. Parmi tous ces aventuriers, Alexander von Humboldt est l'inventeur de la biogéographie et le premier écologiste.

Un indigène montre à Humboldt les *vulcancitos* (petits volcans) situés près de Turbaco, en Équateur.

Une approche nouvelle de la nature

Né à Berlin en 1769, Alexander von Humboldt est épris de l'idéal des Lumières et des droits de l'homme. En 1790, à Paris, il assiste à la fête de la Fédération et fréquente le salon de Bougainville. Il y fait sensation par ses idées neuves : il traite les anciens botanistes de « misérables archivistes » et affirme s'intéresser à l'histoire et à la géographie des plantes, ainsi qu'à leur interaction avec les hommes. Cet esprit universel pratique toutes les sciences pour « mieux comprendre le fonctionnement de la nature ».

L'amitié d'Aimé Bonpland

Alexander rencontre chez Bougainville un jeune botaniste plein d'enthousiasme, Aimé Bonpland. Entre les deux hommes naît une amitié qui les liera toute leur vie. Tous deux échafaudent le projet d'un voyage en commun en Amérique latine, voyage qui va durer 5 ans et changer leur vie.

La découverte de l'Amérique

Le *Strychnos toxifera* utilisé par les Indiens pour fabriquer le curare.

Alexander von Humboldt jouit d'une fortune personnelle. Il décide donc de prendre à sa charge les frais d'une expédition scientifique en Amérique latine. Accompagné de son ami Aimé Bonpland, Alexander rassemble tout un matériel scientifique et s'embarque sur le *Pizzaro* en 1799. Les deux hommes explorent les bassins de l'Orénoque et de l'Amazone. Ils ont ensuite la chance d'assister à la fabrication du plus fameux des poisons, le curare, et identifient les plantes qui interviennent dans sa fabrication.

La répartition des espèces

Peu après, les deux amis escaladent le Chimborazo, volcan culminant à 6 310 m, et parviennent à l'altitude de 5 877 m, devenant ainsi les hommes « les plus hauts » du monde.
Au cours de cette ascension, Alexander observe une répartition différente des plantes selon l'altitude : tropicale dans la plaine, tempérée à mi-hauteur, quasi arctique au sommet. Il remarque que cette variation est identique à celle qui existe quand on passe de l'équateur aux pôles.

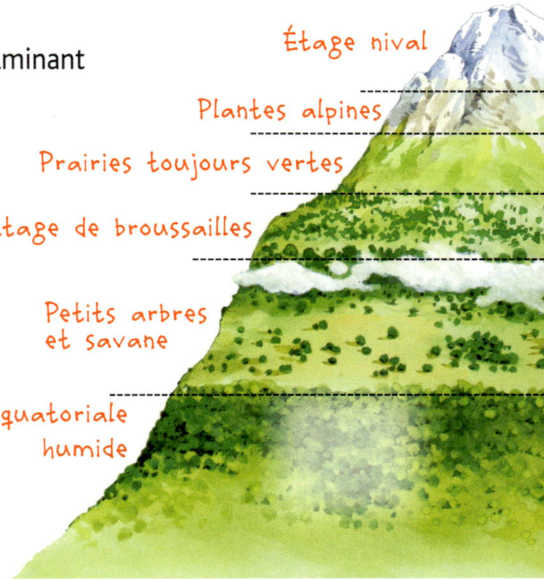

Répartition des plantes suivant l'altitude, dans la cordillère des Andes.

Une moisson scientifique variée

À la fin de 1799, les explorateurs font parvenir au Muséum de Paris une magnifique collection de fleurs de la passion, fuchsias, cinéraires, zinnias et orchidées. Le voyage s'achève en 1804, et Alexander se consacrera désormais à la publication de comptes-rendus minutieux de son voyage : étude des civilisations primitives du Mexique et du Pérou, recueil d'observations de zoologie et d'anatomie, observations astronomiques et géologiques, sans oublier le livre *Essai sur la géographie des plantes,* qui assurera sa gloire.

Alexander von Humboldt âgé, dans sa bibliothèque.

Culture d'ananas

L'ananas est un fruit originaire d'Amérique centrale.

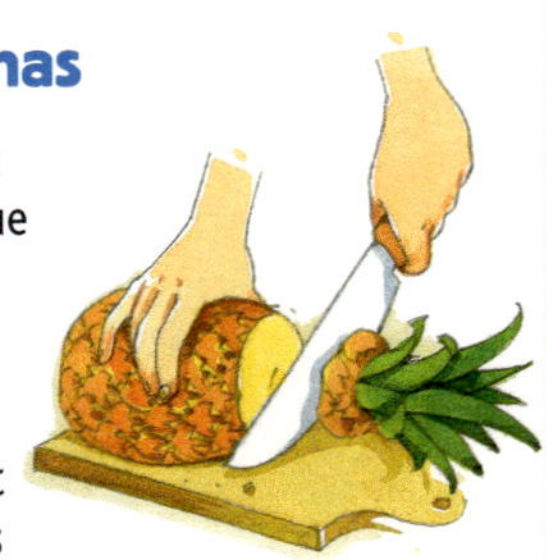

1 Procure-toi un ananas bien vert et découpes-en le haut en laissant quelques centimètres de chair.

2 Laisse sécher la coupe quelques jours, puis plante-la dans un mélange de terreau et de sable, en l'enfouissant jusqu'à la base des feuilles.

3 Place ta bouture à 18 °C dans une pièce bien éclairée, et n'oublie pas d'arroser souvent et de vaporiser de l'eau sur les feuilles.

L'explosion industrielle

Le passage à la civilisation industrielle constitue une rupture importante de notre histoire. À partir du XIXe siècle, les hommes commencent à marquer de leur empreinte la totalité de l'environnement de la planète.

L'acier, le charbon et la vapeur

La pénurie de bois en Angleterre est résolue au XVIIIe siècle par l'extraction massive du charbon situé dans le sous-sol britannique, une colossale réserve d'énergie fossile accumulée pendant les 115 millions d'années du carbonifère. Cette énergie à bon marché permet de fabriquer du fer et de l'acier dans les hauts-fourneaux et d'animer les machines à vapeur présentes partout : dans les usines, sur les trains et les bateaux. La production en masse de ces usines est écoulée dans des grands magasins, ces « cathédrales du commerce » qui apparaissent dans les grandes villes.

IMPACT ÉCOLOGIQUE

L'utilisation du charbon dans la première phase de la révolution industrielle entraîne une énorme pollution atmosphérique. Les paysages industriels sont surmontés par les panaches de fumée des usines et l'Angleterre a le triste privilège de posséder le *smog*, mélange indissociable de fumées d'usines et de brouillard.

Électricité et moteur à explosion

À partir des années 1880, la deuxième révolution industrielle se met en place en Europe et aux États-Unis, marquée par l'utilisation des nouvelles sources d'énergie que sont l'électricité et le pétrole. L'invention du moteur à explosion en 1885 va permettre de développer l'automobile et l'aviation. Le transport de l'électricité à longue distance transforme profondément la vie des hommes. L'utilisation généralisée de ces nouvelles techniques n'affecte dans un premier temps que la société nord-américaine, avec l'extension rapide du système automobile, symbolisé par la Ford T.

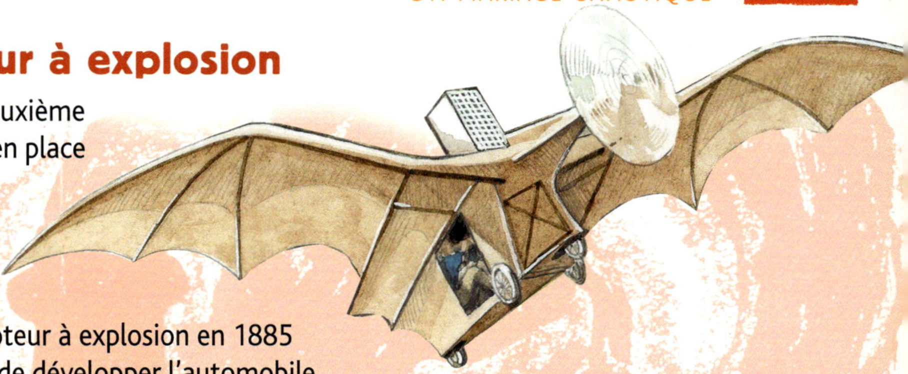

Avion *Éole* de l'inventeur français Clément Ader.

Automobile Ford modèle T, une des premières voitures construites en grande série.

Bateau à vapeur (ou steamer) propulsé par des roues à aubes.

Industrie et agriculture

Les développements importants de la chimie, avec l'invention en 1908 d'un procédé peu coûteux de synthèse de l'ammoniac, par le chimiste allemand Fritz Haber, provoquent des bouleversements considérables dans d'autres secteurs comme l'agriculture : les engrais de synthèse, désormais bon marché, augmentent considérablement les rendements agricoles.

Appareil de distillation destiné à la synthèse de l'ammoniaque (1854), avant la découverte du procédé de Haber.

Dominer la nature ?

Pendant des milliers d'années, l'homme avait dû survivre en utilisant des moyens limités, comme la force des animaux ou la sienne propre. La révolution industrielle permet à l'espèce humaine de puiser dans les réserves d'énergie fossile pour multiplier sa puissance sur la nature. Aux débuts du XXe siècle, les hommes pensent ainsi qu'ils se trouvent aux débuts d'un âge d'or qui leur apportera le progrès et une vie toujours meilleure.

L'expansion démographique

La population des hommes a connu une augmentation extrêmement importante lors de la révolution industrielle. Le retour à l'équilibre, nécessaire à l'harmonie de la Terre, sera conditionné par une généralisation de l'éducation des femmes et par leur insertion dans le monde du travail.

L'évolution de la population

La population humaine, d'abord réduite à quelques millions d'individus, fait un premier bond 35 000 ans avant J.-C., avec l'introduction des progrès techniques apportés par l'homme de Cro-Magnon. La deuxième augmentation importante prend place vers 5 000 ans avant J.-C., avec la révolution du Néolithique. Enfin, la révolution industrielle fait passer l'humanité de 1,8 milliard d'individus en 1900 à 6 milliards en 2000. Alors qu'il avait fallu plusieurs millions d'années pour franchir le seuil du milliard d'individus, il faut 123 ans pour atteindre le deuxième et 11 seulement pour atteindre le sixième.

Condorcet et Malthus

Condorcet, mathématicien et penseur des Lumières, a été le premier à s'inquiéter de la croissance démographique, susceptible d'entraîner des famines. Il prévoit une réduction volontaire du taux de fertilité, par le « progrès de la raison ». Ce principe repose, selon lui, sur la généralisation de l'éducation, et spécialement celle des femmes. Malthus, économiste britannique, craint lui aussi un déséquilibre croissant entre population et ressources alimentaires. Il ne croit pas à la sagesse des hommes, mais prévoit une réduction forcée du taux de croissance, due aux conditions plus difficiles.

Condorcet

Malthus

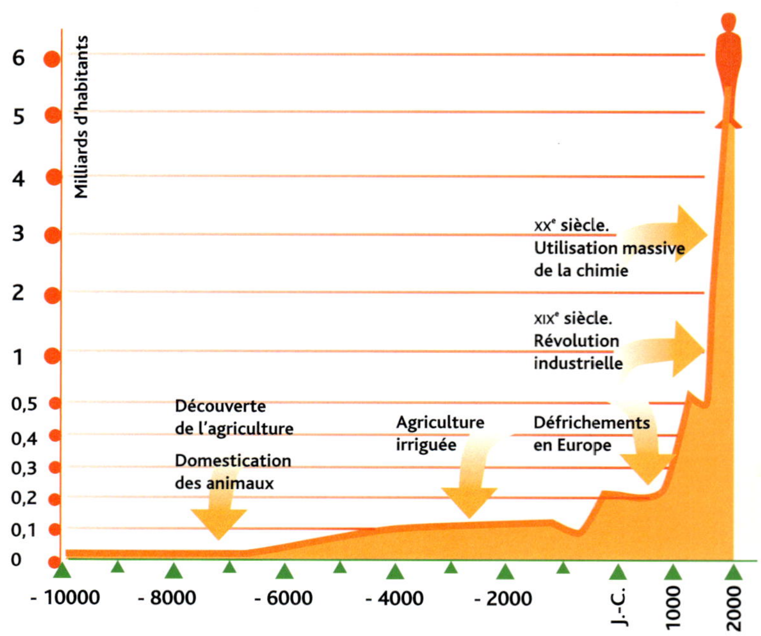

Évolution de la population mondiale, en fonction des grandes dates de l'histoire de l'humanité.

Transition démographique

On sait que la stabilité de la population est assurée lorsque le nombre moyen d'enfants par femme (ou taux de fécondité) est de 2 à 2,1. L'examen de l'évolution de la population dans les pays industrialisés montre qu'avant la révolution industrielle, une forte natalité était compensée par une forte mortalité. Puis s'est mise en place une période intermédiaire où la mortalité a beaucoup baissé alors que la natalité restait élevée, ce qui a provoqué un fort accroissement passager de la population. Aujourd'hui, natalité et mortalité sont faibles : le taux de fécondité est passé de 2,8 en 1960 à 1,7 en 2000.

Une photo tirée du film *Treize à la douzaine* (2003) racontant les aventures drôles d'une famille de 12 enfants.

Vers l'équilibre ?

La plupart des pays du tiers-monde sont aujourd'hui à leur tour en période de transition démographique. Leur natalité est encore soutenue, tandis que leur mortalité a baissé, l'accroissement de la population reste donc important. Cependant, entre les années 1960 et 2000, le taux de fécondité des pays en développement est passé de 6,1 à 3,1 et celui des pays les moins avancés de 6,7 à 5,4. Globalement, la moitié de la population de la Terre a baissé sa fécondité en dessous de 2,1.

Le taux de fécondité des pays développés a beaucoup baissé. Il est aujourd'hui de 1,7.

UNE BAISSE SPECTACULAIRE

Alors qu'on pensait que la baisse de la natalité était due à la hausse du niveau de vie, de nombreux pays pauvres ont obtenu une baisse spectaculaire de leur taux de fécondité grâce aux progrès de l'éducation des femmes et à leur accès aux soins de santé et au monde du travail. C'est ainsi que l'État du Kerala, en Inde, est passé d'un taux de fécondité de 4,5 dans les années 1950 à 1,7 en 2000. Le Brésil est passé dans le même temps de 6,2 à 2,3, le Sri Lanka de 5,8 à 2,1 et la Thaïlande de 6,4 à 2,1.

Le péril chaud

En 200 ans d'utilisation des combustibles fossiles, les hommes ont modifié la concentration des gaz à effet de serre de l'atmosphère. Le climat de la Terre se réchauffe dangereusement.

Climats du passé

Depuis 400 000 ans, le climat passe par une alternance régulière de périodes glaciaires longues et de périodes interglaciaires courtes. Deux explications sont avancées : une modification régulière de l'orbite de la Terre et la variation des concentrations des deux principaux gaz à effet de serre (dioxyde de carbone et méthane). Pendant les périodes glaciaires, la concentration des GES est faible, et elle augmente pendant les périodes interglaciaires. Nous vivons actuellement dans une période interglaciaire, l'holocène, qui a commencé il y a environ 12 000 ans, et nous devrions donc bientôt entrer dans une phase de refroidissement.

Réchauffement accéléré

La température de la Terre devrait baisser lentement en perdant 1 °C par millier d'années environ. Or les climatologues n'observent pas cette tendance : ils mesurent au contraire une augmentation de la température moyenne de près de 1 °C en un demi-siècle : 13,84 °C en 1950, 14,4 °C en 2001. De plus, ce phénomène va en s'accélérant, les 10 années les plus chaudes depuis 1867 étant postérieures à 1980.

Les deux illustrations représentent le glacier d'Argentière (près de Chamonix) en 1860 (haut) et un siècle plus tard (bas) : le recul du glacier est nettement perceptible.

MESURES À MAUNA LOA

Depuis 1958, les climatologues effectuent régulièrement des mesures de la concentration de dioxyde de carbone atmosphérique au sommet du Mauna Loa, à Hawaii. La concentration de CO_2 augmente constamment, ce qui explique le réchauffement observé. Les chiffres sont passés de 280 ppm (parties par million) il y a 200 ans à 370 ppm aujourd'hui, augmentation due essentiellement à l'utilisation des combustibles fossiles comme le charbon et l'essence.

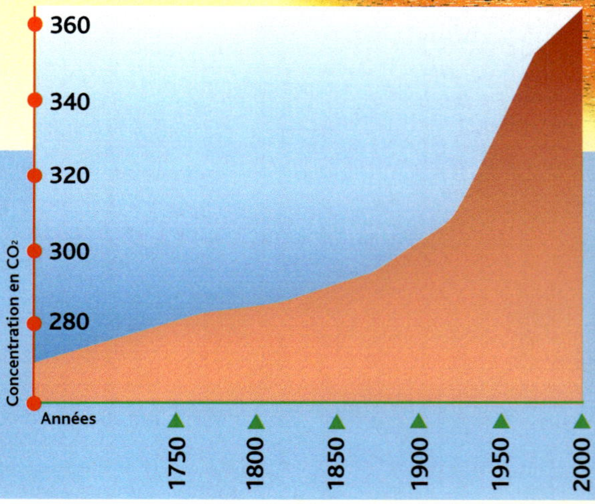

Déséquilibre de la Terre

Les gaz à effet de serre de l'atmosphère agissent comme une couverture isolante. Si leur concentration augmente, la Terre reçoit plus d'énergie qu'elle n'en renvoie : elle est donc en état de déséquilibre thermique. L'énergie reçue en excès réchauffe les océans et fait fondre les glaciers. Cette énergie excédentaire a été estimée à 2 watts/m², ce qui correspond à la chaleur émise par deux petites ampoules électriques (comme celles qu'on trouve sur les guirlandes de Noël) allumées en permanence sur chaque mètre carré de la surface de la Terre. Cela semble bien peu, mais c'est suffisant pour perturber le climat.

Un pan de glacier fragilisé par le réchauffement climatique s'effondre dans la mer.

Des conséquences inquiétantes ?

Les conséquences de la perturbation de l'atmosphère par les activités humaines sont donc potentiellement inquiétantes, d'autant que les océans peuvent réagir à ces changements avec un retard de plusieurs décennies. On peut craindre une augmentation du niveau des mers, la fonte partielle des calottes polaires et des glaciers qui sont des régulateurs du cycle de l'eau, ainsi que la modification des courants océaniques et en particulier du régime du Gulf Stream qui régule le climat de l'Europe occidentale.

Atoll du Pacifique (îles Salomon). Ces îles basses sont particulièrement exposées aux dangers de montée des eaux.

Pollutions

L'ensemble de l'environnement de la planète est soumis aux pollutions liées aux activités des hommes. Ces pollutions peuvent être accidentelles (marées noires, accidents chimiques ou nucléaires) ou régulières.

La pollution de l'air à Mexico est due aux industries implantées à proximité et au trafic automobile.

Marées noires

Les naufrages des grands pétroliers comme l'*Amoco Cadix*, l'*Erika* ou le *Prestige* ont provoqué de gigantesques marées noires et l'arrivée sur les côtes d'importantes masses gluantes de mazout qui paralysent les activités de pêche et tuent des dizaines de milliers d'oiseaux. À ces événements exceptionnels, il faut ajouter les pollutions régulières dues au « dégazage » en mer de pétroliers commandés par des marins peu scrupuleux.

Pesticides

De nombreux produits chimiques se retrouvent dans l'air, l'eau ou la nourriture : par exemple le DDT (dichloro-diphényl-trichloréthane), insecticide commercialisé en 1938, les PCB (polychlorobiphényles) qu'on trouve dans les peintures ou les dioxines. Ces produits « miracles » semblaient sans danger. Pourtant, dans les années 1960, les scientifiques constatent avec étonnement une altération de la reproduction chez certains animaux : des goélands cessent de s'accoupler, des alligators au pénis atrophié ne peuvent plus se reproduire, des tortues deviennent transsexuelles.

Des milliers de produits

Environ 100 000 produits chimiques différents sont en vente dans le monde, auxquels s'ajoutent 1 000 substances nouvelles chaque année. Face à une telle augmentation, les moyens scientifiques mis en œuvre pour tester les risques possibles sont dérisoires. Quand on sait que les effets nocifs de ces substances peuvent n'apparaître que des dizaines d'années après leur commercialisation, on mesure mieux les dangers qu'elles font courir à notre environnement.

Lors d'une marée noire, les volontaires sont mobilisés pour nettoyer le bord de mer. Des vêtements de protection sont nécessaires car les produits ramassés sont souvent dangereux.

Un équilibre hormonal perturbé

On sait aujourd'hui que le DDT ou les PCB ont des propriétés œstrogènes (du nom d'une hormone féminine) : ils ont tendance à féminiser les animaux, perturbant gravement leur équilibre hormonal. Ces toxines diminuent également les défenses immunitaires de l'organisme. C'est ainsi qu'on a expliqué la mort de 40 % des phoques de la mer du Nord et de nombreux dauphins. Chez les habitants des pays industrialisés, la hausse constante du nombre de cancers des organes génitaux et du sein, ainsi que la baisse de la fertilité qui ont été observées, sont peut-être aussi liées à la présence de ces produits dans l'environnement.

L'air des villes

La qualité de l'air des villes occidentales s'est nettement améliorée au cours des dernières décennies : les quantités d'oxydes de soufre ont été réduites et Londres ne connaît plus les épisodes de *smog*, mélange de brouillard et de fumées, qui tuèrent 4 000 personnes en décembre 1952. En revanche, d'autres mégalopoles comme Bangkok, Mexico ou Pékin connaissent encore des problèmes majeurs de qualité de l'air, et les maladies respiratoires y occupent la quatrième place parmi les causes de mortalité.

L'air de Paris (mesuré ici par 5 capteurs en haut de Notre-Dame) est de bien meilleure qualité qu'il y a 30 ans !

Menaces sur la paix

La planète Terre regorge d'arsenaux nucléaires, chimiques ou bactériologiques. Les hommes ne pourront espérer vivre en paix que si de sévères limitations sont imposées aux pays qui fabriquent, vendent ou envisagent d'utiliser ces armes de destruction massive.

Bombardiers nucléaires B52 sur la base américaine de Tucson (Arizona).

Un arsenal nucléaire

Pendant la « guerre froide » (période d'extrême rivalité mais sans que la guerre soit déclarée) entre les États-Unis et l'URSS, des arsenaux colossaux d'armes nucléaires ont été mis en service par les deux superpuissances. La fin de cette époque a eu comme heureux résultat de faire diminuer le nombre de bombes nucléaires : après s'être élevé à plus de 100 000, leur nombre total se réduit aujourd'hui à environ 20 000 et de nouvelles diminutions sont annoncées. La destruction des dizaines de milliers de ces bombes et le nettoyage des sites de production exigent des sommes considérables.

Manifestation de l'association Handicap International contre les mines antipersonnel, sur le parvis du Trocadéro, à Paris. La pyramide de chaussures symbolise les mutilations des nombreuses victimes des mines.

Une planète minée

Actuellement, 110 millions de mines explosives dites « antipersonnel » sont déployées dans plus de 70 pays. Bien camouflées, elles restent actives pendant plus de 75 ans, continuant à tuer et à mutiler bien après la fin des conflits. Elles constituent aussi un désastre écologique, en réduisant les terres cultivables disponibles et en polluant les campagnes sur d'immenses surfaces. L'Afrique, théâtre de nombreux conflits armés, est le continent le plus miné au monde. Le traité d'Ottawa de 1997, interdisant la production et la vente de mines antipersonnel, a été signé par 121 pays, mais beaucoup ne l'ont pas ratifié, comme le Cambodge, le Vietnam, le Mozambique, etc.

Des armes chimiques

Les gaz de combat ont été utilisés pour la première fois pendant la guerre de 14-18 ; améliorés avant la Seconde Guerre mondiale, ils sont restés inutilisés au cours de celle-ci. L'Irak emploie ensuite le tabun lors de sa guerre contre l'Iran et contre les populations kurdes. En 1993, un accord international est proposé : il interdit la possession d'armes chimiques et prévoit de graves sanctions envers les pays utilisateurs. Les Américains se sont engagés à détruire 30 000 tonnes de stock, les Russes 40 000 tonnes, et l'Irak la totalité. Cependant, on soupçonne d'autres pays tels que la Corée du Nord, l'Égypte ou Israël d'en posséder.

Exercice de décontamination pour un commando de soldats français du groupe de défense nucléaire, biologique et chimique (NBC).

Arsenaux bactériologiques

Les armes bactériologiques sont particulièrement redoutables : faciles à obtenir et à manipuler, elles représentent un danger majeur, d'autant que les techniques actuelles permettent de fabriquer des micro-organismes (virus ou bactéries) insensibles aux antibiotiques et aux vaccins. Les agents utilisables au cours d'une attaque bactériologique sont le bacille du charbon, la toxine botulique, l'agent de la peste (*Yersinia pestis*) et le virus Ebola. En 1975, une convention internationale interdisant les armes biologiques est entrée en vigueur, mais le contrôle des sites de fabrication possibles n'est toujours pas réalisé.

Épave de sous-marin nucléaire rouillée et abandonnée en mer de Behring. Ces épaves font courir un risque sérieux à l'environnement.

Histoires d'eaux

Nous avons besoin d'eau, pour boire ou pour cultiver les plantes. Mais nous devons apprendre à mieux gérer cette précieuse ressource.

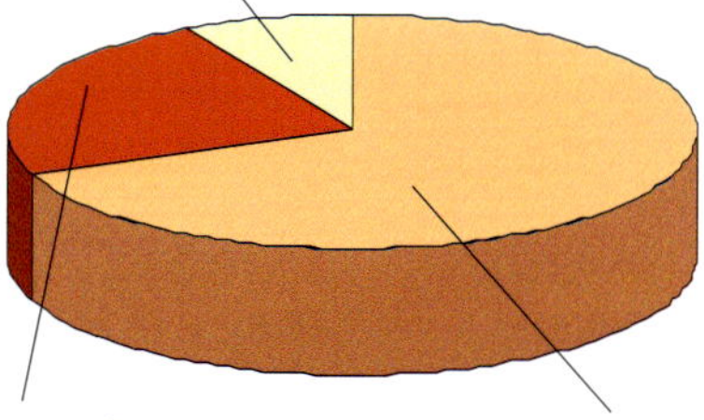

Comparaison de la consommation en eau selon les secteurs d'activité.

Une situation contrastée

Actuellement, l'eau douce est consommée à 69 % par l'agriculture, 23 % par l'industrie et 8 % à peine sont utilisés pour les besoins domestiques. Quelques pays manquent cruellement d'eau (comme le Koweït, la Libye, l'Arabie Saoudite, la Jordanie) alors que d'autres utilisent de puissantes pompes électriques ou diesel pour puiser de façon excessive dans les nappes d'eau souterraines et irriguer leurs cultures (États-Unis, Chine, etc.). La conséquence en est une baisse continue du niveau des nappes phréatiques, qui mettent parfois plus d'un siècle à se reconstituer par infiltration.

Delta du fleuve Amou-Daria (Ouzbékistan) montrant de nombreux dépôts de sel. Cette situation a été provoquée par les prélèvements d'eau excessifs destinés à la culture intensive du coton.

La mer d'Aral

Pour irriguer le désert de Karakoum et produire du coton, l'Union soviétique a détourné les eaux des fleuves Amou-Daria et Syr-Daria, asséchant ainsi en grande partie la mer d'Aral.

Eau potable et assainissement

Les pays les plus pauvres souffrent souvent d'une difficulté d'accès à l'eau potable et à l'assainissement : l'eau y reste polluée et impropre à la consommation humaine. Bien que de nombreux progrès aient été réalisés, l'Organisation mondiale de la santé (OMS) estime qu'en 2015, 500 millions d'individus ne disposeront toujours pas d'assainissement et boiront une eau insalubre. Cette situation provoque des diarrhées et le décès par déshydratation de nombreux enfants en bas âge.

Puits équipé d'une pompe à pied (Guinée).

Vers une meilleure utilisation

De nombreuses expériences réalisées dans le monde incitent à une meilleure utilisation de l'eau : l'arrosage au goutte-à-goutte permet de réduire de moitié la consommation. L'optimisation de l'arrosage par ordinateur permet aux agriculteurs californiens de réduire leur consommation de 10 % tout en augmentant leur production de 10 %. De nouvelles variétés de blé ou de riz triplent la quantité de plante produite par unité d'eau consommée. Certains pays recyclent même les eaux usées domestiques pour l'irrigation. Enfin, chez les plus pauvres, l'utilisation de techniques simples, comme les pompes à pédales au Bangladesh, permet d'irriguer à moindres frais.

Champ de maïs du delta du Nil arrosé au goutte-à-goutte. Au premier plan, pompe prélevant l'eau dans un canal d'irrigation.

Arroser au goutte-à-goutte

Il s'agit de cultiver des tomates en dépensant le minimum d'eau possible. Pour cela, il suffit de disposer un tapis de paille ou d'herbes sèches au pied des tomates (ce qui limite l'évaporation), puis d'enfoncer à chaque pied une bouteille pleine d'eau la tête en bas, après en avoir légèrement dévissé le bouchon.

Modifications génétiques

Les êtres vivants transmettent leurs gènes de génération en génération. Un OGM est un organisme dont les gènes ont été modifiés pour changer ses propriétés.

Paysan mexicain dans son champ de maïs. Lieu d'origine du maïs, l'ensemble du Mexique est actuellement contaminé par du maïs transgénique importé des États-Unis.

Sélection naturelle ou artificielle

Dans les noyaux des cellules se trouvent des gènes qui déterminent les caractéristiques principales des organismes vivants et permettent leur transmission. Au cours des millions d'années de l'histoire de la Terre, la sélection naturelle a choisi, chez tous les êtres vivants, les gènes les plus adaptés au milieu. Mais depuis l'invention de l'agriculture et de l'élevage, les hommes ont eux aussi pratiqué la sélection (artificielle, cette fois) : ils ont choisi de favoriser certaines caractéristiques qui leur étaient utiles : c'est ainsi que l'épi de maïs cultivé est devenu bien différent du sauvage, et que le sanglier s'est transformé en porc domestique.

Le maïs primitif est originaire du Mexique (à gauche) et il a été beaucoup transformé par l'action des hommes (à droite).

La modification des gènes

Mais depuis peu, les scientifiques savent modifier directement un ou plusieurs gènes d'un organisme. Grâce au « génie génétique » ils choisissent un gène d'une cellule parente possédant une propriété particulière (par exemple la résistance à un parasite ou à la sécheresse) et le transfèrent à la cellule d'un autre organisme qui ne possède pas cette propriété. C'est ainsi qu'on a pu greffer un gène humain permettant de fabriquer de l'insuline à une bactérie. Celle-ci a ensuite été capable, grâce à sa multiplication rapide, de produire d'importantes quantités d'insuline. Les scientifiques créent ainsi de nouvelles espèces qui ne seraient pas réalisables par sélection.

OGM ET DÉPENDANCE

Les multinationales qui fabriquent les plantes transgéniques ont étudié la possibilité d'inclure un gène nommé « Terminator » qui avait pour objectif d'empêcher les graines récoltées par les paysans de germer, ce qui les obligeait à acheter chaque année de nouvelles semences auprès des grandes compagnies semencières. Le projet a été provisoirement abandonné.

Modifications des plantes

Aujourd'hui, la plupart des plantes transgéniques sont résistantes aux herbicides, ce qui ne présente aucun intérêt pour le consommateur, d'autant qu'on peut craindre une augmentation des doses de pesticides utilisées. Un maïs résistant à la pyrale (un insecte parasite) paraît être plus intéressant. Les futures plantes transgéniques de deuxième génération pourraient avoir plus d'avantages en augmentant la valeur nutritionnelle des aliments de base, en limitant l'usage coûteux des engrais ou des produits de traitement, en résistant à la sécheresse ou à la salinité.

LIAISONS DANGEREUSES

En 2001, un article de deux scientifiques (Chapela et Quist), paru dans la revue *Nature,* démontrait une contamination généralisée du maïs mexicain par du maïs transgénique. Les auteurs furent aussitôt violemment critiqués et Chapela menacé d'exclusion par l'université de Berkeley, université liée par contrat à une firme biotechnologique. Cette campagne montre clairement la pression énorme des intérêts financiers sur les chercheurs.

Inquiétudes et rejet

Le principal danger des cultures transgéniques réside dans leur capacité à modifier des populations de mauvaises herbes nuisibles, par exemple en transférant leurs gènes à des espèces apparentées : le gène de résistance à un herbicide passant à une herbe folle permettrait à celle-ci de proliférer de façon incontrôlée. Ces risques, encore bien mal évalués, ont provoqué des réactions de rejet parfois violentes, comme les actions de destruction de cultures transgéniques en plein champ. Les contrats liant souvent scientifiques et multinationales créatrices d'OGM ne contribuent évidemment pas à clarifier le débat.

Manifestants détruisant un champ de maïs transgénique à Lévignac (France).

THÉRAPIES

Des bactéries génétiquement modifiées contenant le gène de croissance humaine ont permis, au début des années 1980, de produire de l'hormone de croissance et de traiter de nombreux cas de nanisme. Une thérapie génique (introduction d'un gène sain dans le noyau d'une cellule malade) a été tentée en 2000 sur des bébés atteints de déficits immunitaires graves, mais une complication importante a entraîné son arrêt en 2002.

Disparition des espèces

Avant l'apparition de l'homme, les espèces ont subi de nombreuses extinctions, mais l'impact actuel des humains fait peser une menace sur la survie de multiples autres espèces.

Une histoire mouvementée

Depuis que la vie est apparue sur Terre, les espèces se sont multipliées pour atteindre aujourd'hui un nombre que les scientifiques évaluent difficilement (entre 2 et 80 millions). Plus de 95 % des espèces ayant existé ont actuellement disparu. On estime qu'une espèce vit en moyenne entre 1 et 10 millions d'années, ce qui correspond à la disparition d'une espèce tous les 10-20 ans. Or, depuis l'apparition d'*Homo sapiens*, le taux de disparition des espèces a remarquablement augmenté.

Extinctions d'aujourd'hui

Il est impossible de fournir des chiffres précis, mais les scientifiques estiment que les taux d'extinction actuels sont de1 500 à 10 000 fois plus élevés que le taux naturel. Cela correspond à l'extinction d'une espèce tous les 2 ou 4 jours.

Les mammouths n'ont pas survécu à la chasse intensive pratiquée par les chasseurs paléolithiques.

De nombreuses espèces ont disparu de la surface de la Terre, des libellules géantes aux tigres à dents de sabre, en passant par les dinosaures et les ptérosaures, sans oublier mammouths et autres rhinocéros laineux.

Jeune rhinocéros blanc dans un parc animalier.

Modifications écologiques

Le taux actuel d'extinction résulte principalement de l'action des hommes sur les écosystèmes : destruction des habitats par développement des routes, des zones industrielles ou des villes, déforestation en zone tropicale, assèchement des zones humides font disparaître des milieux favorables à la biodiversité. La chasse, la pêche et le commerce jouent aussi un rôle, en prélevant des animaux appartenant à des espèces peu nombreuses et donc fragiles.

Liste rouge

L'UICN (Union internationale pour la conservation de la nature) a établi sur des bases scientifiques une classification des espèces suivant le degré de menace qui pèse sur elles. Selon l'UICN, les trois quarts des mammifères et des oiseaux en danger de disparition vivent dans des forêts tropicales. Parmi les espèces en voie de disparition les plus connues, on peut citer la baleine et le rhinocéros, mais de nombreuses espèces d'insectes ou autres arthropodes sont aussi menacées.

Vue aérienne de forêts et de routes près de Nimmo Bay, en Colombie-Britannique. La photo met en lumière la déforestation et l'abondance des routes qui contribuent à la disparition des espèces.

Chasseurs d'autrefois

Les chasseurs paléolithiques ont exterminé 33 grandes familles de mammifères et d'oiseaux : les mammouths et les rhinocéros laineux, confinés dans des habitats rétrécis, n'ont pas pu survivre à la chasse intensive alors pratiquée pour des motivations essentiellement alimentaires. Au cours des quatre derniers siècles, la vitesse d'extinction est montée à la moyenne d'une espèce tous les 3 ans. C'est ainsi que le dodo de l'île Maurice a disparu en raison d'un excès de chasse.

Le ciel sur la tête

Au cours de la longue histoire de la Terre, des collisions catastrophiques d'astéroïdes, ou météorites, ont ravagé totalement la planète. Les hommes s'efforcent depuis peu de prévoir suffisamment tôt ces impacts pour tenter de les éviter.

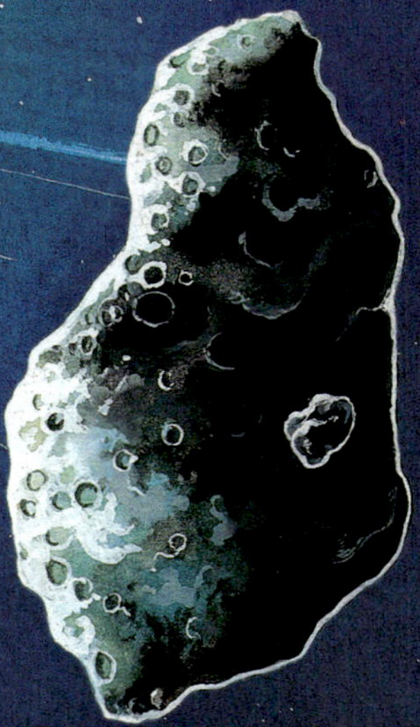

Histoires de collisions

Chaque nuit, des millions de débris de matière interplanétaire pénètrent l'atmosphère terrestre et se pulvérisent : ce sont les étoiles filantes. Lorsque des objets plus importants entrent dans l'atmosphère, ils peuvent suivant leur taille exploser (Tunguska en Sibérie, 1908) ou atteindre la surface de la Terre, provoquant d'énormes dégâts (Chicxulub au Mexique, – 65 Ma).

Observations et surveillance

Des centaines de milliers d'objets sont susceptibles de percuter la Terre : ce sont les géocroiseurs. Le programme de surveillance Spaceguard Survey, lancé par les États-Unis en 1998, évalue le nombre de géocroiseurs de taille supérieure à 1 000 m à environ 1 000. Ceux dont la taille est supérieure à 200 m sont au nombre de 17 000, et ceux qui sont supérieurs à 100 m sont 60 000. La détection de ces géocroiseurs dangereux est faite par des télescopes installés au sol.

Tableau d'impacts

Taille	Fréquence	Conséquences
5 m	1 an	Aucune
10 m	10 ans	Explose à plus de 10 km d'altitude
50 m	100 à 2 000 ans	Explose à 10 km
		Dévaste une petite ville
100 m	5 000 à 10 000 ans	Atteint le sol
		Dévaste 10 000 km^2
200 à 300 m	30 000 ans	Un tsunami est possible
500 m	200 000 ans	En mer, vague de 1 000 m
		Détruit une région
1 500 m	800 000 ans	Dévaste un grand pays
		Change le climat
		La civilisation disparaît
10 000 m	150 Ma	Extinction massive

Une fusée à réacteur nucléaire s'amarre à un astéroïde pour le dévier de sa trajectoire, et ainsi épargner la Terre.

L'astéroïde du Petit Prince

Au cas où les programmes de détection lanceraient une alerte, certains scientifiques ont proposé de pulvériser l'objet grâce à une explosion nucléaire (mais avec le risque de le couper en très gros morceaux). Récemment, le projet B612 (du nom de l'astéroïde du Petit Prince) a été avancé : une fusée à réacteur nucléaire pourrait s'amarrer à l'astéroïde puis le dévier de sa trajectoire prévue en lui infligeant une poussée faible mais continue.

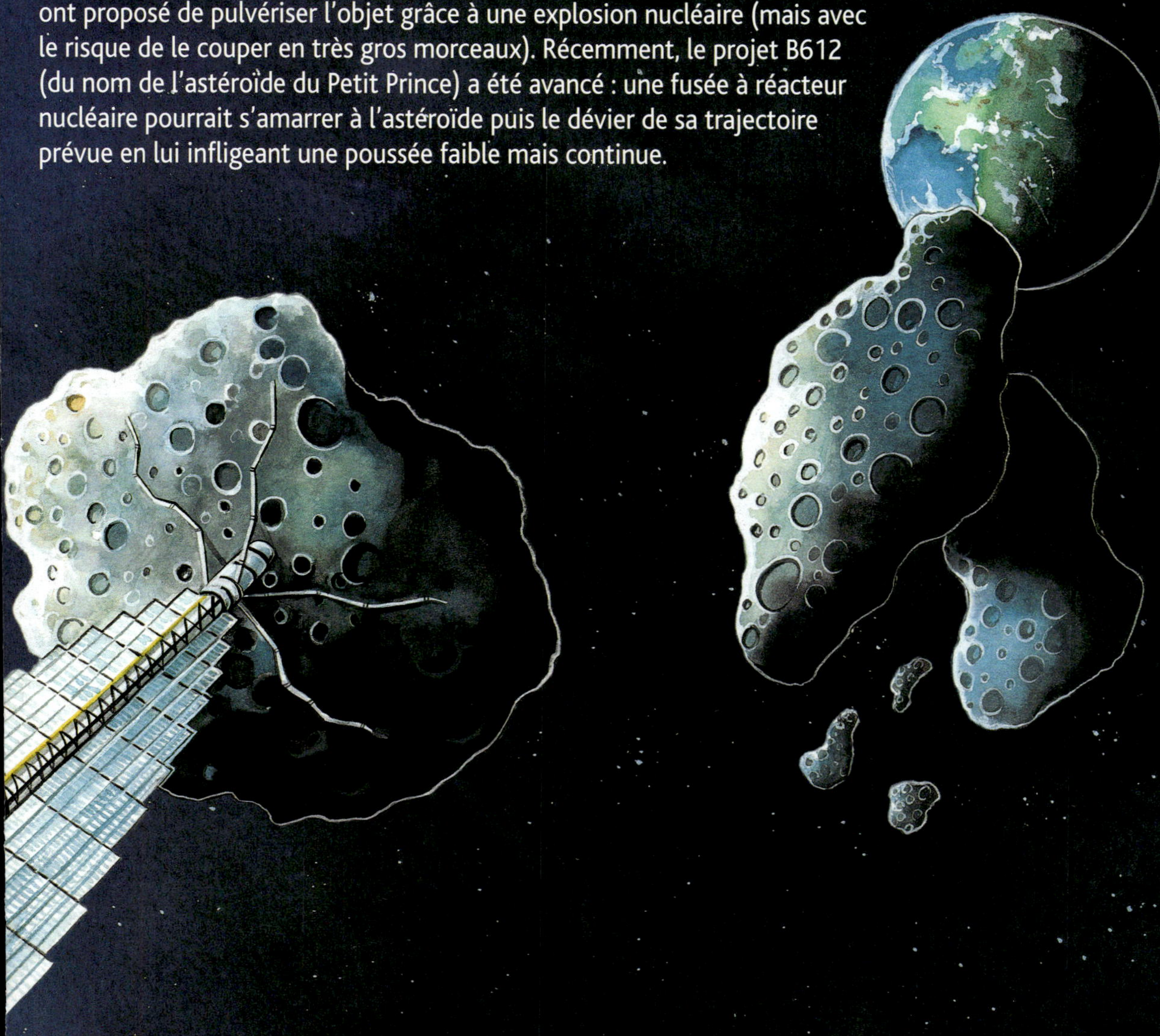

Récolte de météorites

Lorsqu'elles brûlent, les météorites laissent en suspension dans l'air de minuscules débris, qui sont plus nombreux après les pluies d'étoiles filantes (Perséides 12 août, Orionides 21 octobre ou Géminides 14 décembre). À la campagne, recueillir l'eau d'une averse qui suit une pluie d'étoiles filantes, et laisser reposer pendant 24 heures. Vider délicatement la quasi-totalité du récipient, puis laisser évaporer l'eau qui reste. La poussière restante contient des micrométéorites qui adhéreront à un aimant.

Fracturation du bord de la falaise provoqué par le séisme du 30 juillet 1995 à Antofagasta (Chili).

Séismes et éruptions

La Terre est une planète vivante. Régulièrement, l'énergie accumulée dans ses profondeurs s'exprime par des soubresauts violents, comme les tremblements de terre (ou séismes) et les éruptions volcaniques.

Séismes

Les plaques tectoniques qui forment l'assise de la Terre se déplacent sur le magma et se frottent dans leurs zones de contact. Ces mouvements provoquent de fortes tensions, et de temps en temps, l'énergie accumulée se libère sous forme de tremblements de terre. Ces séismes se produisent dans les zones sismiques, régions d'affrontement des plaques.

De Lisbonne à l'Indonésie

En 1755, le centre de Lisbonne est dévasté par un séisme suivi d'un immense raz-de-marée : bilan 60 000 morts. Le 18 avril 1906, San Francisco est complètement détruite par un séisme d'une ampleur de 8,2 sur l'échelle de Richter, suivi d'un incendie. Le 7 décembre 1988, un séisme de magnitude 7 frappe le nord de l'Arménie : aucun immeuble de plus de 7 étages ne reste debout et le bilan final dépasserait 55 000 morts. Enfin, le 26 décembre 2004, un tremblement de terre de magnitude 8,9 provoque un tsunami qui, dévastant les côtes de l'océan Indien, est responsable de plus de 280 000 victimes.

Carte des zones sismiques et des volcans.

Zones sismiques

Volcans

Frontières entre plaques

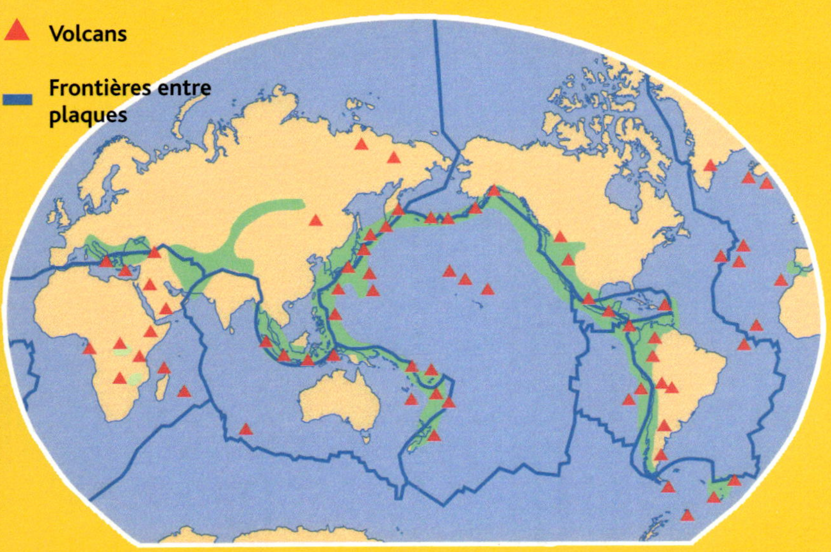

L'échelle de Richter

Charles Richter a proposé une formule mathématique pour évaluer l'énergie (ou magnitude) d'un séisme. Cette échelle va de 0 à 9. À 3, le séisme est enregistré par les sismographes mais à peine sensible.
Entre 5,4 et 6, de légers dégâts apparaissent sur les immeubles bien construits, les autres sont en partie détruits. À 8 et au-dessus, toutes les constructions sont dévastées sur des centaines de kilomètres et le paysage est entièrement bouleversé.

Les volcans

Sous la croûte terrestre, se trouve le manteau formé de roches brûlantes. À une profondeur de 30 à 100 km et dans certains endroits, par exemple à l'aplomb des limites de plaques tectoniques, les minéraux qui forment le manteau fondent partiellement et laissent apparaître du liquide magmatique. Celui-ci, plus léger, remonte vers la surface, où il prend le nom de lave. Le volcan est un des points de sortie de ce magma. La Terre compte 600 volcans actifs, la plupart ceinturant le Pacifique ; une cinquantaine entrent en éruption chaque année.

Éruption du Kilauea (Hawaii).

Éruptions catastrophiques

L'éruption du Vésuve le 24 août 79 a détruit Pompéi et fait 15 000 à 20 000 victimes. Celle de Tambora, en Indonésie (1815), en a fait 60 000. La nuée ardente issue de la Montagne pelée (Martinique) est responsable de 29 000 morts en 1902 et l'éruption du Nevado del Ruiz en Colombie (1985) a tué 23 000 personnes. Les éruptions volcaniques projettent dans l'atmosphère des poussières et des aérosols, émettent du CO_2 et détruisent l'ozone stratosphérique.

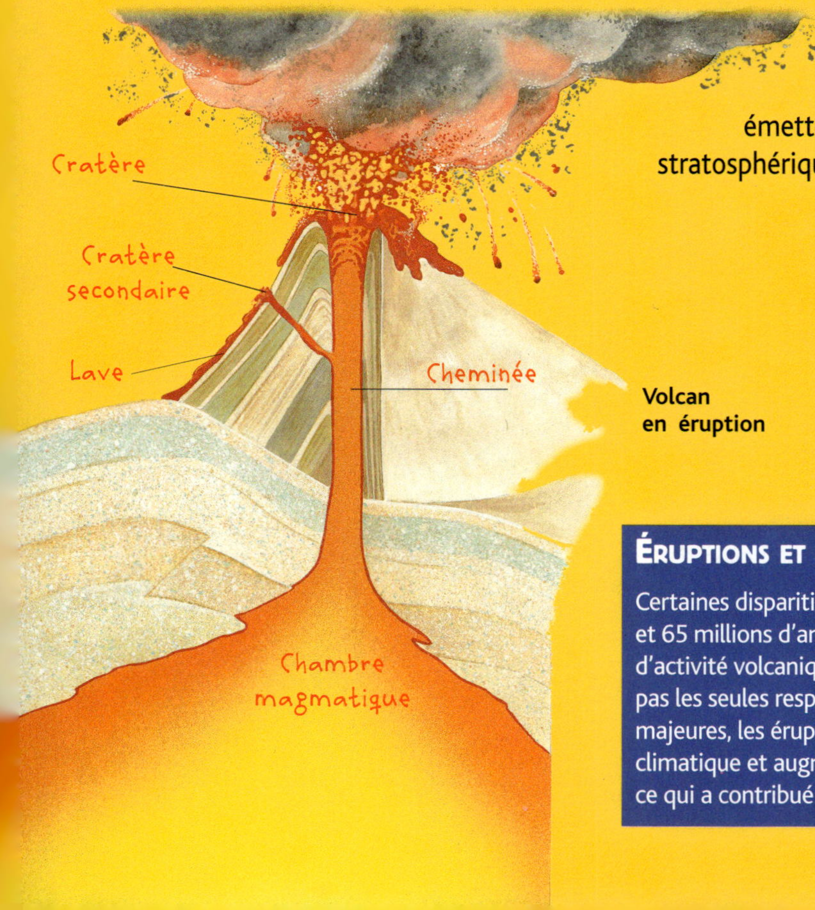

Volcan en éruption

Éruptions et extinctions

Certaines disparitions massives d'espèces, il y a 250 et 65 millions d'années, sont associées à des périodes d'activité volcanique exceptionnelle. Bien qu'elles ne soient pas les seules responsables de ces crises biologiques majeures, les éruptions ont provoqué un réchauffement climatique et augmenté le rayonnement ultraviolet, ce qui a contribué à fragiliser les espèces.

DES FLEURS AVANT LE PRINTEMPS

Un peu partout dans le monde, fleurissent de nouvelles expériences qui tentent d'économiser l'énergie, de minimiser la production de déchets ou d'établir des rapports plus justes entre les hommes.

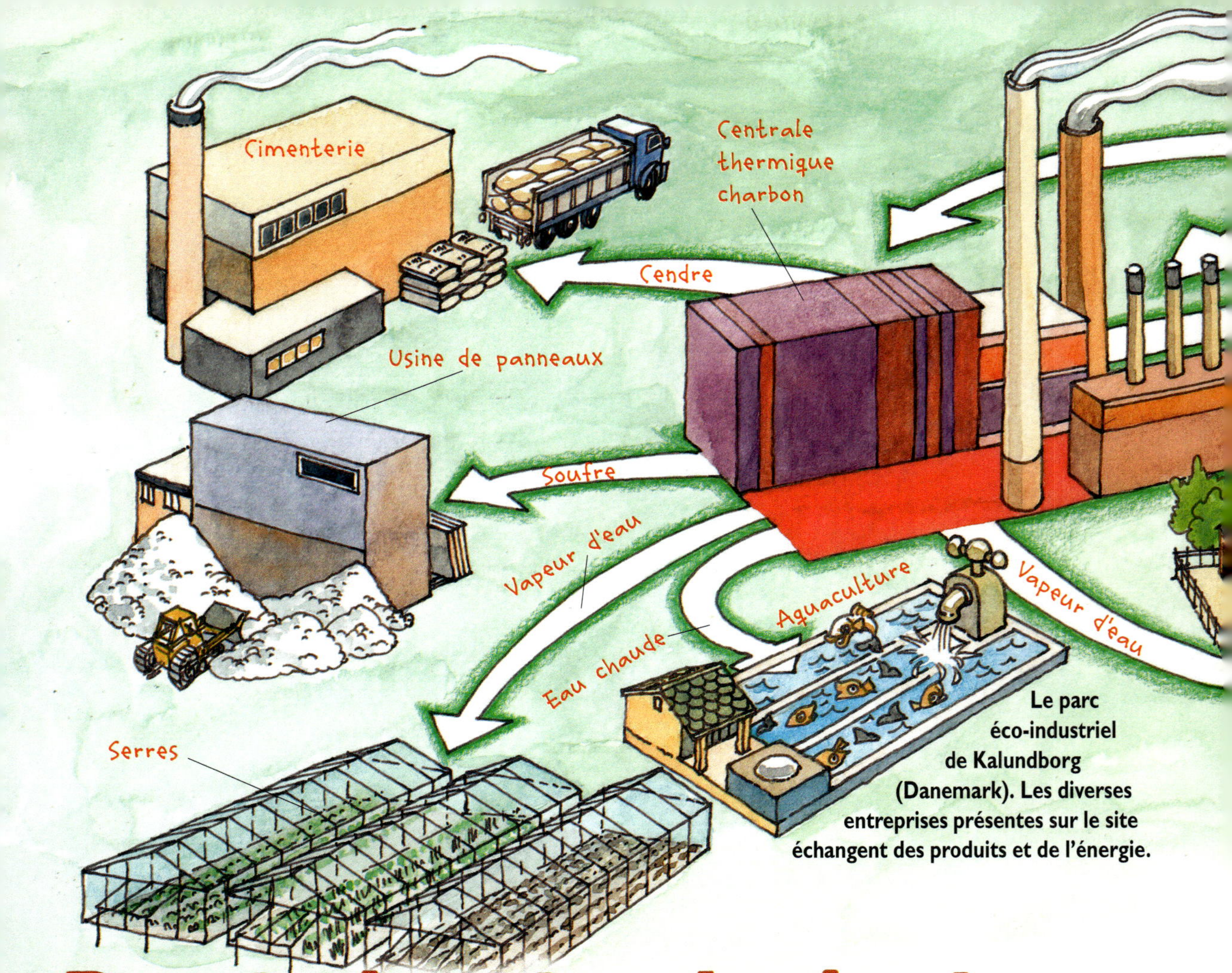

Le parc éco-industriel de Kalundborg (Danemark). Les diverses entreprises présentes sur le site échangent des produits et de l'énergie.

Des industries écologiques

Inspirée par l'exemple réussi du parc éco-industriel de Kalundborg, l'industrie envisage d'imiter le comportement cyclique de la nature, pour minimiser son impact sur l'environnement.

ET AILLEURS...

Une vingtaine de projets de parcs éco-industriels ont été lancés aux États-Unis dans les années 1990, et quatre sont aujourd'hui en fonctionnement : à Baltimore (dans le Maryland), à Cape Charles (en Virginie), à Brownsville (au Texas) et à Chattanooga (dans le Tennessee). Des projets analogues existent en Europe, dont celui du port de Rotterdam. En Inde, deux grandes zones industrielles se développent dans le Gujarat et près de Bombay.

Le parc de Kalundborg

À Kalundborg, au bord de la mer du Nord, s'est mis en place, dans les années 1980, un parc éco-industriel ; les principales entreprises intallées sur ce site échangent des produits et de l'énergie : ce sont respectivement la plus grande centrale électrique du Danemark, une raffinerie de pétrole, une société de biotechnologies, une usine de panneaux de construction en gypse et la municipalité de Kalundborg. La raffinerie fournit de l'eau usée pour refroidir la centrale électrique. Celle-ci vend de la vapeur à la municipalité, à la société de biotechnologies et à l'usine de panneaux. Elle fournit aussi de l'eau chaude à une ferme d'aquaculture qui élève des turbots. Enfin, depuis les années 1990, la centrale désulfure ses gaz de combustion et fournit le soufre à l'usine de panneaux voisine, dont c'est la matière première.

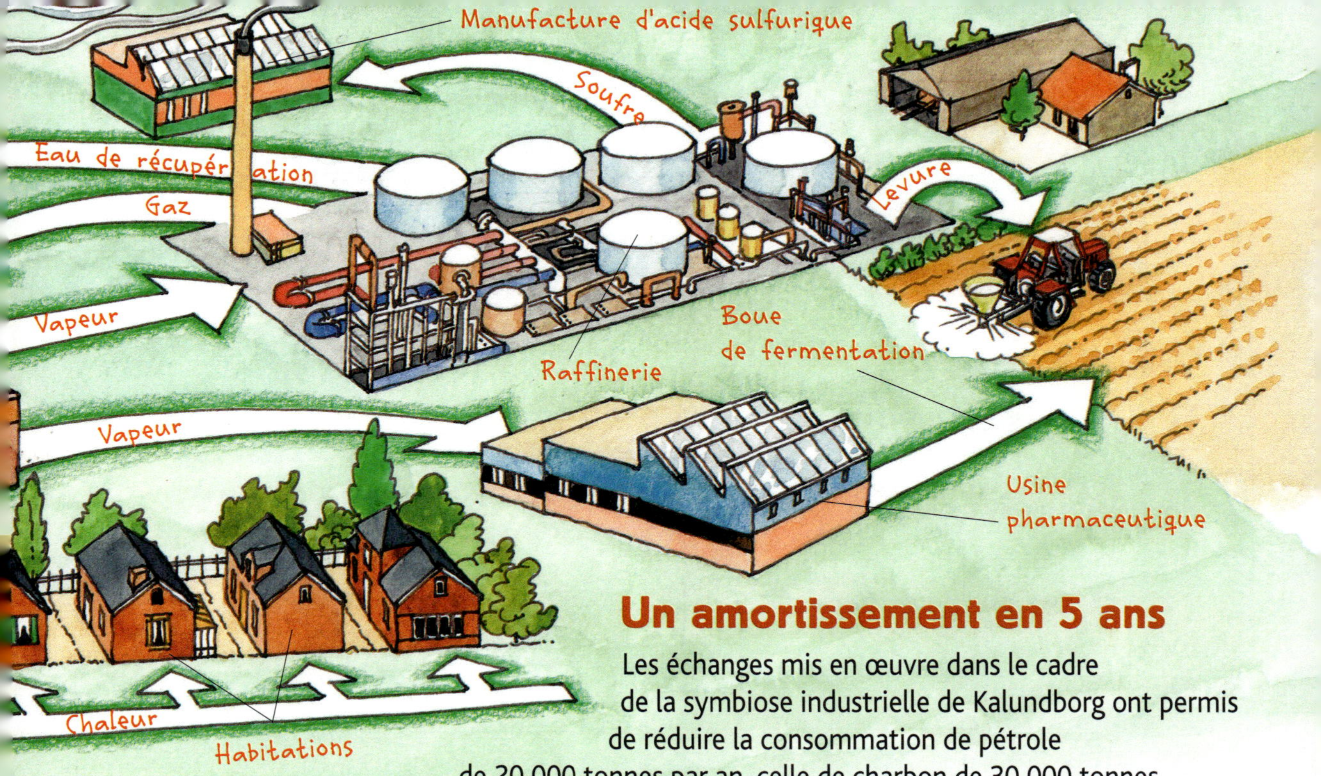

Un amortissement en 5 ans

Les échanges mis en œuvre dans le cadre de la symbiose industrielle de Kalundborg ont permis de réduire la consommation de pétrole de 20 000 tonnes par an, celle de charbon de 30 000 tonnes et la consommation d'eau de 2,9 millions de mètres cubes. Résultat : une diminution de la production de déchets et de gaz à effet de serre. Sur 30 ans, les investissements réalisés à Kalundborg ont été estimés à 84 millions d'euros ; or les économies annuelles sont de l'ordre de 17 millions d'euros, ce qui rentabilise le coût des installations en 5 ans.

Imiter la nature

À partir de l'exemple réussi de Kalundborg, deux chercheurs de la firme General Motors ont mis au point l'idée d'une « écologie industrielle ». Les entreprises sont invitées à changer radicalement leur système de production : celui-ci fonctionne aujourd'hui de façon linéaire (à partir des ressources, on produit des objets et on génère des déchets) et il doit évoluer en s'inspirant du fonctionnement cyclique de la nature, dans lequel les résidus d'une activité deviennent les matières premières d'une autre ; l'écosystème industriel peut alors fonctionner comme un écosystème biologique.

Louer plutôt qu'acheter ?

Pour aller jusqu'au bout de la démarche, il faudra aussi que les consommateurs changent d'attitude en acceptant de louer plutôt que d'acheter tous les produits techniques dont les déchets ne peuvent pas retourner à la terre (voitures, TV...). La location permet à l'entreprise de récupérer le produit après utilisation, de le réparer ou de le moderniser, voire de recycler sa matière première. C'est ainsi que le fabricant de photocopieurs Xerox ne produit presque plus de photocopieurs neufs ; ses machines sont assemblées à partir de pièces neuves et de pièces récupérées : on économise ainsi de façon importante matières premières et énergie.

Certaines firmes, comme Xerox, louent leurs photocopieurs pour mieux les entretenir et les recycler.

Les banques de l'espoir

Une banque distribuant des microcrédits destinés aux plus pauvres a été créée au Bangladesh. Cette formule à succès est reprise par d'autres organismes dans de nombreux pays.

Grameen Phone, entreprise affiliée à la Grameen Bank, permet aux villageois de profiter d'un téléphone satellitaire à faible prix.

Des besoins criants

Lorsque Muhammad Yunus, professeur d'économie à l'université de Chittagong (Bangladesh), visite les campagnes de son pays en 1974, il y découvre une terrible famine. Les pauvres sont incapables d'accumuler le peu d'argent qui leur permettrait de démarrer une activité et de sortir de leur misère. Bien qu'il ne leur faille que quelques dollars par personne, ils ne peuvent les emprunter à des banques, car celles-ci les considèrent comme incapables de rembourser.

La banque Grameen

Le professeur Yunus décide alors de réaliser un emprunt à son nom, pour prêter cet argent aux nécessiteux. Tous sans exception le rembourseront. Pourtant, malgré ce résultat encourageant, les banquiers refusent toujours de prêter aux pauvres. En désespoir de cause, Yunus décide en 1983 de créer lui-même une banque qu'il nomme Grameen (« villageoise »). Cette banque a pour vocation de prêter aux plus pauvres, sans leur demander de caution. Elle remplace cette caution par la confiance en la solidarité de ses emprunteurs.

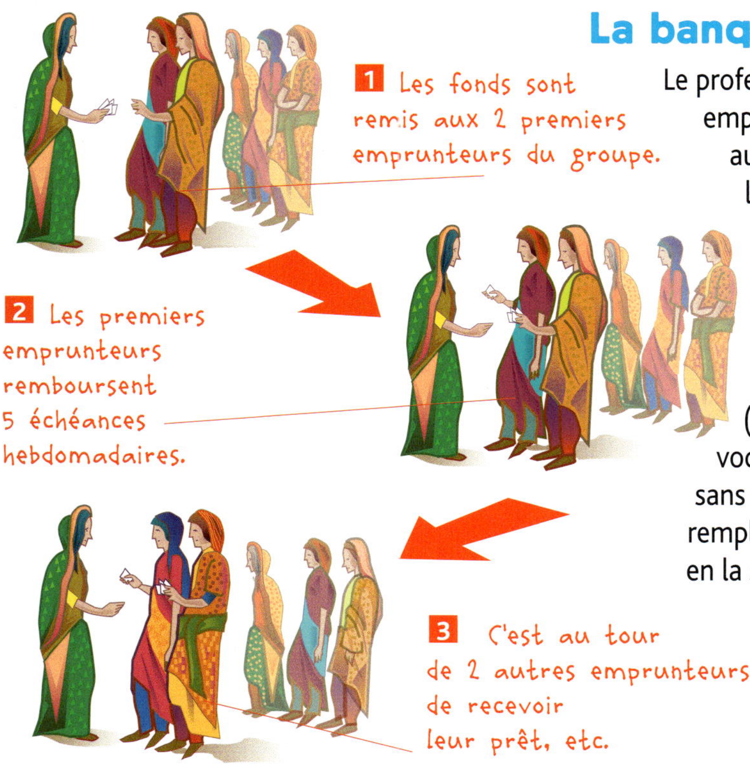

Schéma de la remise des fonds aux 5 emprunteurs solidaires de la Grameen Bank. Ne remboursant pas tous en même temps ils peuvent mieux s'entraider

Un fonctionnement solidaire

Les emprunteurs doivent constituer des groupes de cinq personnes qui se soutiennent en évaluant la faisabilité des projets présentés et en s'engageant collectivement à rembourser les sommes empruntées. Les réunions hebdomadaires des emprunteurs sont aussi l'occasion de promouvoir des règles d'hygiène de vie et de santé.

Microcrédit mis en place par l'organisation Action Aid en Haïti.

Des résultats encourageants

Le système solidaire de la banque Grameen s'est révélé très efficace : la pauvreté extrême des familles recule de plus de 70 % dans les cinq ans qui suivent leur adhésion à la banque, ce qui améliore le contrôle des naissances, la scolarisation des enfants et leur nutrition. De plus, alors que les banques classiques estimaient les microcrédits risqués et non rentables, la banque Grameen obtient un taux de remboursement exceptionnel de 98 %. Elle fait depuis peu des bénéfices, remplissant ainsi son rôle en dépendant au minimum des capitaux extérieurs.

Tout autour du monde

Ces dernières années, d'autres organismes de microcrédit ont fleuri partout dans le monde, comme en Bolivie, où la Banco Solidaridad (Bancosol) se consacre au financement des microentreprises, ou en Indonésie, où la Bank Rakyat of Indonesia (BRI) assure un programme de crédit agricole accessible à tous.

Microentreprise de fabrication de nattes créée grâce à un prêt de la Grameen Bank.

La part des femmes

Au Bangladesh, comme dans la plupart des sociétés humaines, la responsabilité de la famille et l'éducation des enfants sont assurées essentiellement par les femmes. C'est pourquoi 94 % des clients de la banque Grameen sont des femmes qui empruntent de petites sommes (20 à 100 dollars) pour créer des microentreprises d'élevage, d'artisanat, de commerce, etc.

Curitiba, capitale écologique

Curitiba a été désignée capitale écologique du Brésil en 1992, malgré l'explosion de sa population, qui est passée de 300 000 habitants en 1950 à 2 100 000 en 1990.

Une croissance guidée

Les autorités de Curitiba ont encouragé l'extension de la ville en évitant l'engorgement du centre. Dans les années 1960, la ville était souvent inondée à cause des constructions anarchiques réalisées sur les bords des rivières. La municipalité décide alors de réserver des terrains pour permettre le drainage, et d'interdire les constructions sur les zones les plus basses. Les berges des rivières ont été transformées en parc naturel, les inondations supprimées et la surface d'espaces verts par habitant augmentée de 0,5 à 50 m^2 !

L'échange vert : des ordures triées permettent d'obtenir des tickets de nourriture ou de transport.

L'échange vert

La municipalité récompense tous ceux qui lui apportent des ordures triées : en échange de 4 kg d'ordures, on reçoit 1 kg de légumes frais, un ticket de bus ou un billet de spectacle. Les enfants ont droit à du matériel scolaire, des friandises à Pâques, des jouets à Noël. Avec les déchets organiques, on fabrique un compost pour les plantations de la ville. Les autres déchets, traités dans 16 centres, sont recyclés à 70 %. Résultat : les rues de Curitiba sont aussi propres que celles d'une ville suisse.

Un rêve collectif

C'est la créativité de Jaime Lerner (architecte et urbaniste) et de son équipe qui a fait de Curitiba ce qu'elle est aujourd'hui : une ville qui ne sépare pas le travail du loisir ou des lieux d'habitation. Une cité humaine qui prône la solidarité et crée le mélange des activités, des revenus et des âges. Une ville-laboratoire des transformations futures de la société.

Tous en bus !

Au lieu de choisir un métro très coûteux et compliqué à réaliser, Curitiba a préféré un système de bus ultraperformant et 300 fois moins cher ! Des bus articulés, transportant 270 personnes, passent toutes les 2 minutes. Le réseau, très étendu, permet d'accéder à toutes les parties de la ville. Des sociétés privées gèrent ces bus, mais c'est la municipalité qui décide du tracé des parcours, des tarifs et de l'implantation des stations (y compris dans les favelas, quartiers très pauvres et souvent dangereux). Les résultats sont là : 80 % des déplacements sont effectués en bus, ce qui diminue de 30 % la pollution.

Chaque arrêt de bus est équipé de sas. Les passagers paient leur transport à l'entrée de ces abris, permettant ainsi une rotation des bus plus rapide.

Citoyens solidaires

Gérées par des associations de quartier, des « rues de la citoyenneté » regroupent des services administratifs et sociaux décentralisés, et des magasins familiaux où les familles aux revenus modestes peuvent acheter les denrées de base à prix coûtant. Des centres de santé toujours ouverts permettent de consulter gratuitement médecin ou dentiste. Des « phares du savoir », bibliothèques reliées à Internet, sont présents dans tous les quartiers, même les plus défavorisés. Enfin, les PIA (programmes d'intégration de l'adolescence) offrent des activités sportives, culturelles, de loisir et d'initiation professionnelle aux jeunes.

Des cours sur l'environnement

L'université libre pour l'environnement propose des cours gratuits et apprend aux travailleurs du bâtiment, aux commerçants, aux gérants d'immeubles quelles sont les conséquences de leurs activités quotidiennes sur l'environnement. Ces cours sont même obligatoires pour exercer certaines professions comme chauffeur de taxi !

Bien avant de nombreuses villes d'Europe, Curitiba a lancé avec succès le ramassage sélectif des ordures.

Réparer le trou d'ozone

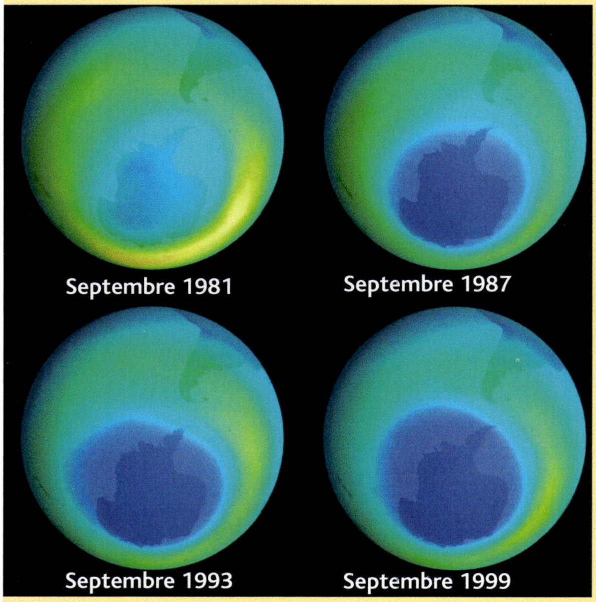

Images de l'évolution du trou d'ozone (en bleu foncé) au-dessus de l'Antarctique.

La couche d'ozone présente dans la stratosphère filtre les rayons ultraviolets et protège la vie sur Terre. Découvert en 1985, le trou de la couche d'ozone a montré l'incroyable degré d'instabilité de l'atmosphère. Il a entraîné une mobilisation internationale sans précédent.

L'ozone et la vie

Lorsque l'atmosphère de la Terre s'est enrichie en oxygène, l'action du Soleil a provoqué l'apparition d'un « bouclier » d'ozone (O_3) qui absorbe les rayons UV les plus nocifs pour la vie : sans ce bouclier protecteur, nous ne pourrions pas survivre, car les UV du Soleil provoquent des cancers de la peau, des maladies du système immunitaire et des dommages à la végétation (par réduction de la photosynthèse). Cette couche d'ozone est maximale à 20 km d'altitude, et elle se mesure au-dessus d'un point de la surface terrestre en unités Dobson (DU pour *Dobson Units* en anglais). Elle est minimale au-dessus des tropiques (200 DU en moyenne) et plus forte partout ailleurs (300 DU en moyenne), avec d'importantes variations saisonnières.

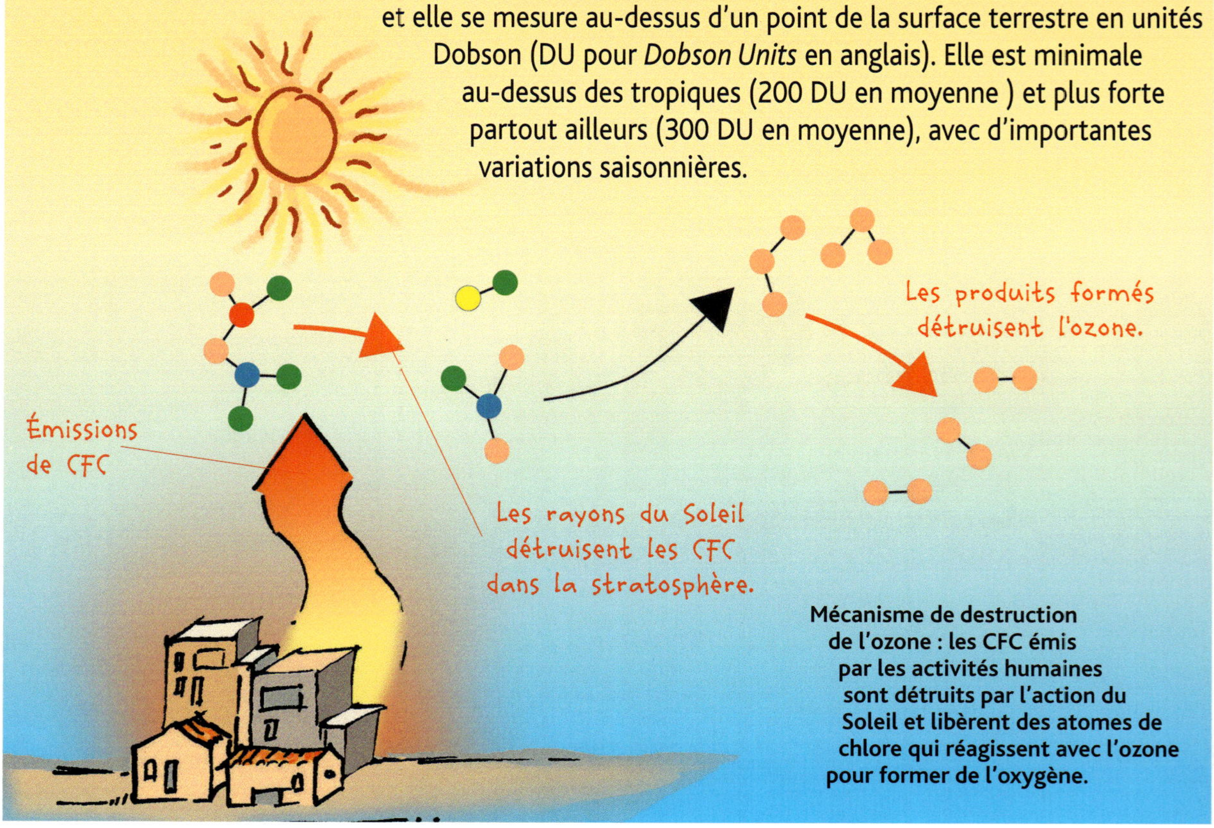

Mécanisme de destruction de l'ozone : les CFC émis par les activités humaines sont détruits par l'action du Soleil et libèrent des atomes de chlore qui réagissent avec l'ozone pour former de l'oxygène.

La découverte du trou d'ozone

En 1985, deux scientifiques anglais découvrent une diminution très importante de la quantité d'ozone stratosphérique au-dessus de l'Antarctique. En 1988, un rapport de la NASA montre que la concentration en ozone a diminué de 1,7 à 3 % dans tout l'hémisphère Nord entre 1969 et 1986. Très vite, les scientifiques se mobilisent pour évaluer les dangers de la situation et découvrir le coupable. Le résultat de leurs recherches aboutit à une conclusion sans appel : l'ozone est détruit à cause du rejet dans l'atmosphère de composés chimiques fabriqués par l'homme, et en particulier les CFC (chlorofluorocarbures) qu'on trouve dans les systèmes réfrigérants, les bombes aérosol, les solvants et certains types d'emballages.

Dans les années 1980, les CFC ont été remplacés, dans les bombes aérosol, par des composés moins agressifs envers la couche d'ozone.

Base de recherche Halley en Antarctique : les scientifiques y sont soumis chaque mois d'octobre à un intense rayonnement UV provenant du Soleil, et qui n'est plus stoppé par la couche d'ozone.

LES CFC ET L'OZONE

Le mécanisme de destruction de l'ozone par les CFC se produit surtout au-dessus de l'Antarctique, au mois d'octobre de chaque année. Les gaz rejetés au niveau du sol par les activités humaines s'élèvent dans l'atmosphère jusqu'à atteindre des couches où le rayonnement UV du Soleil est suffisamment fort pour casser les molécules de CFC. Des atomes de chlore, très réactifs, sont alors libérés, et ceux-ci, en présence de nuages polaires et de températures très basses, détruisent l'ozone.

Une réaction internationale

Le premier accord global destiné à réduire les CFC est le protocole de Montréal, signé en 1987. Au total, en 1997, 162 pays ont signé le protocole, et les gaz destructeurs de la couche d'ozone ont été effectivement éliminés dans les pays industrialisés ; ils doivent aussi disparaître des pays en développement d'ici 2010. Malheureusement, un certain nombre de pays ne respectent pas les règles du protocole, et il subsiste dans le monde un marché noir des CFC. Cependant, la couche d'ozone diminue de moins en moins vite : elle perdait 8 % tous les 10 ans entre 1979 et 1997, et ne perd plus que 4 % depuis. Selon les scientifiques, la couche d'ozone devrait retrouver son niveau d'avant les années 1980 en 2050... si tous les efforts menés continuent !

Haies et paysages

Les haies qui bordent les champs, les prairies ou les jardins ont un rôle majeur dans la protection de l'environnement et des paysages. Souvent supprimées pour faciliter le passage des tracteurs, elles connaissent un retour en force un peu partout dans le monde.

Les haies du Burkina-Faso

Pour contrer l'avancée du désert, les paysans du Burkina Faso pratiquent une politique d'embocagement : les champs sont délimités par des talus surmontés d'une haie vive d'épineux. À la base de ces talus ou diguettes sont creusées des tranchées qui favorisent l'irrigation naturelle des champs et empêchent l'érosion. Ces haies et ces talus constituent un rempart contre les eaux de ruissellement lors des pluies diluviennes du pays et favorisent la pénétration des eaux dans les nappes phréatiques. Ils assurent aussi une fonction de protection contre le vent et permettent de créer des espaces clos séparant cultures et pâturages.

Histoire des haies

Dans toute l'Europe, dès le Moyen Âge, les forêts sont déboisées pour laisser la place aux cultures. Chaque parcelle conserve pourtant une bande de végétation qui la délimite : la haie va devenir au fil du temps un écosystème complexe, favorisant la biodiversité, abritant les troupeaux, assurant une protection efficace contre le vent, et retenant les eaux de pluie. Mais, avec l'ère de la mécanisation, les haies qui délimitaient des champs trop petits deviennent gênantes et l'on se met un peu partout à les arracher (200 000 km supprimés en France, 2 millions dans le monde). Les conséquences désastreuses de ces pratiques nous incitent aujourd'hui à replanter les haies.

Bienfaits de la haie champêtre

La haie champêtre traditionnelle (à ne pas confondre avec les haies « monoculture », de thuyas, par exemple) est formée de plusieurs espèces de feuillus et de persistants : elle change de couleur tout au long de l'année et porte des fleurs puis des fruits. Elle constitue à la fois un brise-vent de qualité et un régulateur du climat : été comme hiver, la température à proximité de la haie est plus clémente. C'est aussi une éponge qui, grâce à ses racines, facilite l'infiltration de l'eau de pluie dans les nappes phréatiques et limite ainsi l'érosion du sol ; la haie retient les résidus d'engrais et les transforme en engrais naturels, ce qui limite la pollution des eaux par les nitrates. Enfin, elle héberge de nombreux insectivores (oiseaux, lézards, coccinelles, crapauds) qui permettent de lutter contre certains insectes redoutables pour les cultures.

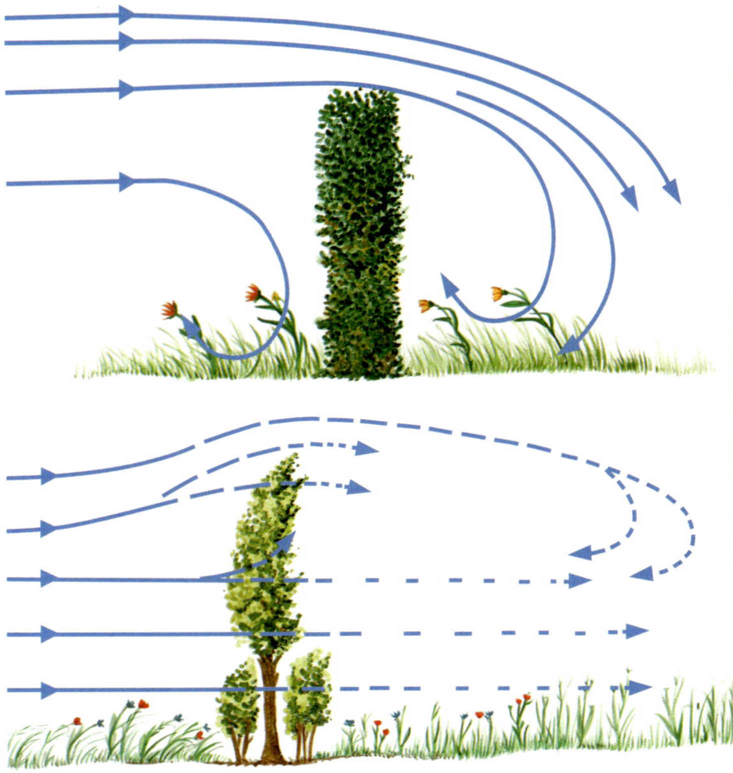

Lorsque le vent bute sur une haie compacte (en haut), il retombe violemment en tourbillonnant de l'autre côté. Lorsqu'il traverse une haie « libre » (en bas), il est dispersé et affaibli par le rideau végétal.

Le grand retour de la haie

Depuis les années 1980, la prise de conscience des inconvénients dus à l'arrachage des haies (disparition des insectivores, pollution des nappes phréatiques par les engrais, érosion des terres arables, défaut de drainage des terres, disparition de la faune sauvage) est devenue générale, au niveau mondial. Ainsi, dans certaines régions du monde, on incite les agriculteurs à replanter des haies. En France, les conseils généraux sont nombreux à avoir mis en place une aide financière auprès des agriculteurs et des particuliers, ainsi qu'une assistance assurée par des techniciens forestiers pour replanter les haies.

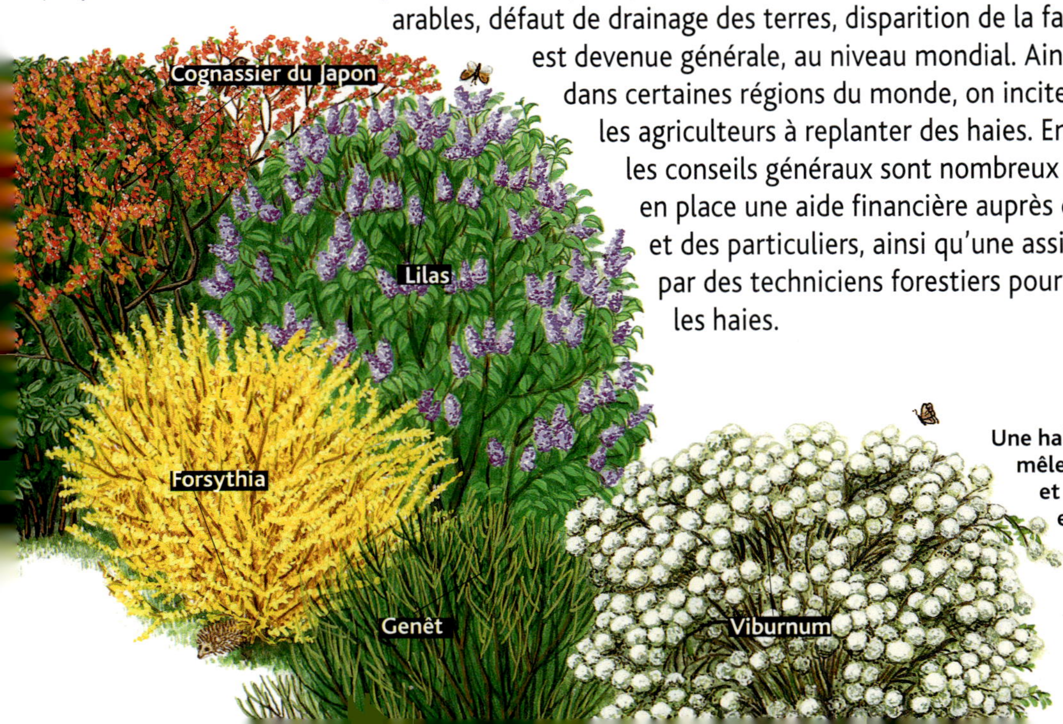

Une haie libre mêle les arbres et les arbustes : elle fleurit par places à des moments différents.

Cueillette de framboises biologiques.

L'agriculture biologique

L'agriculture industrielle est devenue une menace pour les écosystèmes et pour l'homme. L'agriculture biologique garantit la préservation du milieu en pratiquant des techniques de cultures et d'élevage permettant un développement durable.

Respecter la nature

L'agriculture « bio » est fondée sur l'observation et le respect des lois de la vie. Elle ne nourrit pas directement les plantes grâce à des engrais solubles, mais alimente les êtres vivants du sol qui élaborent puis fournissent aux plantes tous les éléments dont elles ont besoin. En évitant d'utiliser les pesticides et les engrais chimiques de synthèse, l'agriculture biologique supprime tous les problèmes de pollution causés par l'agriculture traditionnelle.

Un mode de culture réglementé

La loi réglemente les pratiques de l'agriculture biologique. Les producteurs, qui sont soumis à des contrôles annuels, disposent d'une production certifiée : ils peuvent ensuite apposer le label AB (agriculture biologique) sur leurs emballages.

Les coccinelles, prédateurs naturels des pucerons, sont utilisées dans la lutte biologique contre les insectes.

Une agriculture extrêmement sophistiquée

L'emploi d'engrais verts, la pratique du compost, la rotation des cultures, les labours légers permettent le maintien de la biodiversité et celui des procédés de culture dans la durée. L'élevage biologique veille au bien-être des animaux et à leur alimentation naturelle. Enfin, l'agriculture biologique se maintient en permanence à la pointe de l'innovation : traçabilité des produits, utilisation de la lutte biologique contre les insectes, etc.

Une agriculture performante

Les rendements sont souvent inférieurs de 20 % à ceux de l'agriculture industrielle, mais ils sont obtenus avec des apports d'azote, de phosphore et autres éléments de 30 à 50 % inférieurs. L'agriculture biologique est donc finalement beaucoup plus efficace, d'autant qu'elle restaure les paysages, préserve à long terme la vie des sols et des êtres vivants, tout en fournissant du travail à plus de personnes à l'hectare.

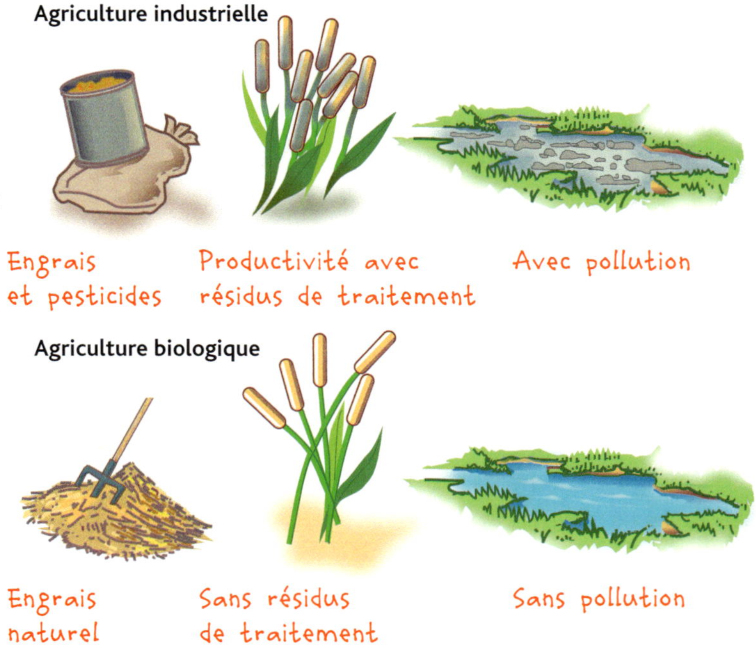

L'agriculture biologique préserve l'environnement et nécessite moins d'apports d'énergie fossile.

L'association maïs, haricot et courge

Cette association de cultures a été mise au point par les Incas. Le maïs sert de tuteur au haricot grimpant, qui utilise l'azote de l'air pour enrichir le sol et donc nourrir le maïs. Les larges feuilles de la courge couvrent le sol, protègent de la concurrence de l'herbe et maintiennent l'humidité.

- Des graines de maïs
- Des graines de haricot grimpant
- Des graines de courge

1 Creuse des trous à 40 cm d'intervalle. Sème 4 à 6 grains de maïs dans chaque trou, puis recouvre de terre. Arrose abondamment.

2 Lorsque le maïs a atteint la hauteur de 10 à 15 cm (au bout de 15 jours environ), sème à proximité de chaque pied quelques graines de haricot grimpant et quelques graines de courge.

3 Arrose et maintiens le sol bien humide jusqu'à ce que les premières feuilles de haricot et de courge apparaissent.
Ensuite, arrose 1 ou 2 fois par semaine, en n'oubliant pas de guider le haricot grimpant vers le pied de maïs.

Le commerce équitable

Le commerce équitable a pour but d'établir des échanges plus justes entre les consommateurs du Nord et les petits producteurs du Sud, afin que ceux-ci puissent vivre dignement et éduquer correctement leurs enfants.

Des relations plus justes

Le commerce équitable repose sur une idée toute simple : le consommateur doit payer un peu plus cher le produit qu'il achète, pour que le petit producteur reçoive pour son travail un salaire juste et stable. Ce sont des associations comme Oxfam, Artisans du monde, Andines, Minga-Faire-Ensemble qui ont les premières mis en place le commerce équitable : elles ont servi de liens entre producteurs du Sud et consommateurs du Nord, et se sont chargées d'assurer aux producteurs des prix justes, une réduction du nombre d'intermédiaires, un préfinancement de la récolte et le versement d'une prime d'amélioration de leurs conditions de vie.

Plan de café (à gauche) et de coton (à droite), deux des produits qui alimentent le commerce équitable.

Max Havelaar

Edouard Douwes Dekker, dit Multatuli (« j'ai beaucoup souffert » en latin), a publié en 1860 en Hollande le roman *Max Havelaar*, une œuvre anticolonialiste et antiesclavagiste. Le héros est une sorte de Robin des Bois, un défenseur des faibles qui prend le parti des petits producteurs de café javanais, qui vivent dans des conditions de vie misérables du fait de leur exploitation par les colons.

surant ainsi qu'à sa famille une existence conforme à la dignité humaine.

Un impact important

Dans les années 1980, des labels sont créés, dont le plus connu est délivré par l'association Max Havelaar. Ces produits labellisés sont désormais de plus en plus disponibles dans les grandes surfaces ; pourtant les ventes de commerce équitable représentent moins de 0,01 % des ventes totales réalisées en France. Sur certains secteurs comme le café, les ventes de produits équitables sont plus importantes : 1,6 % du marché français, et 6 % en Suisse. Pour les producteurs, les fluctuations des prix mondiaux sont supprimées, et la stabilité des commandes et le préfinancement des récoltes assurés. Ils peuvent ainsi échapper aux usuriers (prêteurs à intérêt très élevé) et mener à bien des projets (construction d'écoles,de centres de santé ou de maisons).

DES DISTRIBUTEURS INÉQUITABLES ?

La grande distribution (hypermarchés) pratique avec ses fournisseurs habituels des démarches commerciales extrêmement agressives, à l'exact opposé des démarches équilibrées du commerce équitable. Cela n'empêche nullement les hypermarchés d'affirmer leur soutien au commerce équitable, présent sur leurs rayons, mais qui ne représente qu'un poids infime dans leur chiffre d'affaires. Ils affichent ainsi leur bonne conscience, tout en poursuivant leurs pratiques inéquitables avec leurs autres fournisseurs !

Système traditionnel :
prix de vente :
1,8 à 3 euros.
Le petit producteur
reçoit 0,15 euro.

Système Max Havelaar :
prix de vente :
2,3 à 3,35 euros.
Le petit producteur
reçoit 0,62 euro.

Prix d'un paquet de café traditionnel (à gauche) et équitable (à droite).

Transformer la société

L'idée de commerce équitable, appliquée avec succès aux échanges entre producteurs du Sud et consommateurs du Nord, devrait devenir une nouvelle norme, applicable à l'ensemble des transactions, même à l'intérieur de la sphère économique du Nord. Cela permettrait de payer de façon plus juste les petits paysans producteurs d'Europe, et d'arrêter les délocalisations, ces installations d'industries du Nord dans des pays où la main-d'œuvre est à la fois sous-payée et exploitée.

Producteur de café « équitable » en Haïti : cette filière de production permet aux petits paysans du Sud de vivre décemment de leur travail.

Troupeau d'éléphants cheminant après un orage dans une plaine du Kenya.

L'écotourisme

Devant les dégâts environnementaux provoqués par le tourisme de masse, on assiste depuis quelques années à la mise en place d'un tourisme plus durable, l'écotourisme.

Un ou des écotourismes ?

L'écotourisme a pour but de réaliser un voyage plus respectueux de la planète, de ses paysages, et de ses habitants. Il se pratique en petits groupes pour découvrir une nature riche et préservée (tourisme nature) mais peut aussi s'intéresser aux réalités humaines de la région, avec rencontre d'ONG travaillant sur place (tourisme éthique), soutenir financièrement des projets locaux de développement (tourisme solidaire) ou proposer aux touristes un travail personnel dans ces mêmes projets (tourisme responsable).

L'impact écologique du voyage

L'utilisation de l'avion pour se rendre sur le lieu de ses vacances se traduit malheureusement par une importante émission de gaz à effet de serre. Tant que les avions seront aussi polluants, et si c'est possible, le vrai écovoyageur aura recours au bateau ou au train, beaucoup plus économiques, à moins que sa destination ne lui permette un voyage à vélo, à cheval, ou même à pied !

Une croissance spectaculaire

La croissance de l'écotourisme est spectaculaire, puisque chaque année, 5 millions d'écotouristes quittent les États-Unis pour visiter le monde, et à peu près autant proviennent d'Europe occidentale. Cet afflux rend la faune des parcs nationaux (situés en Afrique par exemple) tout à fait rentable : on a calculé au Kenya que les terres des parcs nationaux visitées par les écotouristes ont un rendement à l'année de 40 $ à l'hectare (contre 0,8 $ si elles étaient cultivées). Chaque troupeau d'éléphants représente une entrée de devises équivalente à 600 000 $ par an, beaucoup plus que la valeur de leurs défenses en ivoire, ressource par ailleurs non renouvelable.

Des déceptions…

Il reste à vérifier que les populations du pays (et en particulier les plus démunies) reçoivent un pourcentage suffisant de ces sommes, pour qu'elles puissent mener des actions de développement. Or les études réalisées par l'ONU montrent qu'une bonne part (plus de 50 %) des sommes dépensées par les écotouristes dans les pays du Sud est captée par les pays du Nord, par l'intermédiaire des compagnies aériennes ou des agences de voyage. D'autre part, l'impact de l'écotourisme sur des communautés isolées et fragiles peut se révéler négatif, les rapports entre touristes (même animés de bonnes intentions) et populations du pays étant par trop inégalitaires.

Orang-outan de Bornéo.

… et des réussites

Des exemples de réussite existent cependant, en particulier lorsque les voyages se font à l'initiative des communautés qui habitent sur place : c'est ainsi que les Ibans (Bornéo) reçoivent des visiteurs dans leurs maisons traditionnelles, leur font découvrir la vie de la forêt et observer les orangs-outans ; ce qui a fait des villageois les meilleurs protecteurs de ces grands singes. De la même façon, l'ethnie Makuleke, propriétaire de terres dans le parc Kruger (Afrique du Sud), gère sagement sa ressource en logeant les écotouristes, en luttant contre les braconniers et en vendant des droits de chasse en quantité strictement limitée.

Un village des Ibans, à Sarawak (Bornéo).

La maison bioclimatique

Les maisons bioclimatiques sont conçues afin d'utiliser au maximum l'énergie solaire et de limiter les déperditions d'énergie.

Une implantation bien choisie.
La maison est protégée des vents dominants (en utilisant les haies, les arbres ou le relief naturel) et orientée pour qu'elle capte un maximum d'énergie solaire.

Des matériaux locaux

La maison est construite grâce à des matériaux sains, réutilisables, n'ayant pas ou peu d'impact sur l'environnement. Les matériaux trouvés dans la région proche sont donc préférés, car ils nécessitent peu de transport et n'entraînent pas de grosses dépenses d'énergie pour être acheminés jusqu'à la construction.

Fabrication de briques d'adobe (mélange de paille et d'argile pressées).

Les pièces de vie de la maison (salon, cuisine) sont situées au sud et comportent de grandes ouvertures. Au nord, on trouve les espaces de service et de circulation qui n'ont pas besoin de beaucoup de lumière (WC, salle de bains). Des espaces tampon (garage, cellier) sont adossés à l'habitation et la protègent du froid et du vent.

Régulations

On utilise ainsi la terre crue ou la brique pour les murs, la laine ou le chanvre pour l'isolation, le chaume ou la tuile en terre cuite pour les toits, etc. Les murs en terre ont la capacité étonnante d'accumuler la chaleur du soleil et de la restituer la nuit, et inversement d'accumuler la fraîcheur de la nuit et de la restituer le jour, tout en régulant l'humidité.

Ma petite entreprise

Repas convivial dans une ferme-auberge.

De nombreuses initiatives venues de simples citoyens ou de petites structures transforment l'économie pour la rendre plus durable et la mettre véritablement au service de l'homme et de l'environnement.

Le terreau du changement

Une économie réparatrice vise à améliorer la qualité de la vie des hommes tout en utilisant moins de ressources. Or les grandes entreprises ont aujourd'hui pour objectif essentiel la croissance et le profit. Les petites entreprises, elles, laissent souvent plus de place aux inventeurs et aux idéalistes. Proches des consommateurs, elles peuvent communiquer avec eux et mieux expliquer leur démarche de respect des hommes et de l'environnement.

L'intérêt du local

La fabrication de produits par de petites entreprises locales et leur vente sur place génèrent des économies importantes pour l'ensemble de la communauté. C'est ainsi que la petite coopérative d'un village du Midi viticole, qui vend son vin au détail 1 euro le litre, va faire dépenser à une communauté de 1 000 personnes qui en consomme en moyenne 50 000 litres/an la somme de 50 000 euros. Le gros distributeur national va vendre les 50 000 litres en bouteilles au prix de 75 000 euros, la différence étant due aux frais de port, d'emballage, de publicité, etc. Les 25 000 euros gagnés montrent bien que la solution locale est plus avantageuse, tout en réduisant la quantité de déchets et l'impact écologique des transports.

Tables d'hôtes

De nombreux fermiers diversifient leurs activités en pratiquant l'hébergement et la nourriture des touristes au moyen de chambres et de tables d'hôtes. Les voyageurs profitent d'une cuisine de qualité fabriquée à partir des produits de la ferme, ce qui a l'avantage de supprimer toute perte d'énergie. C'est aussi l'occasion pour les citadins de rencontrer et mieux comprendre un autre mode de vie, tout en partageant une table familiale et conviviale.

Des éleveurs du Limousin pratiquent la vente directe de leur viande.

Détail d'une tapisserie péruvienne précolombienne, ornée de motifs géométriques et d'un dessin d'oiseau réalisée avec du coton naturellement coloré.

Retour vers le futur

Utilisé massivement dans l'habillement, le coton blanc est cultivé un peu partout dans le monde, car ses fibres longues et résistantes sont adaptées aux machines à filer. Cependant, sa culture consomme 23 % du total des insecticides produits dans le monde et sa teinture est polluante. En 1990, les recherches menées pour diminuer l'impact de ces cultures sur l'environnement ont permis de redécouvrir un coton naturellement coloré, cultivé par les Indiens d'Amérique depuis plus de 5 000 ans. La firme américaine Natural Cotton Colours a croisé ces anciennes variétés colorées avec d'autres pour obtenir de nouvelles couleurs et des fibres plus longues. Depuis, de nombreux fabricants de vêtements utilisent ces fibres du futur, ce qui permet de mieux préserver l'environnement.

Des banques inventives

Apparues il y a quelques années, les banques éthiques cherchent à concilier le profit et la solidarité, en finançant des projets de développement socialement responsables. Ainsi, la NEF (Nouvelle économie fraternelle) soutient en France des projets dans le domaine de la santé ou de l'agriculture biologique. La Banca Etica Universale (Italie) aide des personnes qui vivent au-dessous du seuil de pauvreté, en Italie et dans le tiers-monde.

« L'accouchement aux pieds nus »

Dans les années 1950, est apparu l' « accouchement sans douleur » : les futures mères sont informées du déroulement précis de l'enfantement et entraînées à augmenter leur capacité respiratoire et leur décontraction. Depuis les années 1990, la péridurale, une piqûre anesthésiante, l'a souvent remplacé. Pourtant, la péridurale impose une structure médicale lourde et des dépenses importantes. À l'inverse, l'accouchement sans douleur peut être pratiqué par la plupart des femmes de tous les pays et même être enseigné par des « médecins aux pieds nus ». Les futures mères peuvent ainsi accoucher de façon harmonieuse, en prenant en charge pleinement ce moment crucial de leur vie.

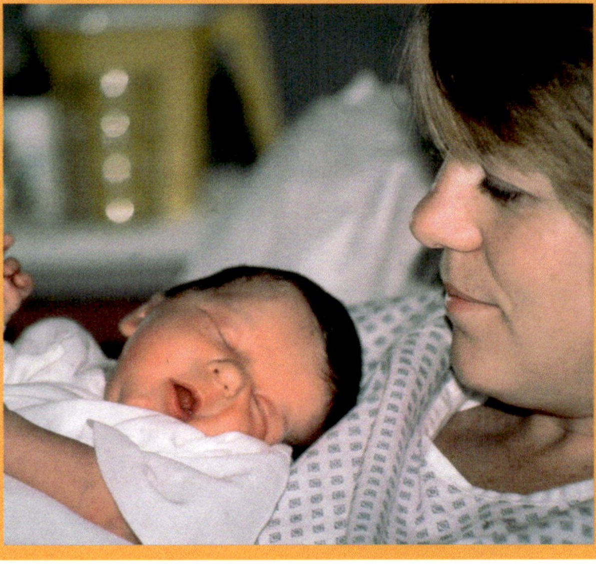

LE JARDINIER PLANÉTAIRE

**Les êtres vivants
partagent une
planète finie
dont ils doivent accepter les limites.
L'occasion pour chacun
d'entre nous
de se transformer
en jardinier planétaire,
en gérant
avec intelligence
et économie des ressources
qui ne sont pas infinies.**

Viandes et légumes

La Terre abrite environ 6 milliards d'hommes et 15 milliards d'animaux d'élevage, souvent gros consommateurs de céréales. Manger moins de viande améliorerait la santé des humains et la qualité de l'environnement.

Les légumes sont des productions primaires situées au bas de la pyramide alimentaire. Ils sont produits en France par moins de 1 % des terres agricoles.

Une évolution rapide

Dans les pays industrialisés, une part importante des surfaces agricoles (entre 50 et 80 %) est consacrée à l'alimentation des animaux. C'est parce que la quantité de viande consommée par habitant et par an a « explosé » au lendemain de la seconde Guerre mondiale, lors de la diffusion des engrais et des pesticides de synthèse. Consommation importante de viande et agriculture intensive sont probablement couplées.

Un élevage coûteux

En agriculture intensive, les animaux de ferme sont des consommateurs très inefficaces : il faut 6 tonnes de concentré alimentaire pour obtenir 1 tonne de viande en carcasse. La production de viande consomme donc beaucoup plus d'énergie fossile que celle des céréales, et produit donc plus de gaz à effet de serre (GES). Le plus coûteux à produire est le kilo de veau (qui représente 13,6 kg équivalent carbone), suivi par le bœuf (3,6), le porc (1,1), le poulet (0,7), les œufs (0,5), le lait (0,3) et la farine de blé (0,2).

La place de la viande

Beaucoup de cuisines du monde utilisent une faible quantité de viandes, associée à beaucoup de légumes. Avec un simple poulet accompagné de légumes, un cuisinier asiatique réalise 12 portions, alors que le classique poulet rôti-frites ne permet d'en faire que 6.

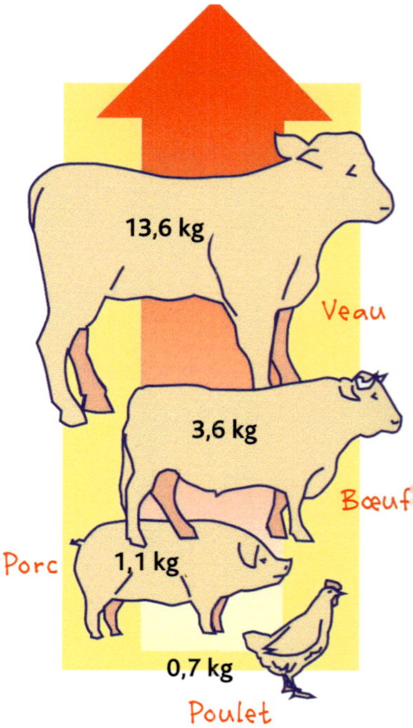

Agriculture intensive : émission de GES par kilo de viande produite.

Les poissons grillés sont un des aliments de base du régime crétois, qui permet de conserver une meilleure santé.

Se nourrir différemment

Les diététiciens recommandent des régimes riches en légumes et fruits, associés à une consommation de viande modérée. De plus, il est préférable de choisir des viandes saines : en effet, les animaux élevés à partir de l'agriculture industrielle, situés en haut de la chaîne alimentaire, concentrent les polluants utilisés pour produire leur nourriture. Il est donc raisonnable de consommer moins souvent de la viande et de la préférer de qualité, issue de l'agriculture biologique.

Le régime crétois

Par rapport aux autres populations des pays développés, les Crétois consomment beaucoup plus de fruits frais, de légumes crus, d'huile d'olive, de poisson, et en même temps moins de viande (et presque exclusivement de volailles). Les études scientifiques montrent clairement l'avantage de ce régime qui permet une forte baisse de la mortalité et du nombre de cas de maladies cardio-vasculaires et de cancers.

La soupe au pistou

Cette soupe d'été associe céréales (le blé dur des pâtes) et légumineuses (haricots), des aliments complémentaires en protéines. Bien que sans viande, elle constitue donc un repas complet.

- 250 g de pommes de terre
- 250 g de haricots en grains
- 250 g de haricots plats
- 250 g de tomates
- 250 g de coquillettes
- 2 poireaux en rondelles
- 2 c. à soupe de basilic haché
- 1 oignon
- 4 gousses d'ail
- 2 c. à soupe d'huile d'olive
- Parmesan râpé
- 2 l d'eau chaude
- Sel

1 Mets dans l'eau les pommes de terre, haricots, tomates, oignons, poireaux et sel. Laisse cuire 45 min à petit feu.

2 Pendant ce temps, pile l'ail et ajoute-lui le basilic et l'huile d'olive. Verse ensuite dans la soupe les coquillettes et remue.

3 Au bout de 10 min de cuisson, ajoute la sauce au basilic en remuant régulièrement, puis sers en saupoudrant de parmesan.

Une autre distribution

Famille récoltant ses légumes.

L'Association pour le maintien d'une agriculture paysanne (AMAP) permet de consommer légumes et fruits de saison frais cultivés sans produits chimiques et sans passer par le supermarché !

Consommer différemment : les Teikei du Japon

Dans les années soixante, des Japonaises, soucieuses des conséquences de l'intensification de l'agriculture, décident de se grouper pour passer un accord avec un agriculteur. Elles lui garantissent l'achat de toute sa production à l'avance ; en contrepartie, l'agriculteur s'engage à leur livrer des fruits et légumes cultivés sans produits chimiques. C'est ainsi que naissent les premières « Teikei » qui signifient : « le visage du paysan sur les aliments ». Dans les années soixante-dix, des expériences communautaires fondées sur le même principe se développent aux États-Unis et au Canada sous le nom de CSA (Community Supported Agriculture).

Distribution hebdomadaire de légumes par une AMAP.

La naissance des AMAP en France

En 2001, au cours d'un voyage aux États-Unis, Denise et Daniel Vuillon, agriculteurs, découvrent le système des CSA : les associations communautaires soutenant l'agriculture. Ils lancent alors la première AMAP (Association pour le maintien d'une agriculture paysanne) en France. Cette expérience leur permet de maintenir leur activité d'agriculteurs dans la région PACA (Provence-Alpes-Côte d'Azur) qui a perdu 15 000 exploitations en 5 ans, soit un tiers de ses effectifs !

La distribution des légumes d'une AMAP impose un rangement précis des divers composants du panier avant l'arrivée des consommateurs.

Une économie locale et solidaire

Le principe est simple : un groupe de consommateurs s'engage pour la durée d'une campagne (6 mois) à acheter la production d'un agriculteur. Ce dernier s'engage en retour à fournir, chaque semaine, un panier rempli de légumes et fruits de saison cultivés dans le respect de la nature, pour la consommation d'environ trois personnes. Ce système, hors économie de marché, permet à l'agriculteur d'écouler l'intégralité de sa production, et de ne pas être soumis aux aléas des importations et des fluctuations du marché. Déchargé du souci de la vente, il peut s'attacher à la qualité et à la diversité de sa production. L'engagement à l'avance des consommateurs lui permet de régler les coûts engendrés par les plantations et lui assure un salaire décent.

Le partage et l'échange

L'échange des paniers se fait chaque semaine, et permet de « faire ses courses » dans une ambiance beaucoup plus chaleureuse que dans un supermarché. Le panier, composé d'une douzaine de produits différents, cueillis le jour même, coûte environ 18 euros. On redécouvre des goûts intenses, des légumes oubliés ou peu cuisinés : potiron, potimarron, fenouil, blette... De plus, dans cette structure associative, les consommateurs sont aussi acteurs et participent, s'ils le peuvent, à l'organisation de la distribution, à charger et décharger le camion, etc.

Transport et nature

L'utilisation du vélo en ville est une des façons les plus écologiques de se déplacer.

À l'heure des économies d'énergie et de la réduction des émissions de gaz à effet de serre (GES), seulement 10 % des trajets en ville sont effectués grâce aux transports en commun.

Le transport urbain et son impact environnemental

Jusque dans les années soixante-soixante-dix, le chauffage et les industries étaient les sources les plus importantes de pollution de l'air et d'émission de GES des agglomérations. Aujourd'hui, c'est le transport : il est responsable de 22 % des émissions de CO_2 dans l'atmosphère. En un peu plus de 20 ans (de 1970 à 1992), le nombre de véhicules particuliers en France a doublé, et 80 % des déplacements en ville sont effectués en voiture contre seulement 10 % en transport collectif ! Pourtant, parmi les transports terrestres, la voiture fait partie des émetteurs de GES les plus importants, avec une émission de 100 grammes d'équivalent carbone par passager et par kilomètre, contre 25 pour un bus et 3 pour un train.

En voiture autrement...

Le covoiturage, c'est partager les trajets avec des personnes allant au même endroit que toi. Cela permet une utilisation de la voiture plus économique. Certaines villes, comme San Francisco aux États-Unis, réservent sur les grands axes une voie de circulation pour les voitures contenant plus de trois passagers, ce qui permet de voyager plus rapidement. Si tu ne connais personne, il existe des sites Internet permettant d'entrer en contact avec des personnes parcourant le même trajet aux mêmes horaires : pourquoi ne pas essayer ?

Une ville cycliste !

La ville de Houten (35 000 habitants), située aux Pays-Bas, a été pensée, lors de son extension, en fonction des cyclistes. En effet, seuls les vélos peuvent la traverser, les automobilistes sont obligés de la contourner par un périphérique. Il est donc plus rapide de se déplacer en vélo !

Covoiturer, c'est économiser de l'énergie, du temps, mais aussi tisser des liens de solidarité.

La ville : à pied, à vélo, à roller

En ville, un quart des voitures qui démarrent parcourt moins de 1 km et la moitié moins de 3,5 km. Dans ces conditions, la voiture consomme trois fois plus que sur route et s'use beaucoup plus vite. Il est donc plus judicieux et plus économique de marcher pour les petites distances. Le vélo ou les rollers permettent aussi de se déplacer rapidement en ville ; s'il fait mauvais, privilégier les transports en commun (bus, métro, tramway).

De nouvelles voitures

L'apparition de nouvelles voitures permet une diminution notable de la pollution et des émissions de GES : les nouveaux diesels disposent d'un filtre à particules, les voitures dites « *stop and go* » coupent leur moteur à l'arrêt en ville, tandis que les véhicules hybrides « essence-électrique », voire totalement électriques, tendent vers un objectif qui sera atteint par les futures voitures à pile à combustible : le « zéro-émission ».

Depuis quelques années, les rollers sont à la mode, et permettent aux usagers entraînés des déplacements aisés et non polluants.

Moins de voitures en ville

À Londres, on a compris qu'en multipliant les parkings, on attirait les voitures dans le centre-ville. C'est pour cela que certains parkings publics n'ouvrent qu'à 10 heures du matin pour inciter les personnes qui travaillent à emprunter les transports en commun. La ville de La Rochelle a fait un effort tout particulier pour promouvoir des transports urbains novateurs, en permettant la location en libre-service de voitures électriques, tandis que la livraison de colis en centre-ville est elle aussi assurée par des véhicules électriques.

À La Rochelle, on utilise des scooters électriques et des vélos...

Épargner l'énergie

La majeure partie de l'énergie que nous consommons est issue de combustibles fossiles, très polluants : toute économie est donc bonne pour l'environnement !

Les énergies fossiles

Le charbon que nous utilisons aujourd'hui résulte de l'enfouissement d'une grande quantité de végétaux terrestres, que la pression, la température et les milliers d'années ont ensuite transformés en combustible. Le pétrole est un mélange de milliards de petits organismes marins (plancton) et de particules d'argile, compressés et chauffés, qui met également beaucoup de temps à s'élaborer. Ces combustibles sont donc en quantité limitée et leur combustion rejette du dioxyde de carbone : ils contribuent à l'effet de serre.

Les énergies renouvelables

Ces énergies utilisent des flux inépuisables d'énergie comme le Soleil, le vent, l'eau… L'énergie solaire peut être captée grâce à des panneaux photovoltaïques, qui transforment directement l'énergie solaire en électricité, ou par des capteurs qui chauffent un fluide. Les éoliennes utilisent la force du vent et les barrages, la force hydraulique pour créer de l'électricité. Ces énergies propres n'entraînent pas de rejet de CO_2 dans l'atmosphère.

Problèmes du solaire

La quantité d'énergie solaire reçue chaque jour par la Terre est 7 000 fois plus grande que la consommation totale d'énergie de l'humanité. Mais elle est répartie sur une surface très importante, d'où les difficultés qui existent pour la concentrer et la capter efficacement.

Concentrateurs d'énergie solaire permettant d'atteindre de très hautes températures, situés en Australie.

L'énergie nucléaire

Lors du premier choc pétrolier en 1973, les pays industrialisés, gros consommateurs de pétrole, se sont tournés vers une autre forme d'énergie : l'énergie nucléaire. Cette énergie ne rejette pas de CO_2 dans l'atmosphère mais génère des déchets nucléaires dangereux, difficiles à stocker et qui, pour certains, resteront radioactifs pendant plus de 100 000 ans !

Dépenses d'énergie du foyer

En France, la moitié de l'énergie consommée dans une maison est utilisée pour le chauffage, la plupart du temps assuré par des énergies fossiles. Pour faire des économies, il est utile de bien isoler la maison, et de maintenir à l'intérieur une température raisonnable : 19 °C dans les pièces à vivre (augmenter la température de 1 °C conduit à consommer 7 % d'énergie supplémentaire) et 16 °C dans les chambres.

Un geste simple à acquérir : comme cette petite fille, ne pas oublier d'éteindre la lumière quand on quitte une pièce.

Acquérir des gestes quotidiens

Pour économiser l'électricité, profiter au maximum de la lumière naturelle en ouvrant les volets dès le matin. Le soir venu, ne pas oublier d'éteindre les lampes dès que l'on sort d'une pièce. Le renouvellement des ampoules « grillées » est l'occasion de les remplacer par des ampoules basse consommation, plus chères à l'achat mais qui ont une durée de vie 10 fois supérieure et consomment 5 fois moins ! Ne pas laisser les appareils électriques (télévision, magnétoscope...) en position de veille car ils continuent à consommer de l'énergie. Dégivrer le frigo et le congélateur régulièrement évite un gaspillage d'énergie (3 cm de givre doublent la consommation) ! Lors de l'achat d'électroménager, préférer les appareils de type A : ce sont ceux qui consomment le moins.

Fabrique un four solaire

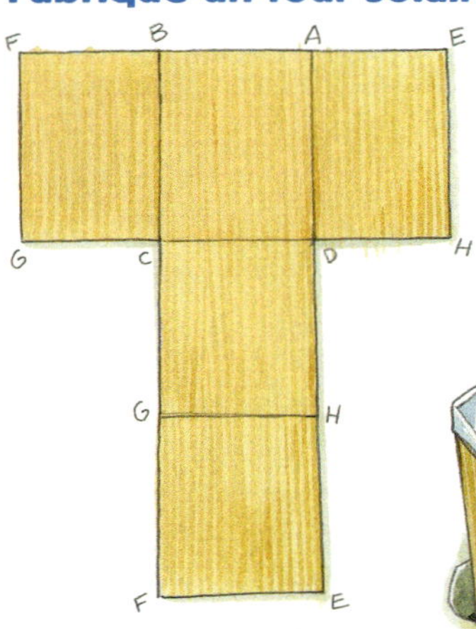

- Un grand carton
- Du papier aluminium
- 1 sachet de cuisson allant au four ou un saladier en verre
- 1 pot de cuisson noir

1 Retire les rabats du carton, puis découpe-le de manière à obtenir un ensemble plat de 5 rectangles (voir figure) : A, B, C, D, E, F, G, H.

2 Recouvre ces 5 rectangles de papier aluminium. Dispose les 3 panneaux verticalement, les 2 situés aux extrémités ayant un angle de 45° avec celui du milieu (voir schéma).

3 Mets au soleil, remplis le pot de cuisson d'eau, recouvre-le du saladier en verre (ou du sachet de cuisson) et dispose le tout au centre du four. Attends que l'eau frémisse, puis enlève le saladier sans te brûler, mets du sel et du riz dans l'eau. Attends ensuite 1 heure pour déguster son premier riz solaire !

Avares d'eau

La Terre est couverte d'océans et de mers salés, mais l'eau douce y est rare et nécessite des traitements coûteux... Quelques gestes simples permettent de l'économiser !

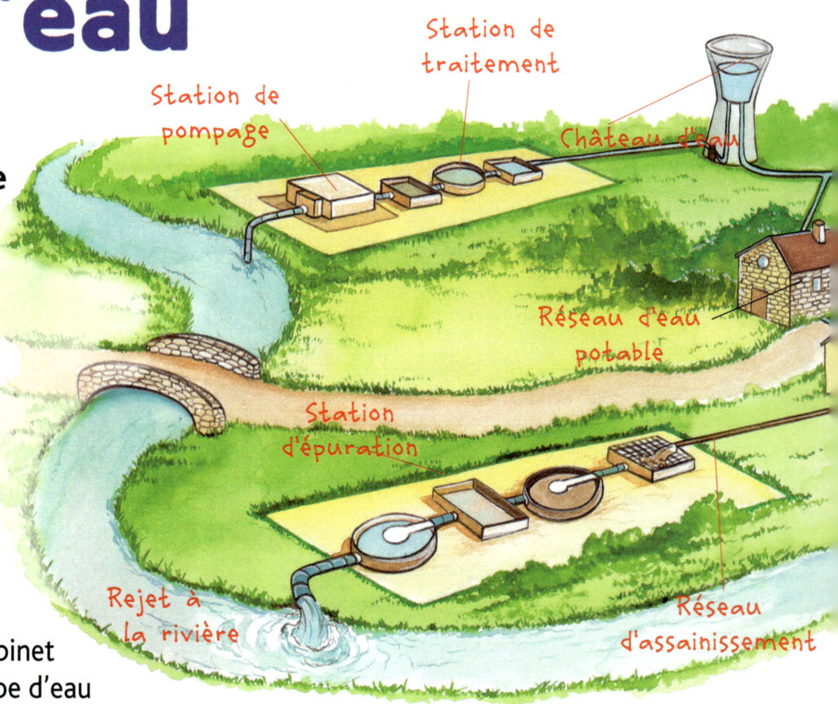

Le cycle de l'eau

Nous profitons dans nos maisons d'un accès à l'eau facile, mais ce confort est récent : un demi-siècle à peine... L'eau qui arrive à notre robinet provient d'une rivière ou d'une nappe d'eau souterraine. Elle passe d'abord dans des filtres, est ensuite stérilisée puis on lui ajoute un peu de chlore avant de l'acheminer dans des conduites jusqu'à la maison. Après avoir été utilisée, l'eau salie doit être nettoyée avant de retourner à la nature. Dans une station d'épuration, elle est filtrée, puis subit un traitement biologique avec des bactéries qui digèrent la matière organique. Elle est ensuite décantée puis rejetée dans la nature.

MALADIES DE L'EAU

Beaucoup de maladies sont propagées par l'eau, lorsque celle-ci n'est pas suffisamment saine, en particulier dans les pays où les systèmes de traitement des eaux sont insuffisants : elles provoquent des diarrhées qui peuvent être mortelles, surtout chez les enfants. En France, une intoxication par le plomb menace les personnes qui boivent l'eau qui a séjourné trop longtemps dans les conduites en plomb des vieux immeubles. Cette affection touche près de 85 000 enfants de 1 à 6 ans.

L'accès à l'eau

Les besoins « normaux » en eau se situent autour de 100 litres par personne et par jour. On observe pourtant d'énormes différences entre les consommations domestiques d'eau dans les pays développés : les États-Unis consomment 360 litres d'eau par jour et par personne, alors que la France n'en consomme que 157 litres, soit 2,3 fois moins ! Les pays très pauvres comme l'Inde se contentent de 25 litres par jour et par personne (14 fois moins que les États-Unis et 6 fois moins que la France) et Haïti de 20 litres. Sans oublier que ces pays pauvres disposent d'une eau qui est souvent de qualité médiocre, faute de systèmes de traitement suffisants.

L'eau potable est une denrée précieuse, dont l'accès n'est pas toujours facile.

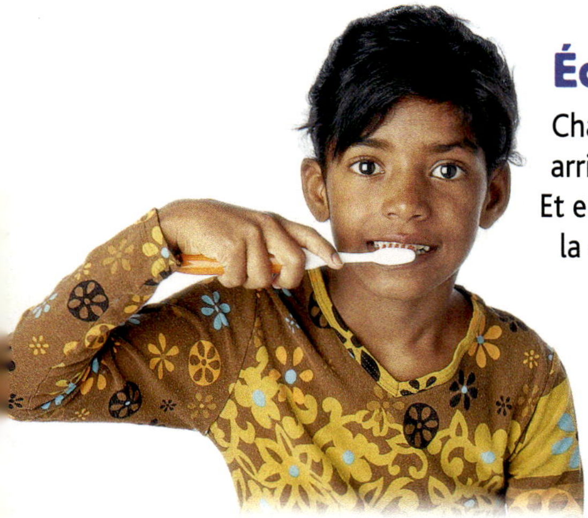

On peut se brosser les dents sans consommer beaucoup d'eau : il suffit d'utiliser un verre à dents.

Économiser l'eau

Chaque geste est important pour arriver à consommer moins d'eau. Et en premier lieu partir à la « chasse aux fuites ». Pour détecter une fuite d'eau, relever le compteur le soir quand toute utilisation d'eau est terminée et le relever le matin suivant avant d'ouvrir le moindre robinet. Si le compteur a tourné, c'est qu'il y a une fuite. Un robinet qui goutte entraîne une consommation de 35 m^3 par an. Une douche est préférable au bain (une douche de 3 minutes consomme trois fois moins d'eau). En France, une maison de 150 m^2 reçoit sur son toit 90 000 litres d'eau de pluie par an ! Pourquoi ne pas en profiter pour récupérer l'eau de pluie dans des tonneaux, ce qui permet d'arroser ses plantes gratuitement. Enfin, il convient d'allonger le cycle de l'eau plutôt que la rejeter après la première utilisation : par exemple, l'eau qui a lavé la salade peut servir à arroser les plantes.

De l'or en bouteilles !

L'eau minérale est vendue de 100 à 300 fois plus cher que l'eau du robinet. En plus de son prix exorbitant, elle génère une grande quantité de déchets : les bouteilles en plastique.

L'eau des brumes

Le petit village de Chungungo au Chili est situé dans le désert d'Atacama. Il n'y pleut jamais, mais il y a constamment une épaisse brume. Pendant des années, les habitants ont été ravitaillés en eau par des camions-citernes. Des scientifiques ont alors l'idée d'extraire l'eau de la brume. Ils posent de grands filets de 4 mètres de hauteur à flanc de montagne. Lorsque le vent souffle, la brume est poussée à travers les filets qui retiennent les gouttelettes d'eau par condensation. L'eau tombe ensuite dans des gouttières qui alimentent un réservoir. Ce système permet de recueillir en moyenne 15 000 litres d'eau par jour !

Recycleurs de déchets

Depuis les années soixante, la production de déchets a doublé. Les emballages individuels se multiplient et nous croulons sous les déchets : le recyclage s'impose.

Le recyclage des canettes de boisson en aluminium permet d'économiser les matières premières et l'énergie.

Économies d'autrefois

Autrefois, par habitude et par souci d'économie, on réutilisait au maximum et on récupérait. Dans les fermes, les épluchures de légumes servaient à nourrir les cochons et à faire du compost. En ville, les chiffonniers récupéraient les chiffons, les vieux papiers, les métaux, le cuir, les plumes et les os, pour les revendre. L'entrée dans la société de consommation et l'apparition des grandes surfaces ont permis l'accès à bas prix d'une multitude de biens et d'aliments. Cela nous a rendus très gaspilleurs : 26 % de notre nourriture finit à la poubelle et les emballages se multiplient, représentant un tiers du poids de nos déchets. Les doses individuelles contribuent à l'augmentation des déchets : 25 dosettes de café en génèrent 10 fois plus que le paquet traditionnel !

Recycle le pain dur en faisant un pudding !

- 300 g de pain dur
- 1 litre de lait
- 3 œufs
- 150 g de sucre
- 100 g de raisins secs
- 1 cuillerée à soupe de rhum (facultatif)
- 1 sachet de vanille

1 Fais tremper le pain dans le lait jusqu'à ce qu'il soit entièrement ramolli. Fais tremper les raisins secs dans de l'eau ou dans du thé.

2 Émiette bien le pain ramolli. Ajoute le sucre, les œufs puis les raisins égouttés, ainsi que le rhum.

3 Mets dans un moule beurré, cuis de 45 à 50 min à 190 °C. Laisse refroidir avant de déguster.

Trier et recycler

Les déchets organiques (pelures de légumes, coquilles d'œuf, marc de café, herbe...) peuvent être utilisés pour faire un compost, si on possède un jardin. Le tri sélectif s'étend de plus en plus et permet de séparer les boîtes de conserve, les briques alimentaires et certains plastiques des autres ordures. Si le tri sélectif n'est pas organisé dans sa commune, il y a sûrement des conteneurs pour récupérer le verre ou le papier. Mieux vaut les utiliser au maximum : 27 bouteilles en plastique permettent de fabriquer un pull, 670 canettes un vélo. Les déchets toxiques comme les huiles de vidange, les batteries, les tubes néons doivent être portés en déchetterie. Les médicaments dont la date de péremption n'est pas dépassée peuvent également être recyclés : il suffit de les apporter dans les pharmacies

La mise en place d'un « coin à compost » dans le jardin permet le recyclage des déchets organiques.

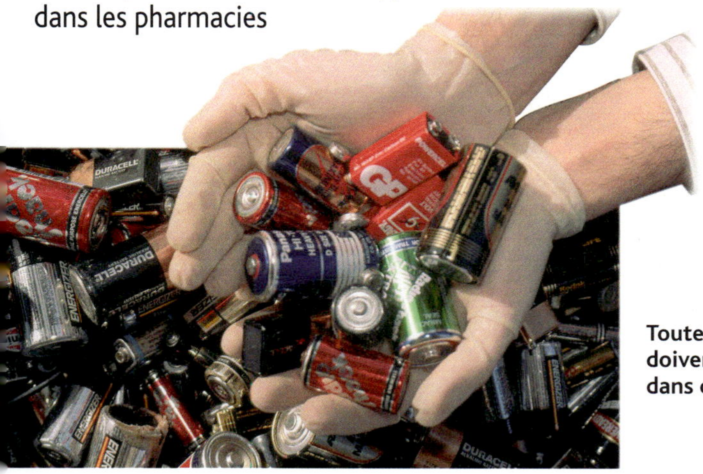

Rechargeables

Grâce aux piles rechargeables, (qui sont en réalité des accumulateurs), la quantité de déchets à recycler est divisée par 500 environ.

Toutes les sortes de piles doivent être déposées en fin de vie dans des containers spécialisés.

Un nouvel état d'esprit

Il est utile d'exploiter toutes les possibilités d'un objet ou d'un aliment en le réutilisant au maximum. Les jouets dont on ne se sert plus iront à des amis ou à une association caritative. Les bouteilles en plastique peuvent servir à construire une mangeoire à oiseaux ou un système de goutte-à-goutte. Le gazon coupé permet de pailler les arbres, en mettant une couche d'herbe à leur pied. Résultat : on conserve l'humidité (donc on économise de l'eau) et on empêche la pousse des mauvaises herbes. L'eau bouillante de cuisson des légumes ou des pâtes devient un désherbant aussi efficace qu'un produit chimique. Avec du pain dur, on peut confectionner pain perdu ou pudding ; les restes de viandes et de légumes un peu flétris feront une soupe savoureuse.

Vide-grenier en Indre-et-Loire : une façon amusante de recycler les objets devenus inutiles.

INDIAN
EQUATOR
OCEAN

VERS UN MONDE DURABLE

Pour restaurer une Terre harmonieuse et accueillante à toutes les formes de vie, il faudra que notre monde se transforme profondément. C'est à ce prix qu'il parviendra à devenir véritablement durable.

Une tâche immense et passionnante attend donc les adultes de demain !

Le prix des légumes cultivés en agriculture industrielle ne reflète pas tous les coûts engendrés par cette production.

Les écotaxes

L'utilisation des écotaxes est un des outils les plus efficaces pour diminuer les pollutions et transformer l'économie.

Les prix et les coûts

Pour que les relations commerciales soient justes et durables, il faut que les prix des produits traduisent leurs prix véritables. Ainsi, le coût d'un kilo de tomates cultivé localement par un petit maraîcher bio correspond au salaire du producteur, auquel il faut ajouter le prix des semences et de l'eau utilisée. Les choses se compliquent dans le cas d'un kilo de tomates cultivé par un gros producteur en agriculture industrielle : en effet, les subventions reçues lui permettent des prix plus bas, alors que l'emploi de pesticides et d'engrais produit une pollution de l'environnement dont le coût n'apparaîtra pas dans le prix de vente, mais sera pourtant payé par la communauté.

Arbre d'une forêt primaire abattu au Bostwana.

Pigou et ses taxes

Des prix justes sont donc des prix qui intègrent tous les coûts, aussi bien ceux qui frappent l'environnement actuel que ceux qui seront supportés par les générations futures. Ainsi, le prix du pétrole n'intègre pas ses ravages environnementaux (effet de serre, pollutions) et celui du bois est beaucoup trop bas lorsqu'il a été coupé dans des forêts anciennes qui n'ont pas été replantées, au grand préjudice des générations futures.
C'est l'économiste anglais Pigou qui a suggéré pour la première fois en 1920 d'instaurer une taxe correspondant aux dépenses supportées par l'ensemble de la communauté. Cette taxe est destinée à rendre le bois coupé dans des forêts à gestion responsable moins cher que celui des forêts primaires, ce qui à terme devrait interdire la seconde pratique.

Nicolas Pigou

Nicolas Pigou est un économiste anglais qui publie en 1920 *The Economic of welfare* (L'économie du bien-être). Il y suggère une taxe qui permettrait d'intégrer dans les prix tous les coûts de la production, en incluant la pollution et les divers dommages causés à l'environnement.

L'Europe et les taxes

De nombreux pays européens ont entrepris des réformes fiscales vertes, en se servant d'écotaxes : c'est ainsi que la taxe suédoise sur le soufre dans les carburants (1991) a permis au pays de baisser ses émissions de soufre de 19 000 tonnes par an. En Norvège, la taxe sur le CO_2 de 1991 a réduit les émissions des chauffages de 21 % par an. Au Danemark, la taxe sur les déchets non dangereux s'est traduite par un taux de réutilisation et recyclage qui est passé de 21 % à 50 %.

Fonderie de cuivre rejetant des fumées polluantes chargées de soufre. Lorsque ces rejets sont taxés, la pollution diminue très sensiblement.

Une fiscalité neutre

Pour que les écotaxes soient acceptées, il faut qu'elles ne s'ajoutent pas à des impôts déjà existants mais qu'elles se traduisent pour les consommateurs ou pour les entreprises par des gains sur d'autres postes : c'est ainsi que le Danemark a procédé à une réforme d'ensemble de sa fiscalité avant d'instaurer les écotaxes, en réduisant en même temps es impôts directs sur toutes les tranches. Plusieurs pays ont aussi compensé l'introduction de nouvelles écotaxes par une réduction des charges sociales des employeurs, en espérant ainsi parvenir en parallèle à baisser le chômage.

Dynamiques et réparatrices

Si les citoyens changent effectivement leurs habitudes de consommation pour éviter les écotaxes, il est évident que les recettes escomptées vont aller en diminuant. C'est ainsi que la Suède a vu le produit de sa taxe sur le soufre baisser rapidement au fur et à mesure de son succès. On peut en déduire que les écotaxes devront être en perpétuelle évolution pour arriver à réduire les pollutions et restaurer les milieux naturels. Il ne faut pas s'en étonner puisque l'économie est vivante et donc en perpétuelle évolution. Comme l'est la nature, l'économie deviendra ainsi dynamique et réparatrice.

L'écotaxe augmenterait le prix des 4X4 polluants, ce qui devrait rapidement rendre les véhicules tout-terrain plus écologiques.

Le futur des énergies

L'obtention pour tous les habitants de la Terre de conditions de vie durables à long terme nécessite l'utilisation généralisée d'énergies renouvelables n'entamant pas le patrimoine des réserves naturelles de la planète.

Énergies solaire et fossiles

Depuis 5 milliards d'années, le Soleil envoie sur la Terre un énorme flux d'énergie continu. Dans les entrailles de la planète, reposent des gisements de houille, de pétrole, ou de gaz qui sont de l'énergie solaire stockée au cours de l'histoire de la Terre par des organismes vivants. Les scientifiques ont calculé que ce stock tout entier ne pourrait fournir que 10 jours de lumière solaire.

Le vent

Le vent, qui est dû à l'énergie solaire, a durant des siècles fait tourner les moulins. Aujourd'hui, il actionne des éoliennes qui produisent de l'électricité. Les nouvelles éoliennes lentes sont de moins en moins bruyantes et peuvent être installées dans des zones désertes ou en off-shore.

Groupe d'éoliennes lentes produisant de l'électricité.

Projet « Energy tower »

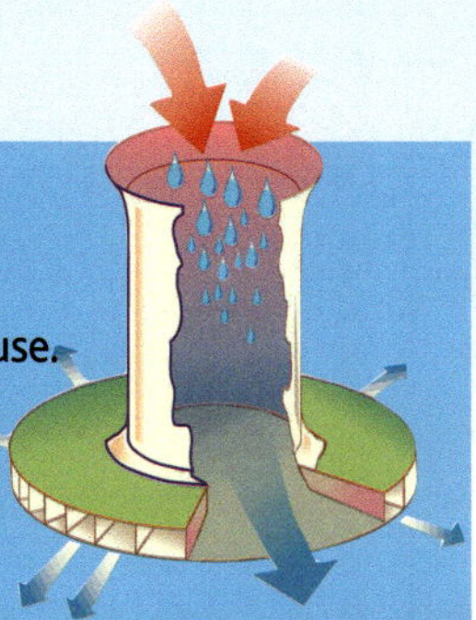

De fines gouttes d'eau froide sont pulvérisées au sommet d'une tour creuse. Elles s'évaporent en refroidissant l'air qui plonge au bas de la tour et fait tourner des turbines produisant l'électricité.

Électricité solaire

Les photopiles en silicium qui convertissent directement la lumière en électricité permettent l'électrification de zones éloignées des réseaux. Les centrales héliothermiques qui transforment le rayonnement solaire en chaleur alimentent des moteurs qui produisent de l'électricité. Enfin, les installations domestiques de production d'eau chaude se développent régulièrement.

Four solaire d'Odeillo (Pyrénées) : 63 héliostats plans éclairent un grand miroir parabolique. À 18 m devant la parabole, on peut atteindre 3 800 °C et une puissance maximale de 1 000 kW thermique.

L'hydrogène, carburant du futur ?

L'hydrogène est un fantastique carburant. Sa combustion, qui fournit de l'énergie, ne produit comme déchet que de la vapeur d'eau. Cependant, la production d'hydrogène devra être réalisée sans émettre de gaz à effet de serre. Une des voies possibles pourrait être l'électrolyse de l'eau, à partir d'électricité fournie par des éoliennes. L'hydrogène est stockable, transportable, et peut servir de carburant dans des piles à combustible.

Une éolienne « de poche »

- Une boîte de biscuits en métal.
- Un petit moteur électrique et son accouplement d'hélice (magasins de modélisme)
- Une diode électroluminescente

1 Découpe les pales de l'éolienne dans le couvercle de la boîte. Perce le centre et fixe-le sur l'axe du moteur au moyen de l'accouplement d'hélice (intercale une tranche de bouchon de liège pour caler).

2 Connecte la diode aux sorties du moteur. Fixe l'ensemble sur un piquet vertical, en plaçant l'éolienne face au vent. Quand les pales tournent suffisamment vite, la diode s'illumine.

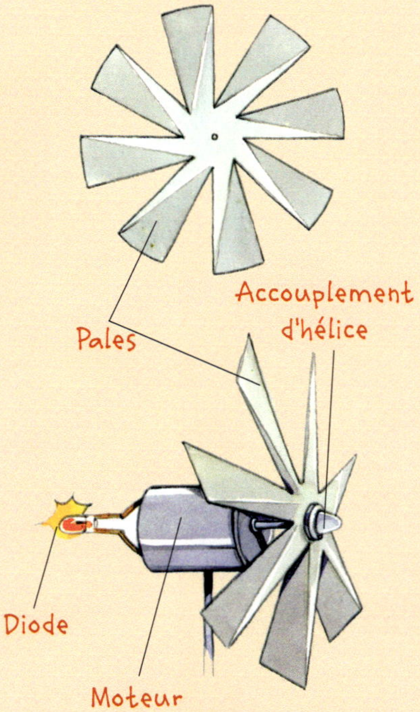

ÉNERGIE NUCLÉAIRE

Le nucléaire à neutrons lents semble idéal pour fournir une énergie « propre » ne rejetant pas de gaz à effet de serre. Mais ces réacteurs très coûteux consomment un uranium dont les réserves sont limitées. Ils laissent aux générations futures le soin de surveiller des déchets qui ne fourniront aucune énergie et facilitent la dissémination nucléaire. Le nucléaire n'est donc qu'une énergie de transition en attendant l'épanouissement des énergies renouvelables et (peut-être) de la fusion nucléaire contrôlée.

Supprimer les déchets

Il est important de recycler et de réutiliser nos objets, mais il est vital de traiter le problème à sa source et donc de tendre vers la suppression totale des déchets.

Un système linéaire

L'industrie chimique a créé des produits (comme les organochlorés), qui n'existent pratiquement pas dans la nature. Or ces produits – très stables et très toxiques – ne peuvent être incorporés au cycle de vie d'aucun organisme de la planète. Comme ces organochlorés ne se fragmentent pas dans l'eau, ils s'accumulent dans les tissus graisseux de nos organismes et ne sont ni éliminés ni transformés. Ce n'est pas étonnant, puisque le vivant ne les a jamais rencontrés au cours de l'évolution. Ces produits fabriqués à partir de ressources et d'énergie ne sont pas réutilisés ni rendus à la nature mais ils s'accumulent.

Des résidus de produits organochlorés se retrouvent dans les graisses des manchots de l'Antarctique.

L'économie cyclique

Les docteurs Braungart et Englefried (de l'Agence d'encouragement à la protection environnementale des États-Unis) proposent de se diriger vers une économie cyclique, en classant les produits en trois catégories : les consommables, les produits de service et les invendables. Les consommables : ce sont des produits entièrement biodégradables ou capables de se transformer en nourriture pour d'autres organismes et qui sont dépourvus de résidus toxiques. Une grande partie de notre nourriture correspond à cette définition. Les produits de service : ils sont « durables » ; nous n'attendonspas d'eux de les posséder mais un service, par exemple le transport par une voiture. Troisième catégorie, les invendables : les organochlorés (PCB...), les métaux lourds, etc., qu'il faut éviter de mélanger aux deux premières catégories.

Les produits de service

Dans le concept d'économie cyclique, plutôt qu'acheter un téléviseur, on achèterait une licence d'utilisation (qui pourrait être vendue ou donnée), mais le téléviseur ne pourrait pas être jeté. En effet, il serait retourné au producteur par le dernier utilisateur. Le fabricant serait donc encouragé à modifier ses méthodes de production puisqu'il devra réutiliser ou récupérer ses appareils. Ainsi les entreprises qui conçoivent des matériaux et des composants réutilisables et récupérables seraient favorisées.

Dans une économie cyclique, le dernier utilisateur d'un produit retourne celui-ci au producteur.

Ford le précurseur

En 1941, Ford a créé le prototype d'une voiture faite d'un plastique à base de soja, alimentée à l'éthanol et ayant des pneus en solidage.

Des « parkings » d'invendables

Braungart et Englefried proposent de stocker ces déchets non recyclables sur des« parkings » : des sites appartenant à l'État et loués au pollueur. Le fabricant paierait alors les frais de stockage à vie, ou jusqu'à la découverte d'une méthode de neutralisation sûre. Le pollueur serait ainsi lié à ses déchets. Plus les frais de stockage seront lourds, plus les industriels chercheront une alternative à l'utilisation de ces produits, et de nouvelles technologies pour dépolluer.

Chaîne de fabrication d'une usine BMW : les nouveaux modèles sont conçus pour pouvoir être facilement démontés en fin de vie.

L'exemple de BMW

BMW possède une usine pilote pour le désassemblage et le recyclage de ses vieilles voitures. Les nouveaux modèles sont conçus dès le départ en prévision du jour où ils seront démontés. Le nombre de plastiques différents a été réduit pour être fondus et réutilisés. Le nombre de pièces détachées est réduit. Certains éléments portent un code-barres, ce qui permet une identification rapide et comportent les instructions nécessaires à leur réutilisation.

Incontournable démocratie

Seule la vie démocratique procède à des élections régulières. La présence d'une opposition active, d'une presse libre et d'une opposition publique éclairée y favorise la prise de décisions favorables à l'ensemble de la communauté.

Le vote est l'occasion pour les citoyens d'exprimer leurs opinions. Dans les anciennes colonies, il permet l'apprentissage par tous du fonctionnement démocratique.

Famines et dictatures

Les famines apparues au cours de l'histoire récente ont frappé des territoires coloniaux soumis à une administration étrangère (l'Inde ou l'Irlande sous domination britannique), des pays à parti unique (la Chine entre 1958 et 1961 ou le Cambodge des années soixante-dix) ou des dictatures militaires (Éthiopie, la Somalie, certains pays du Sahel). C'est que les gouvernants autoritaires peuvent ignorer la situation véritable du peuple en vivant dans un confort qui les coupe des gouvernés.

La prévention des famines...

Les pays respectant les règles du multipartisme et de la démocratie. ont su éviter la venue de famines en mettant en œuvre des mesures préventives efficaces : c'est ainsi que l'Inde indépendante a fait face à des catastrophes climatiques (en 1968, 1973, 1979 et 1987) sans aucune disette. Le Botswana et le Zimbabwe démocratiques ont pu eux aussi supporter dans les années 1980 une baisse de production alimentaire de 17 % et même de 38 %, sans véritable dommage. Dans le même temps, la baisse atteignait 11 % au Soudan et en Éthiopie mais provoquait dans ces régimes autoritaires une famine de masse !

L'Angleterre en guerre

L'Angleterre a connu deux guerres mondiales, au cours du xxe siècle. Les chercheurs ont pu montrer que l'espérance de vie à la naissance a fortement augmenté au cours de ces 2 périodes : cette augmentation est due à une meilleure répartition de l'alimentation et des soins de santé, répartition égalitaire liée au fort sentiment de solidarité provoqué par la guerre.

De la nourriture en quantité !

Contrairement à ce que l'on pense, même en période de famine, de la nourriture existe en quantité dans le pays, mais les plus pauvres ne peuvent plus l'acheter. Des mesures d'urgence prises par l'État, comme la création d'emplois temporaires, peuvent permettre d'éviter la famine.

Faire vivre la démocratie

La démocratie est le seul régime politique qui permette de prendre véritablement en compte les besoins de l'ensemble de la population, et de réagir correctement en cas de crise majeure. Elle est donc la seule capable d'assurer un développement durable, mais elle ne peut remplir véritablement son rôle qu'avec le soutien et la participation de tous.
Tu peux contribuer dès aujourd'hui au bon fonctionnement de la démocratie dans laquelle tu as la chance de vivre, en étant actif dans les secteurs ouverts aux enfants : élections des délégués de classe au conseil d'administration de ton collège ; conseil municipal des enfants ou parlement des enfants. Cela t'incitera à devenir un citoyen adulte et responsable qui participera activement au bon fonctionnement de la démocratie...

Parlement des enfants : 577 élèves de CM2 élus par leurs camarades de classe choisissent par un vote une proposition de loi.

J'écris ton nom, liberté...

Le développement, c'est aussi le renforcement des libertés réelles dont profite chaque personne : liberté politique mais aussi économique, avec une juste répartition des revenus et l'accès de tous à l'éducation, à la santé, à la culture, aux loisirs, etc.

Des femmes travaillent hors du foyer, dans un salon de coiffure en plein air à Lagos, au Nigéria.

Emploi et privation des libertés

Dans de nombreux pays en voie de développement, la condition des paysans endettés et soumis à leur maître est l'un des exemples les plus évidents de privation de liberté. Ce travail forcé comme le travail des enfants sont des obstacles au développement. Dans les pays développés, c'est le chômage qui empêche d'être libre, puisque ne pas travailler, c'est être sans argent et donc sans projets. Le chômage de masse qui sévit en Europe depuis 30 ans, affecte gravement nos sociétés : il entraîne le manque de confiance en soi et détruit l'équilibre psychologique, pouvant aller jusqu'à provoquer de graves maladies.

Fertilité et liberté

Par sa politique de l'enfant unique, la Chine a réussi à diminuer le taux de fertilité à 1,9 enfant par femme. Elle a, pour cela, utilisé la contrainte, par exemple en supprimant leur logement aux couples ayant plus d'un enfant. Cette politique a eu des effets néfastes : augmentation de la mortalité infantile, abandon de nouveau-nés. À l'opposé, l'État du Kerala (Inde) a diminué le taux de fertilité à 1,7 enfant par femme grâce à des réunions publiques et contradictoires montrant aux femmes les inconvénients des grossesses multiples. Cette diminution libre de la fertilité n'a provoqué en Inde aucune des conséquences négatives relevées en Chine.

Infirmière animant une discussion sur le contrôle des naissances à Djakarta.